敬敷求是集

汪孔丰 金松

栖居桐城

叶当前 宋豪飞 编

桐城派卷

安庆师范大学人文学院
高峰培育学科建设丛书

总 序

"雨打振风塔,风动扬子江。红楼育学子,百年话沧桑。"这几句饱含深情的歌词,出自安庆师范大学的校歌。歌中的"红楼",如今已是全国文物重点保护单位,它是学校的标志性建筑,也是全校师生共同的精神家园。这座由红砖砌成的两层高楼,是民国时期安徽大学的主教学楼,建成于1935年,迄今已伫立近百年。在漫长的岁月中,她见证着安徽现代高等教育的启航与远行,见证着民国时期姚永朴、刘文典、吕思勉、刘大杰、周予同、苏雪林等大批知名学者在此弘文励教的身影,也见证着人文学院披荆斩棘、笃实前行的学科建设历程。

目前在红楼办公的人文学院,是一所既新又老的学院。说其新,是因为她到2020年才成立,由原来的文学院和人文与社会学院合并组建而成,共设有汉语言文学、历史学、汉语国际教育、秘书学等四个专业;说其老,是因为原有的两个学院办学历史都比较悠久,学术积淀也比较深厚。如果从学校1977年恢复本科招生算起的话,原文学院的中国语言文学学科、原人文与社会学院的中国史学科迄今都有四十余年的人才培养历史。特别是进入21世纪以来,这两个学科的发展都取得了飞跃性的进步。2006年,中国古代文学学科获批硕士学位授权点,是学校首批四个硕士学位授权点之一。2008年,文艺学学科入选安徽省重点学科。2011年,中国语言文学学科获批一级学科硕士学位授权点。2018年,中国史学科获批一级学科硕士学位授权点。2019年,中国语言文学学科成为学校博士点学位授予立项建设学科,中国史学科则是博士点立项建设学科的重要支撑学科。2022年,学院又担负起建设安徽省高峰培育学科"戏曲与曲艺"学科的重任。可以说,这一连串的成就和突破,是全院师生长期群策群力、不懈拼搏进取的结果。

经过数十年的持续建设,以及几代人的艰苦奋斗,人文学院目前已形成了桐城派研究、黄梅戏与戏曲文化研究、明清诗学研究、皖江区域历史文化研究等四个较为鲜明的学科特色方向，涌现了大量的高水平科研成果，同时也获得了良好的社会声誉。

为了更好地总结和展示新世纪以来学院的学科建设成果，同时也是为了进一步强化学院博士点立项学科及安徽省高峰培育学科的建设，经学院党政领导班子研究，我们决定出版一套学科建设丛书。这套丛书根据学院学科建设实际情况，侧重收录近二十年来学院教师发表过的高水平论文，因受篇幅限制，总共遴选出134篇论文，挂一漏万，在所难免。丛书分七册，其中五册是展现中文、历史两个学科的建设成就，它们依次是：《谈文论道：文艺理论卷》（方锡球、王谦编）、《文海探骊：中国古代文学卷》（梅向东、徐文翔编）、《菱湖撷英：中国现当代文学卷》（陈宗俊、冯慧敏编）、《语路探幽：语言学卷》（鲍红、张莹编）、《史海拾萃：历史学卷》（金仁义、沈志富编）；还有两册是展现我们学科的特色优势，它们是《栖居桐城：桐城派卷》（叶当前、宋豪飞编）、《曲苑拈梅：黄梅戏与古代戏曲卷》（汪超、方盛汉编）。

这套丛书最终定名为《敬敷求是集》，也是大有深意。安庆师范大学的前身可追溯至清代的敬敷书院，后又合并过求是学堂，在长期办学过程中，形成了"敬敷、世范、勤学、笃行"之校训。这里的"敬敷"二字，出自《尚书》，意为"恭敬地布施教化"。我们希望这套丛书的出版，既能反映出学院教师敬敷育人的精神风范，又能展现出他们作为学者实事求是的治学态度。

对于我们来说，这套丛书的出版，既是一次总结，也是一种传承，更是一次启航和一份期待。最后，还是用校歌里的歌词来表达我们的办学心声："日照振风塔，霞染扬子江。红楼哺英才，代代耕耘忙。"

汪孔丰
癸卯年秋作于红楼

目　录

（按作者姓氏笔画排序）

001　总序

———————————————————— 桐城名家 ——

003　方晓珍　方以智对儒释道三教之批评与会通思想论析

014　方锡球　论方以智诗学思想的文化美学特色

036　宋豪飞　方以智与桐城泽社考论

048　郭青林　姚鼐文章"至境"论的内在意蕴与实现路径

———————————————————— 桐城文章流变 ——

065　叶当前　桐城派与赠序文体

081　孙维城　桐城派后期文章的现代演变
　　　　　　——以现代演变解剖马其昶《抱润轩文集》

094　汪祚民　桐城派与清代歙县岩镇金氏家族关系考论

111　汪孔丰　沈德潜与桐城诗学

132　汪孔丰　遮抑的副调：清代文坛上的桐城骈文

151　童岳敏　新见方苞、姚范、张裕钊《杜诗评点》考略

164　童岳敏　《问斋杜意》与清初桐城派的杜诗批评

182　谢模楷　桐城楚辞学的地域文化特征

———————————————————— 桐城派与经史 ——

189　李　波　明代桐城方氏学派易学研究

208　沈志富　姚莹边疆史地著述的文献来源与特点

221　郑素燕　试论姚鼐的史学思想

239　董根明　论桐城派的史学成就

256　董根明　吴汝纶史学思想探析

269　**后记**

桐城名家

方以智对儒释道三教之批评与会通思想论析

方晓珍

方以智为明末清初著名的思想家、科学家、文学家、书画家和博物学家,被称为"十七世纪罕无伦比的百科全书式"的大学者,博学宏通,卓然一代人物。明亡后流离岭表,顺治七年(1650)被清兵抓获,被迫为僧,是其人生重大转折点。顺治十年,方氏为避清廷逼迫出仕,遂前往金陵,皈依天界寺的觉浪道盛法师,闭关于高座寺看竹轩,潜心著述和禅修。康熙三年(1664)始驻锡江西吉州青原山净居寺,至粤难发作而逝。观其一生,由儒入释,从入世到出世,虽界限分明,其思想的某些方面或因身份蜕变而有所改变,但终其一生,方氏"坐集千古之智,折中其间"之为学志向未曾改变:前期"博涉多通,自天文、舆地、礼乐、律数、声音、文字、书画、医药、技勇之属,皆能考其源流,析其旨趣"(《清史稿》);后期身为禅师,承继觉浪道盛衣钵,住持青原山净居寺,力图振兴曹洞宗风,出家说法二十余年,以儒学立身、以禅学修心之处世态度甚是明了,方氏亦"折中"于儒释道三教,破除壁垒,主张三教融通合一。今学界于其哲学思想、科学成就等诸多方面研究颇为深入,兹不赘述;于其会通三教之思想亦屡有论及,主要表现为"三教归儒"说和"三教归《易》"说两种观点。前者如刘元青2005年硕士学位论文《三教归儒:方以智哲学思想的终极价值追求》和吴根友《试论〈东西均〉一书的"三教归儒"思想》[1],后者如周锋利《青原学风与方以智晚年思想》[2]。另外,唐艳

---

[1] 吴根友:《试论〈东西均〉一书的"三教归儒"思想》,《哲学分析》2011年第1期,第86—99页。
[2] 周锋利:《青原学风与方以智晚年思想》,《安徽师范大学学报(人文社会科学版)》2007年第5期,第580—584页。

秋、彭战果《一二之辩与方以智三教合一思想》①及彭战果2009年博士学位论文《方以智儒、佛、道三教会通思想研究》，则主要从哲学的角度论述方以智建立了超越三教的哲学体系来证明三教本来是一。以上各家关于方以智融通三教之说，所论皆切中肯綮。今仅就方氏对儒释道三教的批评与会通谈一点粗浅的看法，恳请方家指正。

一、方以智对儒释道三教之批评

方以智对儒释道三教的批评与会通思想主要集中在他于顺治九年(1652)前后所完成的哲学著作《东西均》中，其与佛教有关之著述，皆收在《青原愚者智禅师语录》与《青原志略》二书中。《青原志略》是现存记录方以智驻锡青原时期的思想与活动最为详尽的著作。

在《东西均》一书里，方以智以广博的学识见解广泛地评判儒、释、道三家之学问特征及其优缺点，这是他会通三教的认识基础。他在《东西均·开章》里即对孔孟、老庄、宋儒理学及佛禅等各宗之学分别冠以不同的名称来指代："开辟七万七千年而有达巷之大成均，同时有混成均。后有邹均尊大成；蒙均尊混成，而实以尊大成为天宗也。其退虚而乘物，托不得已以养中者，东收之；坚忍而外之者，西专之；长生者，黄冠私祖之矣。千年而有乾毒之空均来，又千年而有壁雪之别均来。至宋而有濂洛关闽之独均。独均与别均，号为专门性命均。"②大成之后又分为"专门性命、专门事业、专门象数、专门考辨、专门文章，皆小均，而非全均也"③。方以智以孔子之学为"大成均"，老子之学为"混成均"，孟子为"邹均"，庄子为"蒙均"，佛教为"空均"，禅宗为"别均"，宋儒理学为"独均"。他又称别均（禅宗）与独均（宋

---

① 唐艳秋、彭战果：《一二之辩与方以智三教合一思想》，《山东大学学报（哲社版）》2009年第1期，第40—44页。
② 〔明〕方以智撰，庞朴注释：《东西均注释》，中华书局2001年版，第7页。
③ 〔明〕方以智撰，庞朴注释：《东西均注释》，第8页。

儒理学)为"专门性命均",同其他专门学术皆为"小均",而非"全均"。在方氏看来,各家自成一"均",各具特色,如禅宗和理学专言性命之学,是并非完整圆满的学问;佛教和禅宗亦有别,并非同一。

方以智对儒学、理学的批评。方以智父祖数代家传易学,尊奉儒学,研习理学,名列《桐城县志》"理学"之属。只是方以智遭遇时变,迫不得已而为僧,坚守遗民志节。其以儒者逃禅,此人生际遇反是促成他会通儒释的机缘。他首先是一个坚定的儒者,"名教者寄声托形之场也"①,认为儒家是人们安身立命的所在。理学家之说虽高调而险,却能砥砺人心,邵雍倡先天象数之学,指点人们重视生死:"心科榜于县(悬)崖,则独均之砺石也。又有安乐先天均,独明轮率,则以元会徵成坏,固东西大生死之指南车也。"②这是理学的优点。但是他对明季那些理学家好空谈性命、不知孔门真义、不能因时而变提出了批评:"独均已不知呼天之声,泥于理解,不能奇变,激发纵横之曲,必让涂毒之鼓。"③他对理学慕禅傍禅则提出强烈批评:"理学出而以实辟虚,已又慕禅之玄;而玄其言以胜之者,皆不知天地之大而仲尼即天地也,其所执之实与玄,皆迹也。金锁玄关,闪烁电拂,惟在扃逼之,幂蒸之;而扩充学问,遂在所略。既与教分,则专家捷巧之技,以回避为高玄。且曰傍教说禅,昔人所诃,不知离教与宗,早已迹其教而并迹其宗。"④理学的这种做法导致儒学陷于困境而存在衰微的危险。

方以智指出儒家的弊端在于迂阔烦琐,以致很少有人能得其神,更谈不上一阴一阳之道了:"儒之弊也,迂而拘,华而苴;以故鲜能神化,通昼夜而知者寥寥。然循序门堂,道德寓于文章,学问事功,皆不容以多伪,孰与自欺欺人而无忌惮者乎?彼非始愿欺也,专主空悟,禁绝学问,惟争悠忽以胜。"⑤"理学怒词章、训故之汩没,是也;慕禅宗之玄,务偏上以竞

---

①② 〔明〕方以智撰,庞朴注释:《东西均注释》,中华书局2001年版,第9页。
③ 〔明〕方以智撰,庞朴注释:《东西均注释》,第11页。
④ 〔明〕方以智撰,庞朴注释:《东西均注释》,第154页。
⑤ 〔明〕方以智撰,庞朴注释:《东西均注释》,第156页。

高,遂峻诵读为玩物之律,流至窃取一概,守臆藐视,驱弦歌于门外,六经委草;礼乐精义,芒(茫)不能举;天人象数,束手无闻。俊髦远走,惟收樵贩。由是观之,理学之汩没于语录也,犹之词章训故也。"① 理学家不满于词章、训故之汩没于琐碎,反而羡慕禅宗的机锋玄虚,认为读书为玩物丧志,竟至抛弃儒家的经典。"程正公谓读书为玩物丧志;慈湖因象山谓六经注我,而遂以文行忠信非圣人之书,则执一矣。象山甚言当求诸己耳,正公逼人笃信耳。夫乌知不能开眼者,独坐更丧志乎?此为救病言之也。执此而禁人诗书,则六经必贱而不尊。六经既不尊,则师心无忌惮者群起矣。"② 宋代理学家程颐认为读书是"玩物丧志",陆九渊则提出"六经注我",以至于南宋杨简将儒家经书排斥出圣人之书的行列。这些排斥儒家经典的做法导致儒学不被尊重,走向衰微,社会风气因之走向颓废。

于此社会情境下,方以智虽托身佛门,仍推崇儒家之道,他声称"圣人之文章即性道"③,"《诗》《书》《礼》《乐》即圣人之正寂灭道场也,以为善世立教"、"为天地之心"沟通古今,因此,他极为重视儒家所尊奉的道德、文章、事业,认为三者"犹根必干、干必枝、枝必叶而花"④,关系极其密切。理学家们"先挥文章、事业二者于门外,天下聪明智能多半尽此二者,不畜之而殴之",由此导致的后果是"此白椎所以日轰轰,而杏坛所以日灰冷"⑤,佛教昌盛而儒学日渐衰微。方氏为此提出了补救之法:"愚故欲以横竖包罗、逼激机用,补理学之拘胶,而又欲以孔子之雅言、好学,救守悟之鬼话;则错行环轮,庶可一观其全矣。"⑥ 以机用、好学两种对立的方法,分别补救理学拘胶、禅学守悟两种对立的毛病。

他针对理学家的种种弊端,提出了一些规劝,如"悟后自强不息,薪

---

① 〔明〕方以智撰,庞朴注释:《东西均注释》,中华书局2001年版,第177页。
② 〔明〕方以智撰,庞朴注释:《东西均注释》,第185页。
③ 〔明〕方以智撰,庞朴注释:《东西均注释》,第184页。
④ 〔明〕方以智撰,庞朴注释:《东西均注释》,第183页。
⑤ 〔明〕方以智撰,庞朴注释:《东西均注释》,第185页。
⑥ 〔明〕方以智撰,庞朴注释:《东西均注释》,第185—186页。

传用光,碍俱无碍,征以自勘","达者任之","何不逍遥","知必不免,而必言可免,是为大免"①,希望理学家走出迷津,不可固执己见。理学慕禅宗之法,对禅宗所标榜的不立文字、直指人心之微妙法门,竟至效法,也以读书为玩物丧志。理学家的这种思潮,对社会尤其是对广大读书人产生了极其恶劣的影响,世之厌学者,遂以不立文字掩其不通文字,而招摇过市。方以智于此极为忧虑,他认为"真不立文字者乃读真书,真读书乃真能不立文字。迹二者则偏,合之则泯"②,见解至为深刻,促人警醒。

方以智对佛禅的批评。方以智对佛教采取既包容又批判的态度。他认为佛教对儒学存在吸收的一面,如在《扩信篇》中云:"孔子复生,必以老子之龙予佛;佛入中国,必喜读孔子之书,此吾之所信也。"③他在《道艺篇》里仍强调此说:"佛入中国,有不读孔子之书者乎?《净名疏》云:天竺语释迦为能文、为能儒。《大论》云:尔时有佛名释迦文。其曰摩那博迦,直化身耳。云栖以五祖戒后身必不为东坡者,此非然也,牛腹马胎无不可,而不能为东坡耶?"④认为佛教与儒学有相通之处,能相互学习借鉴。

但他对佛教的缺陷却有着更明确的认识,也多有批评:"乾毒最能高深,苦心于世之胶溺,故大不得已而表之空之,交芦双破而性之,专明其无不可用大一之体,而用例颇略,以世已有明备者故可略也。而后人沿其偏上权救之法迹,多所回避,遂成一流法迹之法。其实谛行之蟠死窟者,留以为寒凉之风可耳,非中谛圆成者也。"⑤他认为,佛学教义玄虚高深,明其大体而略于用例,这是佛学之弊端所在。当然,这也是因为儒学"已有明备"的缘故,所以佛教不得已说无("表之")、说非有非无("空之")之辞,然而世人却执著沉溺其中,依循佛学之明体略用的权宜之偏路,避实就虚而一发不可收拾。佛学所引起的后果是对世道人心产生影响。

---

① 〔明〕方以智撰,庞朴注释:《东西均注释》,中华书局2001年版,第13页。
② 〔明〕方以智撰,庞朴注释:《东西均注释》,第194页。
③ 〔明〕方以智撰,庞朴注释:《东西均注释》,第32页。
④ 〔明〕方以智撰,庞朴注释:《东西均注释》,第181—182页。
⑤ 〔明〕方以智撰,庞朴注释:《东西均注释》,第8页。

方以智指出佛教教义有"表诠"和"遮诠"两种对立的语言表达形式，"盖有表诠有遮全，或夺下情见，一机入路。今时学者，既无智眼，又阙多闻，偏重遮非之词，不见圆常之理，奴郎莫辨，真伪何分？如弃海存沤，遗金拾砾"①。"表诠"即肯定的说明叙述，"遮诠"为否定的取消分别，两者相互为用，但禅宗偏重"遮诠"，禁绝学问，不能深入研修经藏文本，致真伪难分，取小失大。他对禅宗以禅机棒喝直指人心的说法也有明确的认知与批评："禅宗以机迫直心，诱疑激顿，能救颂习之汗漫。若守其上堂小参、狐嗥鬼呓之迹，专售海外之禁方，何异于别墨之'倍谲''不仵'乎？"②他肯定禅宗棒喝激人顿悟，明心见性，改变佛教徒一味颂唱佛经的方式，并且从佛教经典中解脱出来，不致迷失在浩瀚的文字里；若一味如此说法传法，"禅宗之汩没于机锋也，犹之词章、训故也"③，亦不可取。再则，对于印度佛教"自小学十二章而外五明、内五明"之学问传统，禅宗也率不用心，"偶窃一知半见，谓入悟门，便住门限上，登曲录床，此生不可复下。习便遮遣，偏畏多闻，三学十支，挥斥禁绝"④。方以智对禅宗之不学、禁绝学问之流弊，极有感触，相关批评非常多，大抵切中肯綮，并非一己之偏见。

相较于儒释两家，方以智对道家的批评并不多。方以智曰："老庄之指，以无知知，无为而无不为，归于自然，即因于自然。自然岂非所以然乎？所以然即阴阳、动静之不得不然，中而双表，概见于形气。"⑤其于顺治十七年（1660），著成《药地炮庄》，以儒解《庄》，融会两家。

二、方以智会通三教之论

方以智认为儒释道各家之学问，皆有其优缺点，或迷或悟乃正常现象，

---

① 〔明〕方以智撰，庞朴注释：《东西均注释》，中华书局2001年版，第188页。
② 〔明〕方以智撰，庞朴注释：《东西均注释》，第154页。
③ 〔明〕方以智撰，庞朴注释：《东西均注释》，第177页。
④ 〔明〕方以智撰，庞朴注释：《东西均注释》，第175页。
⑤ 〔明〕方以智撰，庞朴注释：《东西均注释》，第221页。

但可以并存互补。因此,他首先采取融会贯通的态度:"仰而观,俯而察,小见大,大见小,无彼非此,即无大小,皆备于我矣,是为大尊。成均、空均与众均之所以为均,皆与我同其大小偏全,我皆得而旋之和之。生乎后时,跃身其前;开方圆目,穿卯酉光,读五方本,破玄黄句,坐苍苍之陛,下视其不可闻之苦心,原何有不可推移之法,而况迹其迹乎?"① 他于各家之学,不偏不倚,不执一端,坐集千古之智,探赜索隐,兼收并蓄,"读之破之,空之实之",为己所用。同时,他也劝众人要学均以泯矜傲,"矜高傲卑,几时平泯?吾无以均之,惟劝人学均以为饔飧。众艺五明,皆楼阁也;虫吟巷语,皆棓喝也"②,不但儒家的六艺和佛教的五明(声明、工巧明、医方明、因明、内明)同等重要,连"虫吟巷语"这样极平凡的事物都可予人启发,触处皆师。

其次,针对各家学问之弊端,方以智认为解决之道在于相互补救:对于执常不变,因循汩没的理学,必须用雷电波涛般的禅宗激发之,"是谓以禅激理学";对于自以为悟的禅宗,必须指出它是抱残守缺,应该向学,"是谓〔以理学〕激禅";要以佛教的慈悲救道家的苟安,"是谓以释救老";"惟我独尊之弊,可以知白守黑之药柔之,是谓以老救释"③。

《东西均·全偏》写道:"孔子尽性、知命而罕言,言学以正告者也;老尊命以殉性,反言者也;佛尊性而夺命,纵横倍作者也。"庞朴解释为:"孔子从正面教人,老子从反面教人,佛以异常理论教人。"④ 三教无论是说道抑或传法,目的却是一致,只是途径不同,三教的这种共同指向性目标为相互会通提供了可能性。"佛好言统,老好言泯,大成摄泯于随、贯而统自覆之。"⑤ 儒、释、道三家虽有差别,然能兼收融合、互补互用,从而生发出三教会通趋向合一的内在必然性因子。

但是,在方氏看来,上述促成三教合一所具有的可能性和必然性,还只

---

① 〔明〕方以智撰,庞朴注释:《东西均注释》,中华书局2001年版,第10页。
② 〔明〕方以智撰,庞朴注释:《东西均注释》,第12页。
③ 〔明〕方以智撰,庞朴注释:《东西均注释》,第158页。
④⑤ 〔明〕方以智撰,庞朴注释:《东西均注释》,第144页。

是表象,其本质的东西则是各自的"神"的统一。他的此种观点见诸《东西均·神迹》:

> 神而明之,不可迹也。迹迹者泥,不泥则迹亦神矣。偏言迹,其神失;偏言神,其神亦尘。以不生灭之神寓生灭之迹,以增减之迹存不增减之神。以不迹迹,以不神神;迹仍可以救迹,神祇贵于传神。知此者,知圣人真有大不得已者乎?六经传注,诸子舛驰,三藏、五灯,皆迹也;各食其教而门庭重——门庭,迹之迹也。名教寓神于迹,迹之固非,犹可以循;真宗者,欲忘其神迹,迹之则毫厘千万里矣。①

正是因为方以智对三教优缺点有着较为客观清醒的认识,自己又能打破三教的壁垒,吸收各家所长,融会贯通,相互补救,所以,"今而后儒之、释之、老之,皆不任受也,皆不阂(碍)受也。迹者不信,不必与语;神者专己守残,而不欲其全,此为可慨"②。这也是他会通三教,颇为自信自得的心态写照。

施闰章对方以智相知较深,他在《无可大师六十序》一文中明确揭示出方氏的三教合一思想:"(方以智)每语人曰:教无所谓三也,一而三、三而一者也。譬之大宅然,虽有堂奥楼阁之分,其实一宅也,门径相殊,而通相为用者也。"③这是方氏晚年所宣扬"三教一家"的真正含义。他甚而称呼方以智为"三教宗主",此见诸萧孟昉为方氏《药地炮庄》作的序,其中写道:"施愚山先生曰:药地大师,三教宗主。……伯升留锡三年金莲汋林,得读《炮庄》。"④方以智住持青原山净居寺时,萧氏为与之俗缘最深之人。

方氏对自己不遗余力传扬三教合一之说曾予解释,他在《与易堂林确

---

① 〔明〕方以智撰,庞朴注释:《东西均注释》,中华书局2001年版,第152—153页。
② 〔明〕方以智撰,庞朴注释:《东西均注释》,第160页。
③ 余英时:《方以智晚节考(增订版)》,生活·读书·新知三联书店2004年版,第248页。
④ 〔明〕方以智撰,张永义、邢益海校点:《药地炮庄》,华夏出版社2011年版,第14页。

斋》文中写道:"若曰悟道,惭惶杀人。既已偷生木榻矣,因法救法,以不借借鼓舞薪火,不知其尽。操履死而后已,痴愿死而不已,愚公移山,能无笑乎?不论赞者谤者,但使耳闻目及,或信或疑,过即受熏。孔孟当时几曾如意?而万世人心自转熏之,时义大矣哉。"①其虽处身佛门,然而突破三教之藩篱,仍抱有用世情怀"因法救法",自是难能可贵!

方以智座师余飏《寄药地尊者》曰:"去岁浪游,得承三教微言,豁然大悟。出世因缘,人生泡影,予夺同时,代错对举,圣贤时中之义,达士逍遥之旨,两折三翻,交轮合一,真所谓摩尼宝珠,随人变色,青黄赤白,看来目中,其实一珠耳。……青原药地既合天地万古为一身,而为午会今时说法,今又寓战国漆园之身而为宣尼、聃、昙说法,此等深心大力,何可思议乎?"②可见方以智笃信三教合一说,复宣扬之不遗余力,事实上对与之交往的人已经产生了极大的影响。

三、余 论

佛教传入中国,渐至晚明社会,儒释道三教合一思潮达到极盛,且延及清初。非徒僧侣、道士倡言此说,儒生、官宦亦热衷佛理。如明末四大高僧云栖莲池、紫柏真可、憨山德清、蕅益智旭皆注重调和儒家和佛教,倡三教合一之理;③道教东派代表人物陆西星,伍柳派伍守阳、柳华阳,龙门派王常月等都表达了三教合一的思想;④儒者如王阳明、焦竑、袁宏道等文人均阐扬此论。风尚所向,竟至芸芸众生莫不皆然。《青原志略》卷一陈鸣皋于《青原峰别道同说》中写道:"三教名异实同,宗别道合,亘古及今,照耀天壤。吾儒学孔孟,行仁义,敦孝弟,上绍危微精一之旨,乃为登峰诣极。释氏礼三

---

① 〔明〕方以智撰,张永义校注:《青原志略》,华夏出版社2012年版,第194—195页。
② 〔明〕方以智撰,张永义校注:《青原志略》,第191—192页。
③ 洪修平:《明代四大高僧与三教合一》,《佛学研究》1998年第7期,第52—57页。
④ 唐大潮著:《明清之际道教"三教合一"思想论》,宗教文化出版社2000年版。

宝,明心性,阐宗风;道家祖犹龙,著为道德,福善祸淫,欲人登峰诣极。此'峰别道同',张簀山太史品题于前,而'三教一家',药地老人书额于后,此心同也。"①无世人于"三教名异实同,宗别道合"之说已普遍认同。故明末清初江南大儒陆世仪不禁为之慨叹:"迄于隆万,此时天下几无日不讲学,无人不讲学,三教合一之说昌言无忌,而学脉之瞀乱,于斯为极。"②盖斯言道出明季社会实情。

探究三教合一之源起,关涉佛教传播中国之发展演变历程,非本文所能尽论,故而不谈。而晚明清初此社会思潮泛滥,个中缘由亦较为复杂,著名学者陈垣先生曾分析道:"其始由一二儒生参究教乘,以禅学讲心学,其继禅门宗匠,亦间以释典附会书传,冀衍宗风,于是《中庸直解》、《老子解》、《周易禅解》、《漆园指通》等书,纷然杂出。国变既亟,遗臣又多遁空寂,老庄儒释,遂并为一谈。"③"明季心学盛而考证兴,宗门昌而义学起,人皆知空言面壁,不立语文,不足以相慑也,故儒释之学,同时丕变,问学与德性并重,相反而实相成焉。"④这些见解颇为中肯。

方以智于明亡后不事新朝,被迫逃禅,绝非如一般佛徒那样看破红尘,四大皆空,而是以自身渊博的知识积累与学术造诣批评儒释道之缺陷,并加以补救,融通三教。臆断其内在的缘由,与其世道变革及个人由儒入释身份的转变有着密切的关系。遁入佛门后,方氏内在的儒学素养与根深蒂固的用世情怀,终究无法消解,又不堪纯粹的弃儒从佛,再加上外在的时代思潮的浸染,于是融通三教思想便成为必然的选择,以出世为入世,圆通三教,终不可简单视之为禅师。《桐城耆旧传》的作者马其昶论方以智:"先生躬豪杰之才,遭逢季运,以占毕称,岂其志哉!"⑤

余英时认为方以智虽遁迹佛门,实乃遗民:"密之披剃垂二十年,且于佛

---

① 〔明〕方以智撰,张永义校注:《青原志略》,第42页。
② 《桴亭先生文集卷一》,《续修四库全书》第1398册,上海古籍出版社2002年版,第446页。
③ 陈垣:《明季滇黔佛教考》,河北教育出版社2000年版,第319页。
④ 陈垣:《明季滇黔佛教考》,第303页。
⑤ 〔清〕马其昶撰:《桐城耆旧传》,黄山书社1990年版,第209页。

教思想亦深有所契悟。然统观其晚年行迹,与夫最后之抉择,则密之终不失为明末一遗民,而非仅清初一禅师。当时密之师友家人,乃至天下识与不识者,无不以遗民目之,良有以也。后世之治史者倘昧乎斯义,则于密之一生之主要精神将不免当面错过矣。"[①]其师钱穆先生亦持此观点,他为余英时《方以智晚节考》作序,写道:"英时考密之晚节与殉难事外,复有《晚年思想管窥》一章提及三教合一之说,此乃晚明学风一大趋向。然应可加分疏。姚江流衍颇主此说乃欲撤除门墙,自放于无涯涘,以破俗儒之拘挛。若果逃儒归释,宁有复主三教合一之理。纵不然,亦牵孔老为偏裨,奉瞿昙于一尊。至如密之则逃儒归释乃其迹,非其心。否则将不使其三子仆仆皖赣间常年侍奉。又其为僧无定名,如无可、五老、药地、墨历、极丸老人等,此在名贤大儒如晦翁朱子有不免。文人尤喜染此习,佛门大德则少见。密之身为浮屠,而犹言三教合一,岂诚结习之难忘乎。故密之晚节,显然仍是胜国一遗老,不得以一禅师目之,此则读英时此文而更皎然也。"[②]今探讨方以智佛学思想及其融通三教之说,于研究明末清初之社会思潮颇具意义,于了解明清哲学史、思想史亦具参考价值。

(本文原载《江淮论坛》2013年第3期)

[①] 余英时:《方以智晚节考(增订版)》,第153页。
[②] 余英时:《方以智晚节考(增订版)》,第3页。

论方以智诗学思想的文化美学特色

方锡球

方以智（1611—1671），字密之，号曼公，别号浮山愚者；为僧后，法名弘智、无可、药地、浮庐、墨历等。安徽枞阳人。青少年时期即以"文章誉望动天下"①，游历甚广，曾"接武东林，主盟复社"，是著名的明末"四公子"之一。崇祯十三年（1640）进士。从年龄上看，方以智和顾、王、黄，长幼在九岁之间。作为一位杰出的思想家和学者，方以智是近四十年开始被重视的。侯外庐、谢国桢和庞朴等先生经过研究，以为其与顾、王、黄并峙而毫无逊色，他们都是时代所呼唤历史所培育出来的巨人。②对其烹庖百子，博采三教，长于融会创新，今天已经有了一定的认识，但与其巨大贡献比，与顾、王、黄比，显然研究得不够，也不深入；作为一位才华卓立的文学家和诗学理论家，我们不仅缺少研究，甚至连认识都还相当不够。据侯外庐统计了方以智的各类著作，约达四百万字以上，广及文学、文字、音韵、天文、地理、博物、医药、经学、哲学诸方面，是一位百科全书式的全能学者。但其一生"跳南跸北，数履皑皑之刃"③，历尽坎坷，最后以戴罪之身终结，以致殃及他的著作难以问世，学说不能广泛流传，终于连名字也鲜为人知了。

方氏生活的时代，社会文化生活丰富多彩，中西文化交流频繁，学术思潮浪涌，流派林立，众声喧哗。文学活动和文学思想亦是如此，从文人到歌者，从形式到内容，从庙堂到民间，雅俗共存；师心与师古、格调与性情并

---

① 〔明〕王夫之：《永历实录》卷五。
② 这是对方以智研究做出开拓性贡献的学者共同的认识。如侯外庐《方以智全书》前言，上海古籍出版社1988年版；谢国桢序任道斌《方以智年谱》，安徽教育出版社1983年版；庞朴《东西均注释》序言，中华书局2001年版。
③ 见〔明〕方以智撰，庞朴注释：《东西均记》，《东西均注释》，中华书局2001年版，第22—25页。

立。在政治方面,方以智有"我生何不辰,天地遂崩裂"之慨。但恰恰是这样的时代,却易于形成思想解放的浪潮。因此,学术文化和科学技术水平达到了前所未有的新高度,在很多学科领域都出现了不少集大成的著作。这便使方以智"得以坐集千古之智",并会通中西,做出了巨大贡献。

方氏与当时几乎所有的学派、学者都有交往,加上在哲学、文化、自然科学等方面的全能造诣,使他的诗文理论带有鲜明的文化美学特色,其诗歌也同样具有审美文化的特点。其诗学理论在思想观点、方法论、学术视野、整合与超越等方面达到了很高的成就,这主要集中在其哲学著作和几种诗论、文论论著之中。

一、"中边言诗":诗体的形式与意味、话语与道的双重整合与个性超越

方氏的《诗说·庚寅答客》[①]较为集中地反映了他的文化诗学思想。《诗说》开头就说到"中边言诗":

> 姑以中边言诗,可乎?勿谓字栉句比为可屑也。从而叶之,从而律之,诗体如此矣,驰骤回旋之地有限矣;以此和声,以此合拍,安得不齿齿辨当耶?落韵欲其卓立而不可逐也,成语欲其虚实相间而熨帖也。调欲其称,字欲其坚。字坚则老,或故实或虚宕,无不郑重;调称则和,或平引或激昂,无不宛雅。是故玲珑而历落,抗坠而贯珠,流利攸扬,可以歌之无尽。如是者:论伦无夺,娴于节奏,所谓边也;中间发抒蕴藉,造意无穷,所谓中也。措词雅驯,气韵生动;节奏相叶,蹈厉无痕;流连景光,赋事状物,比兴顿折,不即不离;用以出其高高深深之致,非作家乎?非中边皆甜之蜜乎?又况诵读尚友之人,开帙覆代错之目,舞吹毛

[①] 〔明〕方以智:《诗说·庚寅答客》,见《通雅》卷首之三。下文凡引此书,只在文中注明出处。

洒水之剑,俯仰今古,正变激扬,其何可当? 由此论之,词为边,意为中乎? 词与意,皆边也。素心不俗,感物造端,存乎其人,千载如见者中也。俗之为病,至难免矣。有未能免而免者存。闻乐知德,因语识人,此几知否?

其所谓"边",指文体的话语、话语秩序、话语结构及其显示的意义,即包括音韵、声调、节奏、字词的选择、句子的长短等及其组合所显示的意义。方氏在这里已经充分认识到文体的内涵和功能问题。

在方以智看来,文本的话语首先应具有审美性质。就日常生活语言来说,只要达意就可以,它只有表意一层功能,所表之意一般也比较单纯。而诗的话语不仅所表现的意义内涵是丰富的,而且话语秩序所蕴涵的意义及其所产生的效能也是巨大的。作为一位把语言学研究当作其事业一部分的杰出语言学家,方以智当年固然没有像索绪尔那样明确说出关于符号、能指、所指的理论,也未象形式主义者那样,直接提出文学语言符号的内指性和心理蕴涵问题,但是他意识到诗歌话语具有多重功能:一是具有像概念一样的所指功能,即表意功能。意蕴之"发抒"、"流连景光,叙事状物,比兴顿折"、"造意"等等,都离不开语言的表意功能。二是从整体的话语秩序中,方以智认识到诗体经过话语秩序的组合、结构,具有表象意义。在这方面,方氏已经注意到诗歌之象的非概念性,它的话语应该是有生命的,这种有生命的话语都有自己独特完整的审美结构。因此,他提出诗歌话语要"落韵欲其卓立而不可移也,成语欲其虚实相间而熨帖",并把"措词"和"气韵生动"、"娴于节奏"和"蹈厉无痕"联系在一起。可知他已认识到诗歌话语或意象结构的具体生动性和情意化特点。三是他以为诗歌话语仅有上述两个功能还不够,还应以气韵生动的措词、蹈厉无痕的节奏与恰到好处的比兴结合起来,形成"发抒蕴藉,造意无穷"的形象效果,"以出其高高深深之致"。这是他所认识的诗歌话语的表现功能。方以智在明末就认识到诗歌话语的这三个功能,一方面固然和他自少年起就进行诗歌活动有关,更重要的是与他在理论上的求真务实分不开。

其次，方氏以为，既然文本的语言及其功能带来的意蕴是无穷的，意义又能在文本话语结构中生生不息。那么，诗歌话语就一定有自己的特征。第一是"歌之无尽"，这是审美话语外在的特征，也是他关于诗歌至境的重要标准之一。在他看来，能否"歌之无尽"，就要处理好话语系统中不同性质或对立性质话语之间的关系。他拈出"调称"和"字坚"加以讨论，对"调"和"字"，他分别以"老"与"和"为尚。字"老"者，能在故实或虚宕这一对立性质的话语之间，做到郑重；调"和"者，无论平引或激昂，都能宛雅。第二是这种歌之无尽的话语应该"俯仰今古，正变激扬"，这是对诗歌话语内在品质的要求。诗歌文本仅仅处理好了相互对立的话语之间的关系，而达到郑重、宛雅还不够，其内质或内在结构还要具备生生不息的特征，如此，方能"歌之无尽"。这一品质依赖于主体的素养和精神结构的蕴涵。方氏言诗，把诗歌话语的这两个特点都看作"边"，即"词"与"意"皆为"边"。

那么，何为"中"？他说道："词与意，皆边也。素心不俗，感物造端，存乎其人，千载如见者中也。……闻乐知德，因语识人，此几知否？"他以"感物造端"时"存乎其人"为要，也就是不可铄灭其鲜活的个性，见到其人的真诚和诚挚的性情。由于性情中有"真"，因此，它是生动化的。在方以智，这种个性化的本性还要存乎其"道"，方能要"妙"。这样，方氏所言的"语"和"道"及其融合而成的话语系统，包含着其对真诚和个性创造的肯定。此为"素心不俗"。那么，方氏之"中边"存之于四个层面：诗歌话语；诗歌话语显示的意义；意义背后寓含的性情及其显现的"诚"；此外还有在这三个层面中寓含的"道"。少了任何一个层面，都不能达到"歌之无尽"的美好感人境界。可知方氏把文学话语及其意义、文学性情、文学诚挚性和文学"道"论有机相融，并通过一定的文体规定性组成统一的整体。这样做，既重视了话语的审美，又不放弃诗歌的文化属性，纠正了明代"格调"说和"性情"论的偏执之见。注意从文本的整体上言诗，并重视话语中的主体性,把人的个性和人的创造性作为论诗的关键。

为了言明自己关于"中边言诗"的诗学立场,他对"中"和"边"的关系作了深入论述:

> 关尹子曰:"道寓,天地寓。"舍可指可论之中边,则不可指论之中无可寓矣;舍声调字句雅俗可辨之边,则中有妙意无所寓矣。此诗必论世、论体之论也,此体必论格、论响之论也。韩修武曰:"汲汲乎惟陈言之务去。"数见不鲜,高怀不发,此诵读咏歌之情即天地之情也。冒以急口愉快,优人之白,牧童之歌,与《三百》乎何殊?然有说焉,闽人语闽人,闽语故当;闽人而语江、淮、吴、越人语,何不从正韵而公谈?夫史、汉、韩、苏、骚、雅、李、杜,亦诗文之公谈也。但曰吾有意在,则执樵贩而问讯,呼市井而诟谇,亦各有其意在;其如不中节奏,不堪入耳何!此一喻也,谓不以中废边。①

其"中边"关系之论,类似于魏晋言意的论述。但他又把话语结构划分为"可指可论之中边"与"不可指论之中"。前者的"中"显然是指话语的意义,也就是因语所见之"人"及其"素心",因言所知的"真性情",这些,无论在语言内外,都可以言说,无疑,这是对形式和意味的整合;后者的"中"却是话语通之于道的形上之辩,只可体验,不可指论,这是对话语和"道"的整合。可见,方氏把言意的形上之思下移到与论世、论人、论体结合,从历史语境、文体、话语的声响色泽、文学文体发展的必然性等涉及文学活动的所有方面,整体论述"中边言诗"的含义。这一理论的内涵还包括:首先,"语"和"道"或"中"和"边"不可偏废。舍弃其中的任何一个方面,诗歌将不可能生成,更难谈得上达于"歌之无尽"的境界。在话语和"道"之间,他以为有一个重要的中间环节,就是人的"高怀"。有了"高怀",诵

---

① 〔明〕方以智:《诗说·庚寅答客》,见《通雅》卷首之三。下文凡引此书,只在文中注明出处。

读咏歌之情就成了天地之情，诗歌话语之中自然蕴涵天地之"道"。这就使诗歌文本形成了"话语—情意—高怀—道"的整一话语体格。那么，诗之好坏，就不完全在于语言的新旧，关键看话语是否有这一"体格"，这是别开生面的说法。其次，在"语"和"人"的关系上，有体格的话语能显示人的诚挚情感及其通"道"所形成的性情。在方氏看来，有"体格"的话语包含作家和诗人对天地之道的个体体验，故而能"因语识人"，这样的话语才是"寓道"的话语。方氏的意思是，不是任何话语都能"寓道"，"寓道"的话语应是有"体格"的个性话语，只要有"体格"，"公谈"或方言都是无所谓的。关键是这种话语要成为"道"之"寓"。这一理论见之于很多典籍，方氏的创新之处在于他在言与意、语和道之间突出主体的个性，形成颇具创意的文本"体格"论。并由此发现了"中介"因素，所有这些因素的出发点都是主体的语言。有了语言和道之间的中介，语、人、性、道就成为交融、互渗、共生的整体，这一整体以特定的话语结构为依托，为家园，共同构筑一个"歌之无尽"的诗意境界。这些发现便使他的诗学思想在超越前人的同时，更接近文学活动的实际。故而他认为不能"以中废边"。于此可见，方氏所认为的优秀诗歌，是以语言载"人"、载"性"、以话语载"道"为妙的。这一点在使诗体的形式与意味、话语与道实现双重整合、超越的同时，也使有性、有道的主体通过话语得以显现自身的个性。这可见出中晚明时代重人情、重人性、重主体的美学思潮。

　　由于方以智在语和道、语和性之间发现了中介物和主体的个性，因此，他以"中边"言诗就与传统的"中和"言诗有了很大的不同。"中和"是在两个相互对立的事物或现象之间，以"和"作为基本原则，相值相取，不执着于一端，让两个相互对立的事物在发生关系的过程中，生长出新的东西或意义。"中和"是儒家在自然中受启发，而形成的道德哲学和文艺美学，在方法论层面，有重要意义。方以智受此影响，对其进行了创造性的改造，在两极之间发现了中介及其在诗美形成中的作用。面对当时表现多元思想和有着众多描写对象的诗歌，他在诗学理论上进行了创造性的整合；面对不止包含两极因素的众多诗歌文本，他浸淫其中，形成了以"中边"言诗的思想。他以为这样做，方能发现诗歌妙处。

二、怀抱、法、词互动：诗歌之"妙"的关键

方以智以为"中边"言诗能发现诗之妙，创作上也应以"中边"为法，方能写出优秀之作。他抓住有否"高怀"这一重点，进一步从法、词、怀抱三个层面的互动讨论了达于诗歌之妙的关键性问题。

> 法娴矣，词赡矣，无复怀抱使人兴感，是平熟之土偶耳。仿唐斥汉，作相似语，是优孟之衣冠耳。天分有限，又不肯学，良工不示人以朴，不如勿作。然有解焉，不作诗论，随人示朴，何伤乎？（《诗论·庚寅答客》）

以"中边"言诗，仅有法、词的完美是远远不够的，在法、词和怀抱之间，他更注重怀抱的作用。方氏以"怀抱"代替前人所说的"情感"。在他看来，怀抱能"使人兴感"，指的是"怀抱"更具有个人性，更具有情感方面的充沛性质。怀抱经过与外物"兴感"生成的审美之"情"，渊深朴茂，更具生命之气。可见，怀抱是真性情，其进入话语结构，最容易使话语结构气韵生动。否则，只能是"平熟之土偶"，所谓"平熟之土偶"，是指以较为熟练的技巧，去模仿他人。这种话语组成的文本，一如优孟衣冠，不如"示人以朴"。以坦荡的胸怀和真情示人，自成高格，这一境界比"有解"而作诗论，更接近诗歌本体和本然之情。

方氏对真情，即怀抱，有自己的真知灼见。他说：

> 孤臣孽子，贞女高士，发其怨结，音贯金石，愤卫感慨，无非中和。故曰怨乃以兴，犹大冬之春，贞之元也。……志气塞乎天地，曾知之

乎？此深于温柔敦厚，而愚即不愚者也。苦此心之难平，困以必不能而消之，塞以不可解而填之，顿引寥阔以旷之……。至人无情，无不近情。必貌此冒语以为至语，以为至语而忌讳一切，以责永言谕志正叶乎？时而述事，时而游览，时而咏物，神在其中，各有不得已者存焉，不用相强，果一真乎？无汝回避处。①

在这里，方以智给真情即怀抱作了界定：第一，怀抱不同于普通人的自然之情，它是孤臣孽子、贞女高士的温柔敦厚之情，是经过文化修养陶冶的自然之情，它既有自然之情的本色，又是自然之情与人格气质或精神结构的结合，其特征是"中和"。第二，怀抱是自然之情的高级形态。只有至人才具有这样的感情，它看似"无情"，但"无不近情"，其中情感的"苦"、"困"、"塞"、"顿"，在话语形态上以"正叶"的形式出现，"正叶"是相对于"变"和"奇"而言，它是典雅的，最能"永言谕志"。第三，怀抱或真情最能传神。它是"不得已"之情，无须相强，自然而然，自己而然，最能体现"人的"生命之情，因此也最能传神通"道"。可以看到，方氏所谓的"怀抱"受儒家艺术情感论的影响，同时又援道入儒，突破儒家思想的疆域，给予自然之情在艺术情感中以突出的地位，给有怀抱的主体以突出的地位，这就使"中和"的情感观得以发展，在明代思想解放的浪潮中赋予了新的意义。

诗歌之"妙"仅仅依赖怀抱是不够的，它还需要话语的运用。上文提及，怀抱进入话语结构最能使话语结构气韵生动。那什么样的话语才能使怀抱充分显示出来、并在其中生动起来呢？他接着就把"词"、"法"和"怀抱"及其主体结合在一起论诗歌优劣，并在"奇"与"平"、"因"与"创"的辩证关系中寻找诗歌之"妙"的关键和诗歌话语的最佳最美的组织结构。

首先，他以为在赋、比、兴中"赋"最关键，也最难把握："世亦有知比者，未可以言兴也。兴之为比深矣，赋之为比、兴，更深矣。"在方以智看来，赋

---

① 〔明〕方以智：《诗说·庚寅答客》，见《通雅》卷首之三。下文凡引此书，只在文中注明出处。

最能"宣人性情",也最能"节人"情感,也即赋的话语形式能将怀抱完美地体现出来。这一切,又都离不开"兴",赋的上述功能要以"兴"作基础、作前提、作中介,这样,他就把在中国古代有不同见解的赋、比、兴在文本领域视作一个整体;在创作中当作一个不可分割的过程。但"兴"是不可言说的,即使是诗人自己也难以完全表达:"虽兴者亦未必知也"。所以,诗人怀抱的显现就必须靠赋来完成,而赋主要依赖词、法的运用。这样,赋就能把怀抱、词、法融为一体。词、法运用及其与怀抱的结合,又离不开"兴"的"未必知"的特性。因为用一般的普通话语,未必能作为怀抱的栖居之所,只有"兴"的话语的"未必知"性质与怀抱最易于契合:怀抱最容易使人"兴感";而与"兴"密切相关的也是"端"与"感"这两个范畴:

> 立《礼》成乐,皆于《诗》乎端之。《春秋》律《易》,言之者无罪,闻之者足以戒,皆于《诗》乎感之。道不可言,性情逼真于此矣。言为心苗,有不可思议者,谁知兴乎?知《易》为大譬喻,尽古今皆譬喻也,尽古今皆比、兴也,尽古今皆《诗》也。存乎其人,乃为妙叶,何用多谈?①

这里显然不仅是强调《诗》的作用,他是借助诗的"端"与"感"来讨论"性情逼真"的"兴"之难言,它不仅是情感的发动,它还是情感发动时,情感与作家已有的精神结构的融合所生成的、性情与外物碰撞而形成的难言的体验。之所以"难言",是因为它是性情与外物沟通后心灵真诚与真实的状态,也是通"道"的状态②。此谓之"端"。这时,"端"与怀抱就密切相关了。故而方以智所理解的对《礼》、《易》、《春秋》、《诗》的教诲意义,与古今皆有重大差别。在他看来,诗的教诲作用要靠"兴"去完成,靠"端"与"感",这就把说教改造为由"感人"去完成。又由于"兴"是言说和体验不尽的,因此一首诗的作用也是无穷的。这种内在的力量来自"端"、"感"与性情

---

① 〔明〕方以智:《诗说·庚寅答客》,见《通雅》卷首之三。下文凡引此书,只在文中注明出处。
② 参见〔明〕方以智撰,庞朴注释:《开章》,《东西均注释》,第2页。

之真的密切相关，"真性情"都是不可尽言的，因它通之于"道"。所以只要"言为心苗"，就有"不可思议者"在，故而谁也不能完全弄清"兴"的所有内涵。在这一基础上，他批驳了古代从《易》之譬喻言比兴、言诗的陋见，他以为"兴"是好诗的关键，而"兴"之关键是"真"、是"人"。这样，他在把"兴"当作诗歌本体的同时，就可以进一步把诗歌质量归结到有怀抱的主体："存乎其人，乃为妙叶"。从而突出了主体及其性情（怀抱）与诗歌话语"妙叶"之间的关系，这与儒家正统的诗学思想比，大大向前迈进了！可以视作是对中国古代"性情"论的总结。

其次，它认为表现真性情的"妙叶"不仅仅是话语表层的押韵问题，它体现在话语的几个方面。第一是奇诞。他说：

> 有读千载上之一言而下泣者矣，有诵千载上之一言而起舞者矣，此自当人之所志所造不同耳。"前不见古人，后不见来者；念天地之悠悠，独怆然而涕下。"泪下，不亦诞乎？弹琴而见文王，魂来而愁蛟龙，月明而啸峰顶。谓之诞，皆不免乎诞。（《诗说·庚寅答客》）

方以智显然把话语之奇与怀抱之奇联系在一起，有"奇怀"方有"奇语"。这种"奇"，不单指话语的音响，更涵盖话语的色泽，所以观其一言而能下泣、起舞，它来自"人之所志所造不同"，而非一般意义上的怪奇。"所志所造"指的就是作者的真性情，它是人人有别的，在话语技巧和话语声律运用上也就各有特点，各有创造，特别富有魅力，也特别感人至深。第二是方以智鲜明地把奇怀—奇语—奇者视作一个整体。这三"奇"在一起，使"奇者"更具有创造的素质：

> 古人奇怀突兀，跃而骑日月之上，愤而投潢污之中，不可以庄语，故以奇语写之。奇者多创，创创于不自知。俗人效步邯郸，则杜撰难免矣。然而奇之极者，又转平地。或险谲，或故问，或影略，或冷汰，或即

事实叙,或无中生有。瞿塘龙门乎,通都桥梁乎？宫阙参差乎,荒村茆舍乎,各从其类,自行其开阖纵横顿挫之致。不以平废奇,不以奇废平,莫奇于平,莫平于奇。时因时创,统因创者,存乎其人。(《诗说·庚寅答客》)

这里,方氏依然把主体性放在第一位,他对"奇者"的素质十分关注,这些素质以怀抱为中心,一起隐藏在文本的话语秩序之中。在他看来,奇者之所以有更多的创造性,并在创造中"不自知",一是因为他们有"奇怀"和善于运用"奇语",这种"不自知"的创造,自然而然,不同于俗人的有意邯郸学步和杜撰。二是"奇之极者,又转平地"。他反对自我杜撰的"奇极"和因袭过多,以为在奇与平、因与创这两个对立的关系中,不能执一极而走向极端,而应该以"中和"的方法,相值相取,"互取""互用":"究当互取,宁可执一"? 相值相取方能生生不息,光焰万丈。三是根据时代和现实需要,对"因"和"创"作不同的价值取舍。即"时因时创"或者"统因创"。他所谓的"统因创",是指学习前人和时贤,其中要有创造,才不至于邯郸学步和杜撰;但创造也要尊重传统的范式,才不至于"奇极"和无中生有,才能避免"不善学古人者,专学古人之疵累"。他对近代学诗风气中,非此即彼的趋"奇"、趋"变"现象,进行了批评,以为近代所学习的东西,"未必古人之本指";更有甚者,只"区区于字句"之间,而对"通章之含蓄、顿挫、声容节拍体致全昧",以至"趋于亡俚"。趋"奇"和剧变之后,神奇却化为臭腐了。当然,处理好这两对关系,关键是主体的才能和素养。在他看来,奇平适当、因创兼备的话语秩序或文本自能涵蕴主体的怀抱和精神气质。因此,奇怀—奇语—奇者必须处理好上述几种关系并形成整体的力量,才有诗歌之"妙"的出现。这也是他从整体论诗的应有含义之一。在此意义上他反对宋以后的注诗,因为"诗有不必注者",优秀诗歌的含义是难以尽注的,也无法尽注。故而,他赞美杜甫"以平实叙悲苦而备众体,是以平载乎奇,而得自在者也"。

三、文化声律论：体裁、声律与诗歌之"乐"

为了进一步论证怀抱与法、词运用对优秀诗歌形成的作用，方以智还把声律与主体及其怀抱等内在因素联系在一起论诗体，我称其为文化声律论。首先，把写景、怀抱和声律放在一起来考察诗歌质量。

> 汉立乐府，《练时日》诸篇，词皆雕组。铙歌《芳树》《石流》，不可读者，大字属词，细字属声，声词合录耳……。郑渔仲集《题解》，郭茂倩、左克明、梅禹金，皆以其名汇之，实不可奏诸管弦也。唐宋以来二十八调，今传十三，无言其分合者。……唐之用汉乐府题作歌者，借名自行其意耳。……诗人拟古，自有别致。当与同社约取古一解、二解之句，而各写其怀，何不可以填词和古，作因创之嚆矢乎？①

在方以智，"因"不是强学古人，"因创"者的素质除了能把"因"和"创"的关系处理好以外，最重要的是能把诗体包括声律、话语秩序与怀抱加以融通、今人怀抱与古人怀抱进行交流，这种融通和交流既是"自行其意"，有充分的创造自由，又必须"借名"，遵守已有的诗歌规范。它是遵守规范和打破规范的统一。这种在内在与外在、今与古之间的交往对话，今天看来，确实是创造的有效手段和文化资源的优化配置。这一方法也最能超越古今范式而使文学艺术达到一种新境界、新高度，从而形成新的诗体、新的诗歌规范。方氏把怀抱与诗体发展规律、话语秩序的变化与主体的素养进行综合把握来论诗歌活动，是一创新之举，这种新的认识和方法论意识，说明方氏不仅不囿于已有的成果，而且具有思想创新意识。这便使他的关于声律的理论令人耳目一新：

---

① 〔明〕方以智：《诗说·庚寅答客》，见《通雅》卷首之三。下文凡引此书，只在文中注明出处。

> 休文知四声韵多江南之音,岂能知阴阳七音之精乎?诗可宽叶,正韵时宜,古仍可通也。词则必论挺斋内外中声矣。七言二六既谐,其余自谐,非谓可不谐也。拗体亦谐拗体之响,古风自谐古风之调,作家老手,定叶天然。①

方以智的另一部著作《通雅》,作为以语言学为主的具有多学科重要价值的天才之作,就中在多重文化意义的整合上,也别开生面的讨论了他的文化声律论。同样,从这段文字看,他对话语的音响色泽的认识,并非完全遵循过去已有的规定,而是从时代和主体的变化,以"谐"作为关键和最高原则,提出"宽叶"、"正韵时宜"、各体有各体的和谐之律的思想,并以创作主体及其精神结构为中心,认为主体的才能和素养达到一定高度,就自能"定叶天然"。他之所以和已有规范有不同的看法,是因为他不单就声韵而论声律,而是从怀抱、话语秩序的变化、诗体发展规律和主体条件等整体上去看诗歌话语系统,才形成这样既符合诗歌发展实际,又把时代文化和声律结合起来的思想。这是他以"中边言诗"思想在诗歌声律论问题上的表现。

其次,他论述了心灵之音的繁富性和主体文化能力的多样性造成话语的不同声韵组合和不同的和谐样态,使诗体论和诗歌声律论特别具有文化声律论的特色。为什么可以"宽叶"?"拗体亦谐拗体之响,古风自谐古风之调"?方氏进一步从主体的心灵和襟怀上论述写景与怀抱的关系,说明声律是心灵的声音,只要"谐"就能达于美好之境。

> "我有万古宅,青阳玉女峰;常留一片月,挂在东溪松。"写景乎?怀抱乎?"泰山忽破碎,泾渭不可求;回首叫虞舜,苍梧云正愁。"此老会心处不在远,亦不在近也。"繁霜被野草,岁暮亦云已;黄鹄游四海,中路将安归?"此哭途中之休歇处乎?"万物各有托,孤云独无依",此

---

① 〔明〕方以智:《诗说·庚寅答客》,见《通雅》卷首之三。下文凡引此书,只在文中注明出处。

北窗之休歇处乎？（《诗论·庚寅答客》）

方氏在论声律时谈写景与主体怀抱的关系，个中自有用心。情景不可分，景不在远近，是中国古代的已有看法，明代时已经形成大体一致的认识。可贵的是，他在写景与怀抱的关系中，以写景与怀抱不在远近之论，改造了已有的情景交融说。在方以智看来，一般的诗人写景有远近，怀抱也有远近。而大家之作，所写之"景"是"会心"的必然结果，写景与怀抱无所谓远近，就指的是在"会心"的一刹那，主体及其感官、心灵易于和宇宙的万千气象融成一片，远近融为一体，而且是"目既往还，心亦吐纳"，远近的变化是有韵律、节奏的了，这是自然的美妙声音。故而方以智认为"作家老手，定叶天然"。这一认识直到20世纪宗白华先生才重新发现并进行了深入的论述。①

再次，"比、兴"外之比、兴说与文本结构论。在诗体中，景与怀抱的交流、互渗能产生新的意义和美妙的声律节奏，为了弄清这一问题，方以智论述了诗体话语结构与比兴思维方式的关系。把比兴作为思维，是他的一个创识。

  虚舟子曰："青青河畔草"，绝不是青青河畔草，但可曰"青青河畔草"。知此比、兴外之比、兴否？一气叙至他乡异县，忽然曰"枯桑知天风，海水知天寒"，拘者必谓针线不续矣；乃以双鱼曲折，收以"上言加餐食，下言长相忆"，知此格否？老杜之"在山泉水清，出山泉水浊"，韦苏州之"热者不思火，寒者不思水"，知此格否？《鸡鸣》、《孔雀》诸篇之长叙断结，《北征》诸篇用之，香山亦用之，而各自为致。太冲《咏

---

① 宗白华先生认为，中国人对于空间与时间是不能分割的。春夏秋冬配合着东南西北。所以，我们的空间感觉随着我们的时间感觉而节奏化、音乐化了！"目所绸缪"、"目既往还"的空间采取数层视点以构成节奏化的空间。这是"一阴一阳之谓道"，一虚一实的生命节奏。见《中国诗画中所表现的空间意识》，《美学散步》，上海人民出版社1981年版，第89—95页。

史》，以遇贵即贱二语断之，此"振衣、濯足"之奇格也。"壁遗镐池君，明年祖龙死"，秦人相谓曰："吾属可去矣"。"一往桃花源，千春隔流水"，此太白之奇格也。《蜀道难》、《有所思》，其以明远之《行路》而从《骚》变者乎？（《诗论·庚寅答客》）

在方氏之前，古人论比兴，多把它当作一种修辞或艺术手法。方以智却把比兴与针线或话语结构、格联系起来。第一，"青青河畔草"文本内的比兴手法，此即话语结构内的比兴。在表面上是"针线不续"，但方氏发现，不同主体运用它，会使已有规定的范式在话语结构、话语节奏和格调上产生变化。第二，"青青河畔草"文本外的比兴，它不再指向"青青河畔草"本身的意义，也不再是艺术手法那么简单，它是比兴思维的结果，是话语结构内的比兴、针线、格与声律，在话语外产生了生生不息的意义。他以"长叙"的话语范式为例，说明不同主体对它的运用方式不同，其话语意义及形式也会"各自为致"，产生不同的话语、话语结构、格调和意义。既然不同主体对文体这些因素的组合是动态的，富于变化的，那么，同一范式的诗体，在意义的不断生成中，其格调也成为活的或者说是有生命的话语结构风格。由于话语、话语结构、声律、格调及其有规律的组合所生成的意义的丰富性与否与比兴思维密切相关，这使优秀之作意义的生成一般不局限在话语及其结构和声律之内，在诗体外意义也能生生不息，方以智把这种审美现象称作"比、兴外之比、兴"。他以比兴思维为核心，统摄诗歌生成过程的所有方面，论体裁、声律至此，可以说是前无古人的。

第四，势与诗歌之"乐"。其论"势"从话语的较小单位"字"、"句""语"和声律开始：

长吉好以险字作势，然如"汉武秦皇听不得，直是荆轲一片心"，原是浑老。杜陵之"冯夷击鼓群龙趋，黑入太阴雷雨垂"，何尝不作奇语吓人。

山谷曰:"宁律不谐,勿使句弱;用字不工,莫使语俗。"故古诗中亦可过对指点,律诗中亦可直行不对。东坡曰"灿烂之极,乃归平淡"。"外枯而中膏",渊明、子厚之流。(《诗论·庚寅答客》)

文"势"是我国古代文论关心的问题。从字、句、语论"格"到明代已成习惯做法,但从字、句、语开始论"势",却体现方氏对文本的整体意识,这在古代十分少见。方以智在文学实践中发现"句"和"语"比"律"和"字"重要,句和语关系到"势"和"格",即一首诗、一篇文章的质量和整体意义丰富与否,相对于律和字,句和语就显得重要些。可见,他更注重内容、情感对文势、格调形成的作用,宁律不谐、字不工,勿使句弱和语俗。只要"句不弱"、"语不俗",哪怕"律不谐"、"字不工",也算得是"外枯中膏"之作,是绚烂之极,归于平淡,其间的意义自在诗体内生生不已。这与他以"怀抱"为中心的诗体论一致。当然,最好的境界是字、句、语(章)、律都能处于最佳状态并有机融为一体,共同体现出"格"的至境状态,达到美妙之极致:"炼字如壁龙点睛,炼句如虫蚀印文,炼章如黄回舞剑,炼意如山川出云,使事如幡绰啼笑,状物如大帝弹蝇,顿节如挝鼓露板,滑声如笛弄歌喉。极工巧,极天然,极浑成,极生动。以弄丸之胸怀,出点睛之手眼,其乐何如"。①

这种诗"乐"的极境状态,在方以智看来,并不是完全依靠统一的诗体规范才能达到,因主体及其语境有别,其诗体自然各不相同,他以历代文学活动实践作为依据,发现"有一意而出之不同者","又有一意分取其志者",孰优孰劣? 他以为"各为警切,亦互相取"。"各体虽异,蕴藉则同",在不同的主体"一菀一枯,一正一变,一约一放,天之寒暑也。过甚则偏,矫之又偏,神之听之,惟和且平。是其人,不欺其志,皆许之矣"。他认识到,不同时代,大多数不同的主体,其优长都存在于时代差异或一

---

① 这在明代成为潮流。赞成言理者有之,但不赞成言理者占主流。参见方锡球:《述情切事与悉合诗体》,《文学评论丛刊》2002年第一辑。

己之"偏",即使如声律,"近体之叶律定格",可以"补前人之未备"。对于所谓的"偏",如能"神之听之","偏"也可以"和平",达到一种美好的境界,关键是其人"不欺其志"。这是他以"中边"言诗在主体论方面的新发现。

第五,诗与理,声律与志。正因为诗"乐"境界的核心在主体之"志",方氏进一步以"志"为中心,讨论诗体和诗歌话语的一系列问题。

> 诗未尝不可以析理,析理之诗,非诗之胜地也。"手无斧柯,奈龟山何"?今问夫子曰:"手有斧柯,奈龟山何?"夫子岂再答乎?"利剑不在掌,结友何须多"。以何为剑,以何为斧乎?曰心,曰性,曰静,曰理,《诗归》望见,必激赏之。或以为禅。……圣人之教,《书》叙正语,《诗》以兴之;苟知兴之,侧语、反语皆是矣。礼以制节,乐以和之;苟知和之,有声、无声皆是矣。(《诗论·庚寅答客》)

古往今来,对言"志"、言"理"之作,以简单的方法对之进行分析,其诗性似乎就在"理趣";大多数人则持简单的否定态度①,近年来,研究言"理"之作者渐多,但从诗体、话语尤其是诗"乐"角度进行分析者却未曾见到。② 方以智从文化审美的整体视角观照这类诗歌,以为这类诗"非诗之胜地",③但同样可达到诗歌至境。他的意思是,从诗美角度,这类诗缺乏情感性和感人至深的内容,与有境界的抒情之作有本质区别;但其有"心"有"性",它们与情感比,在人的精神里面,可能层次更深。方氏以为,有心、性而"理"在其中,这还不是诗。它成为诗的关键还要有"兴"与"乐",因为"兴"是诗的

---

① 今人持这一看法的也较广泛,研究古代文学文本中言理之作的学者,也大多以谈"理趣"及其意义为主,以为这类诗作的诗性即在此。
② 从个人角度看,方以智喜好感时触事之作。其子方中履跋《诗论·庚寅答客》以为其父之作"感结之声,不期各尽其变","感时触事,声出金石",故而他"闻之记之,以真怀为本,以好学为蕴,以雅叶为度。二十年来,反复合观,可以兴矣"。见《方以智全书》第一册,上海古籍出版社1988年版,第64页。
③ 〔明〕方以智:《文章薪火》,《方以智全书》,第64—77页。下文凡引此书,只在文中注明。

固有特征;"乐以和之"是诗律的内在要求和诗歌显于外的特点,心、性、理只要能"诗以兴之,乐以和之",哪怕这种"兴"与"乐"与抒情诗体不一样,就也是诗体的一种存在方式。可见方氏已经认识到诗歌内容能够吁求新的话语秩序和形式的生成,而话语秩序与话语方式也蕴涵内容的性质与价值取向。

这样,"格"的变化就显得十分重要。诗歌内容的变化,要在"格"即话语特征上显出。这样,他就把艺术话语的"言理"之"变"所引起的新的艺术范式和形象特征,特别地提出来加以讨论。

> 格莫奇于《三百》《无羊》之章,先叙饮讫之状,忽曰"牧人乃梦",变鱼变旟,从而占之,何其幻乎!《采绿》忆远,忽而作计,此后永不相离,"薄言观者",冷缀便收。至于……《离骚》之登天、入水,作如何会? 其指远矣。(《诗论·庚寅答客》)

这段话的关键词是"变"、"幻"、"远"、"神"。从关键词可知,方以智对言理诗歌"格"的变化,态度是矛盾的。作为欣赏主体,他偏爱那些雅正的、节奏和谐的、符合传统范式的抒情之作;作为理性的主体,他不得不认为这类诗歌不再"雅正",是诗体之"变"的结果。诗体的变化带来的直接结果是诗歌"幻"境的生成。以今天的眼光看,这类作品是浪漫的,象征式的。但他认为,有这一诗境的作品,属于神品,"其指远矣",其意遥深,这类诗歌在含蕴的丰富性方面,其他作品无法比拟,人无法完全领会,其间的意义是言说不尽的。这些与话语之"变"所带来的阻拒性和陌生化相关。无尽的意义诱使接受主体作无尽的意义追求,令人神远,这类诗自然属于诗中神品。方以智从文学活动实际出发,在明末就能通过对文本的分析,发现言"理"诗歌的妙处,这与其他理论家的理性分析、推断有显然的区别。这一分析也显示了他的学术胸怀和他"坐集千古之智"的视野,在当时,是一超越之举。

四、文学道艺论：文化与审美

此外，方以智不仅在形下的文本层面上整体论诗，还把文本的话语秩序当作气韵生动的生命整体，进而上溯到形上层面，从道艺关系寻找诗文话语的文化审美内蕴及其意义生成机制。

首先，他提出"一多相贯"的性道论。他以为"性道犹春"，"文章犹花"。一株花，砍其枝而断其杆，其根则死；更得不到它的核仁。[1]他的用意是把诗文的话语系统看作是有生命的整体，用这一浅显的道理，来阐释文学话语仅有外形和内质的美还不够，还需要语境和意蕴。从外层的"言"开始，文本的各种因素包括话语中蕴涵的主体生命状态与"道"相贯通，"道"无所不在的滋润着文本的方方面面，这是"一多相贯"的基本意义。只要做到"一多相贯"，形上与形下之间，意义就能回环往复，"俯仰远近，皆备于我"。这既是生命的节奏，也是道、艺一致的生命之境。方以智把是否通"道"作为诗歌及其主体有否生命力的唯一条件，"道"与诗歌生命的关系第一次有了这样明确的认识。

其次，"冒统"论。方氏认为，文本的内质美和外形美，需要"性道"的滋养，才能使文本话语具有生生之力、达于极境。他把审美话语及其意义从通"道"角度划分为三个层次。即中道；中理、旁通之发挥；统类、体裁。在这三个层次中，道是"大一"，优秀的作者，对这三个方面都不可不"知"，是为"三知"[2]。在方以智，这三个方面还要归结于"言"，通"道"之"言"是生命的话语，它与道、与性命息息相关。他把"言"的功能发挥到了极致："三知终于知言"[3]。"三知"已经包括对形下、形上及其回环活跃的生生运动的

---

[1] 〔明〕方以智：《文章薪火》，《方以智全书》，第64—77页。下文凡引此书，只在文中注明。
[2] 同上书，可参见〔明〕方以智撰，庞朴注释：《三徵》，《东西均注释》，第35—66页。另可参见《易余·善巧》，安徽省博物馆藏手抄本上卷。
[3] 同上书，可参见〔明〕方以智撰，庞朴注释：《三徵》，《东西均注释》，第35—66页。另可参见《易余·善巧》，安徽省博物馆藏手抄本上卷。

把握，而其"终于知言"，可见言之"大用"。由于言，天人之际，物我之间，内外之间、古今之间、形上与形下之间息息相通，构成一个统一的生命整体。这就是"冒统"论，也是方氏别具一格的"虚实"论。方氏在这里把"言"的作用提到极致的同时，以为其终极目的"无非道也"、"无非性命也"，在语言统一性层面，把道与性命并重。也就是说，在有限的生命世界里，由于"言"，可感的生命世界可以通之于"道"之无限。

再次，他在论诗文话语秩序时，又针对话语的可感性和通"道"性这两极的不同性质，分别以"质"论、"通"论两种方法对话语的这两极进行讨论。质论、通论或"通几"①是方氏的哲学命题。他的话语理论，由于与哲学结缘，自然显示着文化和美学双重特色。一方面，这两重特点通过"道"与"艺"②的相通和互为表现，紧紧联系在一起。另一方面，他没有把道与艺、文化与审美混淆，能够鲜明的区分不同话语的功能与特征。今人"一般的解释以为'质测'等于现今所言'自然科学'，'通几'相当于现今所言'哲学'"③。质测要求"实考"，探究物之故。由于万物分殊，物各一理，因此，质测所反映的"物理"，还不是万物共有的至理。至理乃先天所成，又谓之"天理"，它贯于事物运动过程，既是运动的始因，也决定过程的周而复始，循环往复。作为物之所以然的至理是无法"实考"或"验其实际"的，也就是靠"质测"难以把握，所以，只有运用"通几"来"推豁"。通几要求"深究"：一方面将质测所把握到的"物理"类推到极限，以找出事物所以然的终极原因，故而方氏说通几是"所以为物之至理也，皆以通而通其质者也"，是"推所以通质"④。另一方面是"随立一名，皆可遍推"，从一般推演事物具体的理，若"推而至于不可知，转以可知者摄之"。可见，"质测"即藏"通几"⑤，废弃质测专谈通几，就会走上宋明理学家"空谈心性"的老路。作为自然科

---

① 参见〔明〕方以智撰，庞朴注释：《道艺》，《东西均注释》，第172—189页。
② 蒋国保著：《方以智哲学思想研究》，安徽人民出版社1987年版，第143页。
③ 参见方以智撰，庞朴注：《象数》，《东西均注释》，第202—215页。
④ 〔明〕方以智：《物理小识·自序》，见《四库提要》子部杂家类六。方中通、揭暄等编。
⑤ 见《易余·三冒五衍》上卷，安徽省博物馆藏抄本。

学家和人文学者,其主张质测和通几互不偏废。其质、通之论与语言论的结合使其对诗性话语的研究,带有浓重的文化美学、文化诗学的特色。在阐释质、通之论所包含的"道艺"统一论时,他能区分不同话语的功能和特征,准确把握具象与抽象、道与艺、文化与审美的差异:"万理之会通,有所以然者存。不明所以然中之各各当然,而用当然之所以然,则百家坚白同异之舛午,何一不可疑我?我则惑矣"(《文章薪火》)。这是个别事物或个性与抽象之理分殊的理论依据,为他区别文化与审美奠定了哲学基础。

根据"质测"和"通几"的方法论,方以智在话语和形象关系方面就有了一系列的见解。首先表现在运用这一理论分辨史与诗、一般文章与美文的区别:"读子长文,必越浮言者始得其意,超文字者乃解其宗。班氏文章,亦称博雅,但一览之余,情词具尽"(《文章薪火》)。可见文学话语必须以"通几"之法,方能体验到言外旨、象外意。而对班固的历史话语,只须以"质测"之法就能一览无余,情词俱尽。方以智运用质、通之法,是强调诗歌文本与文化、与"道"的密切关系。他认为仅仅重视言辞、对偶与否、难易与否是远远不够的,关键是要做到"义深意远,理辩气厚",如此,文本方能"辞盛而文昌"。否则,"皆情有便滞",就难以达到"辞盛而文昌"的境界。的确,诗歌文本若能情深意远,道艺一致,就会达于玄妙之境,令人兴会无穷。

他认为要使"道艺"一致,必须在下列关系中保持张力。第一,是意与"辞达"的关系。在方氏,言与辞是两个性质完全不同的概念,"辞非言例"。故"言达"不等于"辞达","达"是文学话语即"辞"的本质要求,有着自身的内在规定性,辞浅不等于言浅,言浅可能意即"不达"。此外"未有达而犹贵枝叶者也",而辞由于有修饰,"达"就不仅是尽意的问题,而且玩之若近,寻之亦远,研之尤深。所以,对文学话语或辞来说,不是语言的浅与深、详与略、正与旁、俚与雅的问题。他从"圣人之情见乎辞"、"修辞立其诚"的说法,认为,辞必须"巧",即必须修饰,才能表达真诚和真情;而言是可以脱口而出的,若对之进行修饰,就会露出虚假的东西。他以为夫子恶巧言,而说

"辞欲巧",是为了"情欲信"。可见审美话语是传达真情的必备条件,只有"辞"才能"尽天下之情",也就是说,辞"巧"是"达"的必要前提,辞巧的结果是文质彬彬,故而,方以智说"彬彬者,辞达之谓也"。第二,辞达或文质彬彬又是"辞"与"道"贯通、交融的状态。他说:"我于《易》则彬彬矣。"这实质是张扬他的道、艺相通一致的主张,通"道"之"辞"往往一方面可群可乐,熏陶自化,文化与审美意义共生;另一方面意味无穷,"通神明,类万物",引发人的思维在形下和形上之间回环往复,"而不知其所从来"。

可见,方以智的形象论和其话语方法论是紧密结合的,他们共同形成了方氏诗学理论的语言论美学性质,也使其"中边"言诗从本体理论走向了诗学方法论。这一开阔的理论视野、"坐集千古之智"进行思想整合的意识、亦此亦彼的思维方式、立足多元整合创新的追求,今天看来,无疑值得借鉴。此外,他还是我国古代最早进行中西比较研究和文化对话的思想家之一,其诗学思想成果中,多有这方面的内涵,限于篇幅,另文论述。

(本文原载《文学评论》2005年第1期)

方以智与桐城泽社考论

宋豪飞

明代文人读书治学往往与结社密切相连。郭绍虞《明代的文人集团》一文,将文人结社统称为"文人集团",且搜罗有明一代文人所结之社,然于桐城方以智所结之泽社,却不见载。《清儒学案新编》之"密之学案"一章[①],在介绍方以智早年文学活动时,有所提及,但片言只语,莫能其详。任道斌编著《方以智年谱》[②],理出方以智诗文集中标注泽社的有关诗文,为笔者研究泽社具体情况提供了极大的便利。除此之外,翻检他书,则罕有提及。泽社为方以智青少年时代求学问业所结之社,泽社诸子相互诗酒酬唱、研经习史,彼此志同道合,亲情与友情终生相伴。探究泽社的情况,对于了解方以智早期的文学活动及学术发展,至为重要,因不避浅陋,略加考论。

一、泽社的名称、成立时间及成员

泽社为"泽园永社"之简称。方以智所结之社取名"永社",位于其父方孔炤所建之泽园。周歧于崇祯五年(1632)仲冬为方以智《泽园永社十体》诗辑作序:"泽园临南河,取丽泽之义。方潜夫夫子玺卿告假还乡所建也。"泽园建成后,方以智读书其中,"密之闭关,诵读其中,学耕会友而歌以永言,不枯不乱"[③],泽园遂成为永社诸子学习与活动中心。在其诗文集中,"永社"一作"泽社",或作"泽园永社",只有《泽园永社十体·泽园永兴

---

① 杨向奎著:《清儒学案新编》(一),齐鲁书社1994年版,第407页。
② 任道斌编著:《方以智年谱》,安徽教育出版社1983年版。
③ 〔清〕方于穀:《桐城方氏诗辑》卷二十三,清道光元年饲经堂刻本。

社》一诗,题中写作"泽园永兴社",所指其实都是一致的。

方以智在《泽园永社十体·泽园永兴社》诗中细致描绘了泽园的自然环境以及身处其中读书的逍遥自在与安然恬淡:"南郊有小园,修广二十亩。开径荫松竹,临水垂杨柳。西北望列嶂,芙蓉青户牖。筑室曰退居,闭关此中久。晨起一卷书,向晚一尊酒。偶然游吴越,天下浪奔走。《大雅》殊寂寥,黄钟让瓦缶。云间许同调,归来告亲友。结社诗永言,弦歌同杵臼。河梁如嚆矢,风骚为敝帚。聊以写我心,何暇计不朽。"①由此可见,"永社"之义,正在于"学耕会友而歌以永言","结社诗永言"。

泽园永社成立之时间,并无准确记载,唯方以智《浮山文集前编》卷二《史汉释诂序》文后注明为"崇祯戊辰冬方以智书于泽社",崇祯戊辰即1628年,这是笔者今所见最早明确标明时间及"泽社"的记载,也就是说,泽社成立必不迟于是年。

泽园永社的成员,以方以智为核心,包括方的堂叔方文、舅氏吴道凝、妹夫孙临及钱澄之、周歧等六人。

方文,字尔止,号嵞山,为方以智堂房六叔,小方以智一岁,但二人自幼相伴读书,关系密切。方以智《孙武公集序》称:"余有叔尔止,舅氏子远,虽非同辈,而年相若;且引绳排根,不知何故风若。"②方文《嵞山集》卷三《庐山访从子密之,同宿九夜,临别作歌》诗中有"与尔同学十四年,寒冬夜夜抵足眠"句③。方文以诗歌见长,抒真情写实事,语句浅俚易懂,"其为诗陶冶性灵,流连景物,不屑为缔章绘句之工"④,时人称之为"嵞山体",著有《嵞山集》五十卷。方文性格豪放不羁,且聪颖过人,弱冠后出外游学,好结交天下俊彦,渐渐在诗坛崭露头角,"以棘闱数奇,博览名胜,咏吟不辍,后学推为宗匠"⑤。

---

① 〔清〕方于榖:《桐城方氏诗辑》卷二十三。
② 〔明〕方以智:《浮山文集前编》卷二,康熙此藏轩刻本。
③ 〔明〕方文撰:《嵞山集》,上海古籍出版社1979年版,第152页。
④ 孙静庵编著,赵一生标点:《明遗民录》,浙江古籍出版社1985年版,第259页。
⑤ 《康熙桐城县志》卷四,江苏古籍出版社1998年版,第169页。

周歧，字农父，号需庵，桐城人。他博学多闻，对于天官、地理、水利、河漕、土田、赋役、兵刑、官制、边防、数学等多有涉猎，"以博雅好奇闻四方"①。方以智在明天启五年（1625）十五岁时，即通过方文介绍与之结识，《博依集》卷八《初识农父·序》："乙丑学于雾泽轩，从六叔闻农父言行，素心慕之，未尝得遇。一日，六叔置酒，一见如相识，各以诗为赠，分得廉字。"②二人一见如故，遂成为终生知己。

方以智结识钱澄之是在崇祯三年（1630），时年二十。钱澄之，字饮光，原名秉镫，桐城人。他少时即以名节自励，也小方以智一岁，视方如同兄长，"余年未二十时，尝过白鹿山庄，受知于中丞公，兄事曼公，弟畜直之"③，真切地反映了与方氏兄弟的深厚情谊。

方以智有三个妹妹，长妹适孙临。孙临字克咸，乃豪杰之士，文武全才。《桐城耆旧传》卷六《孙节愍公传》记其"放迈不群，书史寓目便了指趣。谈说娓娓，善属辞。晓声伎，吹箫度曲"④。他自幼即以好读书且任侠闻名乡里，享有才名，所作歌诗古文词，曾流传较广，与方以智、周歧、钱澄之齐名，著有《肆雅堂集》十卷。崇祯末年，局势严峻，孙临散发家财，结纳奇才剑客，希图有所作为，陈子龙赠诗赞叹曰："孙郎磊落天下才。"⑤明亡后积极抗清，顺治三年，被缚不屈而死。

吴道凝为方以智舅氏，字子远，清顺治丁亥（1647）进士，为官短暂。他生性豪放，擅长言谈，才华横溢，"少负才略，豪放不羁，与人言论，辄风生四座。尤长于诗赋古文，援笔千言立就"⑥，著有《大指斋集》十二卷。他还以书法闻名，擅长草书，《桐城耆旧传》卷四称他"才性俊迈，草书尤横绝，自谓似李北海"。

---

① 〔清〕马其昶撰：《桐城耆旧传》卷六，黄山书社1990年版，第213页。
② 任道斌编著：《方以智年谱》，第35页。
③ 〔明〕钱澄之撰，彭君华校点：《田间文集》卷二十，黄山书社1998年版，第388页。
④ 〔清〕马其昶撰：《桐城耆旧传》卷六，第195页。
⑤ 〔明〕陈子龙著，施蛰存、马祖熙标校：《陈子龙诗集》，上海古籍出版社1983年版，第278页。
⑥ 康熙《桐城县志》，江苏古籍出版社1998年版，第142页。

泽社成员可考者为以上数人，他们以方以智为核心结成永社，日夕耕读泽园，以应试举业，共求仕进；同时，相互间切磋学问，觞咏社集，过着一种逍遥自在的"狂放"生活。

二、泽社的性质及与中江社之关系

《清儒学案新编》于"密之学案"文中认为，"泽社中一群有朝气的青少年，往往慷慨酣歌，论天下大事。方自述说：'处泽园，好悲歌……好言当世之务，言之辄慷慨不能自止。'（《浮山文集·孙武公集序》）这个团体与当时东南一带的会社一样，不仅研究文学，也带上政治色彩。"① 仅凭方以智自述"好言当世之务"，遽云泽社具有"政治色彩"，似显不妥。虽然，作者引用钱澄之少子扬禄所撰《先公田间府君年谱》中崇祯五年条下所记载的方以智劝钱澄之退出阮大铖所创建的中江社之事："会方密之吴游回，与府君（指钱澄之）言曰：'吴下社事，与朝局表里，先辨气类，凡阉党皆在所摈。吾辈奈何奉为盟主，曷早自异诸？'"② "吴下社事"，指张溥、张采成立复社的事；"辨气类"就是要分清复社与阉党的界限。桐城阮大铖是魏忠贤阉党余孽，崇祯二年被列入"逆案"名单，罢职后退居家乡，于崇祯五年创建中江社。"是年，邑人举中江大社，六皖知名士皆在，府君与三伯与焉，首事者潘次鲁、方圣羽也。次鲁为阉党汝桢子，圣羽则'皖髯'门人。'皖髯'阴为之主，以荐达名流饵诸士，由是一社皆在其门。'皖髯'与予家世戚，门内人素不以为嫌。府君乡居，不习朝事，漫从之入社。"③ "皖髯"即指阮大铖。钱澄之在中江社成立之时即加入，而当年方以智游历东南，广交复社成员，见识渐增，明了时局，年底返回桐城，因此劝钱澄之退出中江社。钱澄之两年之前即已结识方以智，事之如兄，并参加泽社的社课，故此后凡中江社的活动他都辞谢

---

① 杨向奎著：《清儒学案新编》（一），第407页。
② 〔明〕钱澄之撰，诸伟奇等辑校：《所知录》，第180页。
③ 〔明〕钱澄之撰，诸伟奇等辑校：《所知录》，第179—180页。

不赴。这使阮大铖开始对方以智产生怨恨。

当然，仅凭这则材料是不足以说明泽社即具"政治色彩"的，况且泽社诸子诗文也不存关涉政治内容的作品。泽社成立的初衷大抵是为了科举，在于仕进，其性质还是属于文学性的"文人集团"。下文所探讨的泽社的文学活动，更足以证明其性质。

泽社先于中江社成立，二者同处一邑，两社成员的交往却颇为复杂。朱倓《明季桐城中江社考》一文开篇即云："明季结社，其数盈百，而势力之伟大，无如复社；而与复社隐然相抗与之敌对者，其惟中江社。中江社之首领，为桐城阮大铖，明季社党之争，都置国事于不顾，内忧外患，熟视无睹，大铖始与东林党为难，而北都以亡，终与复社为难，而南都以亡，中江社之设，殆与东林党暗争以后，又与小东林党之复社暗争者也。"以此为立论前提，作者认为："复社中多东林党人之子弟，忌者多以小东林目之，大铖本亦为东林党人，后与东林党相仇，列名逆案，故见复社之盛，心颇畏忌，乃别立中江社，网罗六皖名士，以为己羽翼，一以标榜声名，思为复职之地，一以树立党援，翼为政争之具，中江社成立之原因，盖不出乎此。"①阮大铖的是非，史有公论。笔者以为，朱倓过高地估计了中江社的地位及其作用，将阮大铖个人主观政治意图与整个中江社的文学活动捆绑起来予以绝对化的评价，似乎有失客观和公允。魏中林、尹玲玲写有《阮大铖所结中江社考论》一文对此加以辩驳，作者认为："阮大铖的主观目的如此，客观上能否实现这一目的，则又另当别论。作为当时较有影响的诗社，中江社的文学性不能忽视，它并非只是作为一个政治工具而存在，中江社的性质更主要在于文学方面。"②此论得之。

中江社成员目前可考者为潘次鲁、方圣羽、钱秉镫、钱秉镡、方启曾、汪应洛、范世鉴、齐维藩、赵相如、吴道凝、洪敏中等数人，上引论文已经厘清。下面笔者对其中几位人物与方以智及泽社之关系再略加考辨。

---

① 朱倓：《明季桐城中江社考》，中央研究院历史语言研究所集刊，一九三〇年第一本第二分册。
② 魏中林、尹玲玲：《阮大铖所结中江社考论》，《学术研究》2005年第11期。

这十一人中,钱秉镫因方以智劝说,当年即退出。

潘映娄,字次鲁,明少司马潘汝桢仲子,为方以智岳丈,这在《桐城方氏七代遗书》所附郑三俊《方贞述先生墓志铭》文中记载清楚,"以智娶潘氏,兵宪潘映娄女"。他有着良好的教养,颇具才名,崇祯时副贡生,才名藉甚,授台州推官。明亡后,他"投诚"清朝,因功官至福建福宁道,为官能体恤民情,颇有声誉,"政务宽慈,士民犹有颂声"①。潘映娄的个人经历较为复杂,据吴山嘉《复社姓氏传略》卷四,潘映娄还曾参加复社活动,与方以智也可谓翁婿同志;《田间年谱》说"次鲁为阉党汝桢子",即潘映娄出身阉党之家,曾置身于复社,主事中江社,明亡后又身为贰臣,个中是非,值得玩味。

范世鉴,字子明,天启间诸生;赵相如,字又汉,天启间邑诸生。二人聪颖嗜学,道德节操、诗赋文章皆为时人景慕。据《康熙桐城县志》卷五"儒林"记载,范世鉴"少好淹博,尚风节,性理史乘,靡不悉究。工诗赋,落笔惊人;敦尚孝义,制行浑厚",他于经学研习颇深,"穿穴六经,于汉宋诸儒训诂多所驳正",而且擅长时文,独具特色,"其为制艺,高朴坚浑,自成一家,学使者先后激赏,常肃然起敬,曰是非今人之文也"②。他为人甘于淡泊,力辞举荐,事亲至孝,授业江南,玉成后学。赵相如也是博学鸿儒,"工诗文,摘辞发藻,获所未有,一时名流争景慕之"③,力学嗜古,于书无所不读,敦尚气节,汲引后进,与范世鉴齐名,乡里并称二人曰范经赵史。范、赵二人还是复社成员,《复社姓氏传略》卷四有传。而且,依据方志所记,二人皆品性高洁之人,势难与阮大铖同流合污。他们虽列名中江社,但方以智与之也有过交往,《博依集》卷八有《范子明、赵又汉见问南溪,因罍酒慨论生平,赋以为赠》诗可证。

吴道凝乃方以智之舅氏,少年时即与方相伴读书,彼此志趣相合,为泽社之成员,上文已经提及;中江社成立后,他也一度参与其社事活动。

---

① 康熙《安庆府志》卷十五,江苏古籍出版社1998年版,第379页。
② 康熙《桐城县志》卷五,江苏古籍出版社1998年版,第167页。
③ 康熙《桐城县志》卷五,第168页。

另外，魏中林、尹玲玲还认为，白瑜"可能为中江社成员可考者"之一。但白瑜为方以智老师，这种良好的师生关系也长期保持着。明崇祯十四年（1641）四月，白瑜将赴登州任职，嘱方以智要务实勤学，方以智为此还赋诗送行。从阮大铖编于崇祯八年的《咏怀堂诗集》及《咏怀堂诗外集》来看，闲居桐城这段时期，阮大铖的交往范围极为广泛，方以智本人、其父方孔炤和六叔方文都曾与他有过诗酒唱和，如集中有《九日霁后同李烟客、梁非馨、朱白石、汪遗民、吴栗仲、田卫公、何丕承、方圣羽、王禹开、方尔止、密之集李玄素通侯松筠阁，共用远字》诗，虽说这样的诗篇不多，但曾参与其社事活动，却是事实。方圣羽虽与潘次鲁一同主事中江社，但他与方文交情很深，方文《嵞山集》中多有反映，如《送宗兄圣羽游宿松兼寄田孙若长康》、《同宗兄圣羽夜坐感旧》、《送宗兄圣羽博士训江都》、《留别宗兄圣羽学博》等。这种往来无论是出于乡情之应酬，还是源自社事之活动，应该都是很纯粹的文人之雅兴，是与政治意识形态无关的。

所以，两社成员初期的交往没有绝对的泾渭分明的界限，我们也不能以简单的方式来判断是非，以所谓政治标准来严格划定彼此的阵营。但是随着阮大铖与方以智双方关系以及时局的恶化，使得各自阵营成员出现分化也在所难免。《田间年谱》就记载道："庚辰……阮大铖遭祭，其文专以诋府君。……三左亦承密之旨刻桐山汇业，以别气类。吾邑社事之判自此始。"庚辰为崇祯十三年（1640），正是在方以智声援复社的鼓动下，"以别气类"，使得彼此交往的界线日渐突显，"吾邑社事之判自此始"，人以群分，这也是必然的结果。可以肯定地说，此前两社成员的往来应该是淡化政治意识和超越社团领袖个人之间的恩怨的，也并不因阮大铖的声名狼藉而疏远和仇视他，他们参加中江社的社事活动，还是出于文人的秉性，在文学活动的大旗下，"门内人素不以为嫌"，"不习朝事，漫从之入社"。尽管阮大铖"以荐达名流饵诸士"，达到其"网罗六皖名士，以为己羽翼，一以标榜声名，思为复职之地，一以树立党援，翼为政争之具"的政治目的，但这种主观目的也只能是隐藏于心，而以外在的文学性的方式表现出来。魏中林、尹玲玲一文论述较为充分:"朱倓从阮大铖的主观目的出发,分析中江社的性质为阮大铖实现其政治目的的一个工具。这也许是阮大铖的主观目的之一,然而在客观上,中江社无论从渊源、成员及社集方式来看,其性质都更倾向于文学方面。"笔者在此只是从两社成员的复杂关系上略加补充而已。至崇祯七年(1634)八月,桐城民变,阮大铖逃往南京,中江社消亡,其存在只不过短短两年时间。

三、泽社持续的时间及其文学活动

关于泽社活动的持续时间,如果以崇祯元年算起,至崇祯七年八月桐城民变后,方以智等人移居南京为界,泽社活动主要集中在这七年里。

崇祯七年八月,桐城汪国华、黄尔成率民"暴动",地方富豪大姓受到沉重打击,不得不纷纷流徙异乡。九月,方以智仓促避居南京,卜宅城西,定居于茅止生旧宅,取名"膝寓"。其《卜寓》诗记此事:"作客常一身,出门何所顾。岂意故乡乱,家人尽南渡。泊舟近西城,有屋庇风雨。苟全不暇择,仓卒便移住。"①其《膝寓信笔》所记较详,"浮山愚者流寓白门,僦居城西,市人呼铁狮子宅,茅止生之旧居也。轩堂洒落,复道逶迤,旁有曲径,叠石为陇,有花树扶疏其间。奥室三五,足容书榻,颜曰膝寓,取容膝乎!妹夫孙克咸与我为邻,周农父隔一二巷。"②桐城遭乱,方以智与孙临、周歧同时移居南京,其他泽社成员也都避难他乡。

因此,可以断言,泽社的教学课读活动至此也就终止了。此后泽社成员就很难全部聚集,但迁居南京的几人因比邻而居,彼此还能时常饮酒作诗;而且,南京是当时的文人活动中心,他们也不断地同其他文社及复社成员往来,参加其社事活动。这之后,泽社诸子在国事日非、彼此乱离的环境中,相互间依然诗歌往来、彼此牵挂,这种亲情和友情相伴终生,如方以智《博依

---

① 〔明〕方以智:《方子流寓草》卷二。
② 〔清〕方昌翰:《桐城方氏七代遗书》,清光绪十四年(1888)刻本。

集》中有《江上忆泽社诸子,且拟六叔当至金陵》《柬农父呈子远舅氏》《示农父克咸子远舅氏》等诗作,以为见证。

明代文人结社的初衷多是为了应制举业,攻研时艺。泽社自然也不例外。泽社为方以智与方文、吴道凝、孙临、周歧以及钱澄之等同道之人的课业之所,他们先后受业于白瑜、王宣两位先生,研修举业,赋诗作文,研读经史,切磋学问。

方以智于明天启五年(1625)秋,始师事白瑜学经史,读书桐城南山,时年十五岁。白瑜,字瑕仲,崇祯间岁贡生。他学识人品颇有嘉誉,"聪慧不凡,博闻广记,品行卓荦",曾被推举"贤良",力辞不赴,后经廷试而特用,但终究无意仕途,不久归隐,居于大龙山,"诗文娱志,方孔炤为作《七棠先生序》,称其有五柳之遗意"①。

明天启七年起,方以智又从学于王宣。王宣,字化卿,别号虚舟。祖籍江西金溪潘方里,其父客居桐城,他因而出生于此。其童年时即喜好诗歌,并以诗得名,"一时名卿辈咸与之游,朝夕唱和,宣博极群书,与人论列古今,辄娓娓不倦。后起之英,争北面事之"②,著述较丰。晚年而好《易》,著《风姬易溯》,独抒己见,自成一家。正是在两位老师的教导下,方以智及诸子受益良多,学问日进。

有时先生也参与学生的社事活动,在课读之余,与弟子们或觞咏社集,或出游,彼此分韵作诗。分字(韵)作诗成为他们社事活动的主要形式。方以智《博依集》中多有记载,如:《二月三日集社中诸子于南园,临流觞咏,分得堤字》《秋日与社中诸子从豫章王先生谈经,分韵有作》等等。崇祯三年夏,社友们还随从白瑜先生出游之贵池,游南溪,方以智写有《从白夫子游暑南溪,与社中诸子及六叔分得兼字》一诗。

泽社日常之社课,包含两大主要内容。

其一,泽社成立之时"立十体会",以指导诗歌的研习和创作。关于"十

---

① 道光《续修桐城县志》,江苏古籍出版社1998年版,第527页。
② 道光《续修桐城县志》,第583页。

体会"具体情况,有两则材料可以说明,一则见于周歧《泽园永社十体序》:

> 《诗》居六经之先,不学《诗》无以言。兴观群怨,远迩多识,自勾象以立成,莫不由此。真鼓舞之先几乎?永社立十体会,分一题以《大雅》为宗,以切当为工,以飞跃为致,以高逸为韵,达材验学,既论其志足观所养矣,将谓天下景从可也。①

这段文字,首先阐明诗歌创作之旨。泽社诸子认为研习古学当先从六经开始,而《诗经》又居六经之首,所以当先学《诗经》,他们也接受"不学《诗》无以言"这样的治学传统,继承了孔子"兴观群怨"说,重视诗歌的社会功能,这些都是对儒家传统诗学理论的沿袭,作为他们共同遵循的诗歌创作价值取向。其次,确立了泽社诗歌创作之原则,"以《大雅》为宗",诗歌创作要做到"以切当为工,以飞跃为致,以高逸为韵"的标准,如此才能达到"达材验学"之目的。诸子在这样具体的理论和原则指导下进行诗歌研习和创作,以期提高诗歌水平。方以智后来将自己研习所作的古歌、乐府编成《泽园永社十体》流传下来。钱澄之《藏山阁集》中也保留多首,如《乐府本调》即是这类作品,其题下自注:"同社日课古体诗,本调、今调各拟若干首,存十之三"②,这都是他们立十体会进行诗歌创作的习作。

另一则见于方以智《泽园永社十体·泽园永兴社》题下自注,阐释"十体"之意:

> 永社十体,首古歌辞,以《卿云》、《八伯》、《获麟》、《大风》等有分侯之声也;曰风雅体者,以《三百篇》不限定通章四言也;五言古《河梁十九首》尚已,曹、阮、陶、杜庶几近之;七言古实兼长短歌行,以唐之起伏、陡峭、雷硠、顿挫者足法也;近体五七言律,当从王、孟入老杜,

---

① 〔清〕方于榖:《桐城方氏诗辑》卷二十三。
② 〔清〕钱澄之撰,汤华泉校点:《藏山阁集》,黄山书社2004年版,第17页。

而义山之刻艳、香山之爽快皆可收也;绝句愈少愈难蕴藉,排律大似斗宝,比事工巧,难于老当,尤难于章法流动耳。噫!诗转风声各发其感,岂徒论资格已耶?养气读书,考事类情,会友丽泽,固鼓舞之一端也。①

泽社诗歌创作研习古歌辞,风雅体(四言),五言、七言古诗,长、短歌行,近体五、七言律诗,绝句,排律等十种体裁,至于各体之特点或入学之门径,方以智皆予以简要点出,且言之中肯。如学习五七言律诗,他认为就应该先从研读王维、孟浩然的作品入手,然后再转向学习杜甫的律诗,但也要博采众长,兼及"义山之刻艳、香山之爽快"的特点而融会贯通于一体,这样才能推陈出新,有所成就。

其二,泽社诸子勤于学业,除作诗外,还以研究古学、钻研经史为其社课另一内容。诸子中方以智的成就较为突出。他于崇祯戊辰(1628)冬,汇辑《史记》《汉书》章句著成《史汉释诂》一书。他认为治学首推《十三经》,经学之外,就应该钻研《史记》和《汉书》。他对此用力颇勤,取其"义近古者释之"②(《史汉释诂序》)。

两年后,方以智完成《尔雅》注稿,即《通雅》初稿,以此与同社诸子切磋交流,《博依集》卷八《余注尔雅,始成三卷,社中诸子过询,阅其稿,因命酌,分得邪字》以诗记其事。其后十余年里,他还一直不停地增删修改,直至定稿,并于崇祯十四年夏才为《通雅》写序,并阐明自己的文艺观和为学之道。《通雅》对清代的学术发展产生了较大的影响。

作为社课,方以智于明崇祯四年辛未(1631)还写有《为扬雄与桓谭书》一文,其题下自注为"辛未泽社课"。方氏有感而发:"余尝悲以雄之好古,遂无知者,徒慨千载下有子云耳。……凡人贱近而贵远,亲见扬子云禄位、容貌不能动人,故轻其书。嗟乎!书遂以禄位、容貌重乎?"③他之所"悲",其实正是悲叹自己之感时不遇,血气方刚、满腹才华而不得遂其志,岂能无

---

① 〔清〕方于榖:《桐城方氏诗辑》卷二十三。
②③ 〔明〕方以智:《浮山文集前编》卷二。

悲乎!

总之,明代文人结社课读以应举业,实为一代之风尚。郭绍虞先生认为,明代文人集团的发达,"即从明代文人标榜风气的发展,已可看出其端倪",在他看来,明代文人好标榜,甚于历朝,"只须稍有一些表现,就可加以品题,而且树立门户"①。以此来断定有明一代文人结社之由,所言中肯,但不能一概而论。郭先生不闻泽园永社,而今何宗美《明末清初文人结社研究》一书大抵将凡是以社名称的明代大小社团搜罗殆尽,几313家之多,远出郭绍虞先生所记之176家,却也不见此社之名②,可见泽社实在并无"标榜"的意味,更谈不上要"树立门户",在明代文人社团中影响极其有限。泽社不比复社的声势,没有几社的才名,就连本县之中江社,存在仅两年,也因阮大铖之"恶"而留名。但是,泽社曾被疏忽或遗漏,而现在必须对其有所认识,有两点首先必须明确:一是泽社规模不大,六七诸子读书其中,求学问业,彼此相得;持续时间超过七年之久,不算太短,但我们通过对泽社的考查,从中可以看出有明一代文人社团的大概面貌和为学概况,折射出那个时代文人为学的一个缩影。二是泽社诸子,诗文成就卓著,即为时人称颂。况且,清代顾炎武、阎若璩之朴学风尚,其实导自方以智、钱澄之,《四库全书总目提要》已言及之。世人皆知明人"空疏不学",然于方、钱二人则是除外的。更何况,对于明清之际的著名思想家、大学者方以智来说,泽社的耕读求学生涯为其后来的文学思想及学术发展奠定了坚实的基础,这是不容置疑的。因此,我们有必要给予泽园永社于明代文人社团中以应有的一席之地和客观的评价,且还有进一步研究的必要。

(本文原载《安徽大学学报(哲学社会科学版)》2009年第6期)

---

① 郭绍虞著:《照隅室古典文学论集》(上编),上海古籍出版社1983年版,第518页。
② 何宗美著:《明末清初文人结社研究》,南开大学出版社2004年版,第23—25页。

姚鼐文章"至境"论的内在意蕴与实现路径

郭青林

作为桐城派的开创者,姚鼐的文学观念在桐城派文论史中的地位向来举足轻重。在姚鼐有关诗文创作和批评的诸多说法中,有关文章"至境"的表述如"文之至""文章之至"或"文之至美"等,在不同的篇章中反复出现,是其文论话语中一个较为突出的现象。马其昶在谈其文论时指出:"盖其学深造自得,故多诣极之言。"①姚鼐有关文章"至境"的表述,是其诗文创作经验的总结,反映了姚鼐对文章最高境界的认识和追求,也体现其力求确立桐城派文章理想以引领后学之意图。对此,现有的研究多有忽略,或有涉及但未作深究,这一表述在姚鼐文论话语中的地位未得到足够重视。姚鼐所追求的文章"至境"并不是空中楼阁,是有着具体实现路径的,这对桐城派后来的发展产生了深远的影响。

一、文章"至境"及其判断标准

姚鼐诗文集中较早有关文章"至境"的表述是在《敦拙堂诗集序》一文中,他说:

> 夫文者,艺也。道与艺合,天与人一,则为文之至。世之文士,固不敢于文王、周公比,然所求以几乎文之至者,则有道矣,苟且率意,以觊天之或与之,无是理也。②

---

① 〔清〕马其昶:《桐城耆旧传》,黄山书社2013年版,第313页。
② 〔清〕姚鼐著,刘季高标校:《惜抱轩诗文集》,上海古籍出版社1992年版,第49页。

所谓"文之至"即"至文",就是说文章已达到"至境",在这段文字中出现两次。前一个指出"道与艺合,天与人一"就是"文之至",这是就文章"至境"的判断标准来说的;后一个说明实现"文之至"是有径可寻的,但不能完全寄希望于天,应当重视人力,这是就文章"至境"的实现路径而言。在姚鼐看来,判断文章"至境"有两个指标,一是"道与艺合",涉及对文章内容与形式、本体与功能的认识;二是"天与人一",涉及对作者先天禀赋与后天功力的理解。

对于"道与艺合",姚鼐以为:"夫文技耳,非道也,然古人藉以达道。其后文至而渐与道远,虽韩退之、欧阳永叔,不免病此,况以下者乎?"①这句话有二层意思,一是认为文章在本质上是"技",而不是"道",它的功能是"达道",也就是说文章的使命是为了表达"道","道"是文章表现的对象,这是姚鼐对文道关系的基本看法,是"道与艺合"提法的实质。二是着眼于古文创作传统,认为古人能做到"文与道合",后世文则"渐与道远",即便像韩愈、欧阳修这样的古文大家,有时都难以做到,说明"文与道合"之不易。在姚鼐的文论语境中,"道"有两层含义,一是指儒学之义理,即孔孟之"道";二是指天地自然之节,即老庄之"道"。这里主要指前者,姚鼐强调"道与艺合",旨在通过"艺"阐明"义理",使得儒学之义理得以深切著明,这是作文的主要使命。

从后一个含义来看,姚鼐认为文章之所以为贵,是因其"合乎天地自然之节"②,而要使文章符合"天地自然之节",必然在创作上要讲究"艺"。因此,所谓"文之至"必然既有"道"方面的要求,又有"艺"方面的要求。"道与艺合"遂成为判断文章"至境"的重要依据之一。

姚鼐指出:"其贵也,有全乎天者焉,有因人而造乎天者焉。"③从创作来看,文章创作既有"全乎天者",也有"人造乎天者"。前者全靠天工所致,自然化成,这是先天禀赋;后者全凭人力而为,艰难玉成,这是后天努

---

① 〔清〕姚鼐著,刘季高标校:《惜抱轩诗文集》,第291页。
②③ 〔清〕姚鼐著,刘季高标校:《惜抱轩诗文集》,第49页。

力。这一认识是符合文学史史实的，如陶渊明诗就是"浑然天成"的代表，而谢灵运诗就是"人巧夺天工"的典型，两者各臻其极，各尽其妙。姚鼐以为"全乎天者"是不可靠的，他说："且古诗人，有兼《雅》《颂》，备正变，一人之作，屡出而愈美者，必儒者之盛也。野人女子，偶然而言中，虽见录于圣人，然使更益为之，则无可观已。后世小才诡士，天机间发，片言一章之工亦有之，而裒然成集，连牍殊体，累见诡出，闳丽谲变，则非钜才而深于其法者不能，何也？艺与道合、天与人一故也。"①"野人女子""小才诡士"有可采之言，一章之工，纯粹是"全乎天者"，是不可持续的。而"人造乎天者"，全凭功力也有其不足，姚鼐说道："抑人之学文，其功力所能至者，陈理义必明当，布置取舍、繁简廉肉不失法，吐辞雅驯不芜而已。古今至此者，盖不数数得。然尚非文之至，文之至者通乎神明，人力不及施也。"②作者个人的写作功力，对创作而言是非常重要的，但从创作"至文"的角度说，还是不够的。因为"至文"是"通乎神明"的，光凭人力是不能实现的，需将"天启"与"人力"结合起来。他说："学文之法无他，多读多为，以待其一日之成就，非可以人力速之也。士苟非有天启，必不能尽其神妙，然苟人辍其力，则天亦何自而启之哉！"③人若无"天启"，其文不能"尽其神妙"，即"通乎神明"，但如"辍其力"，"天赋"不能开启，无法在写作时发挥作用。姚鼐将"人力"与"天赋"统一起来，强调"人与天一"的重要性，同"道与艺合"一样，被视为文章"至境"的要件之一。

作为"至境"的要件，"道与艺合"是对文章思想性与形式审美性的整体要求。在姚鼐看来，"道"是文之本，须借助"艺"来实现，"艺"为文之末，为传达"道"而存在，"道"与"艺"本末相济，思想性和审美性得到完美契合，进而实现文章之"至境"。这一认识注意到到了"艺"在文章活动中的价值，提升了"艺"在学术史上的地位，"将下学之'艺'和不能入'道'

---

① 〔清〕姚鼐著，刘季高标校：《惜抱轩诗文集》，上海古籍出版社1992年版，第50页。
② 〔清〕姚鼐著，刘季高标校：《惜抱轩诗文集》，第94页。
③ 〔清〕姚鼐撰，卢坡点校：《惜抱轩尺牍》，安徽大学出版社2014年版，第79页。

之'艺',升到可以与'道合'的境界""突破了传统儒家特别是程朱理学偏见"①,是有其理论贡献的。"天与人一"则是对主体素养的全面要求。对作者来说,"天赋"不可或缺,但仅凭天赋是不够的,还要有后天的功力,天赋靠功力开启,功力靠天赋实现创作上的神妙。这些认识表明姚鼐对"天赋"和"功力"关系的理解具有辩正性,但是,由于他把文章"至境"理解得过于玄虚("通乎神明"),对"天赋"作用的认识还是略嫌夸大。先天禀赋无奇,但靠后天努力,作品成就不俗在文学史上不乏其人。总的来看,"道与艺合"与"天与人一"分别从作品、作者的角度界定了文章"至境"的标准,体现了姚鼐对文章最高境界的基本认识。

二、文章"至境"的形成要素

从创作的角度看,影响文章"至境"的因素是多方面的。在这个问题上,姚鼐是从文章之"美"的角度来谈的,因为"至文"应当是"至美"的。"言之美"是"文之至"内在之义,不"美"的文章,无论如何都不能算作"文之至"。可见,作为文章"至境"实际上是有质的规定的,主要体现在以下几点。

其一,"当乎理,切乎事",这是从内容方面作出的具体要求。姚鼐说道:

> 天下所谓文者,皆人之言,书之纸上者耳。言何以有美恶,当乎理,切乎事者,言之美也。今世士之读书者,第求为文士,而古人有言曰:"一为文士,则不足观。"夫靡精神销日月以求为不足观之人,不亦惜乎!徒为文而无当乎理与事者,是为不足观之文耳。②

文章是书写在纸上的"言",是有"美恶"之别的。判断文章是"美"是

---

① 陈良运著:《文质彬彬》,百花洲文艺出版社2001年版,第388页。
② 〔清〕姚鼐著,刘季高标校:《惜抱轩诗文集》,第273页。

"恶",有个标准,即看是否"当乎理,切乎事"。所谓"当乎理,切乎事"也就是说文章要和社会生活发生联系,符合生活实际。姚鼐说:"夫文之道一而已,然在朝廷则言朝廷,在草野则言草野,惟其当之为贵。"①作者的身份、地位不同,所知悉的事和理也各异,所写的文章应当符合他们的身份、地位的实际。在他看来,作者应该写自己所熟悉的人或事,只有这样,文章才切合事理,才有价值。那种不从实际出发,勉力著文,这样的文章是"不足观"的。这种认识与姚鼐的文章功能观相关,他说:"夫古人之文,岂第为文焉而已。明道义、维风俗以诏世者,君子之志;而辞足以尽其志者,君子之文也。"②文章的功能在于"明道义,维风俗",而要发挥这一作用,就必须"当乎理,切乎事"。而"理"和"事"是与时变化的,因此"当乎理,切乎事"的看法中就隐含着文章与时因革之义。姚鼐虽然没有直接提出,却为弟子梅曾亮提出"文章之事,莫大于因时"③之说作了理论先导。

其二,义理、考据、文章相结合,这是从文章创作提出的具体要求。他说:"夫文章一事,而其所以为美之道非一端,命意立格,行气遣辞,理充于中,声振于外。数者一有不足,则文病矣。"④姚鼐认为文章的"美"体现在不同要素上,如命意、格调、气脉、遣辞、义理乃至声色等,在《古文辞类纂》序目中,这些要素又被细化为"文之精"——"神、理、气、味"和"文之粗"——"格、律、声、色"⑤两部分,其中如有一个要素不足,文章就有"病",也就不美。"文之病"源于"士之病","士之病"在于各擅其长,不能避其所短。他指出:"且夫文章、学问一道也,而人才不能无所偏擅,矜考据者每窒于文词,美才藻者或疏于稽古,士之病是久矣。"⑥"士之病"

---

① 〔清〕姚鼐著,刘季高标校:《惜抱轩诗文集》,上海古籍出版社1992年版,第263页。
② 〔清〕姚鼐著,刘季高标校:《惜抱轩诗文集》,第89页。
③ 〔清〕梅曾亮著,彭国忠、胡晓明校点:《柏枧山房诗文集》,上海古籍出版社2012年版,第38页。
④ 〔清〕姚鼐撰,卢坡点校:《惜抱轩尺牍》,第115页。
⑤ 〔清〕姚鼐纂集,胡士明、李祚唐标校:《古文辞类纂》,上海古籍出版社2016年版,第22页。
⑥ 〔清〕姚鼐著,刘季高标校:《惜抱轩诗文集》,第55页。

与其"才"有关,"才"是有其先天缺陷的:"夫天之生才虽美,不能无偏,故以能兼长者为贵,而兼之中又有害焉。岂非能尽其天之所与之量而不以才自蔽者之难得与?"①既能尽其才,又不被才的缺陷所缚,这样的人实在难得。正因为如此,才会存在"矜考据"与"美才藻"者作文之问题。姚鼐说道:

> 今夫博学强识而善言德行者,固文之贵也;寡闻而浅识者,固文之陋也。然而世有言义理之过者,其辞芜杂俚近,如语录而不文;为考证之过者,至繁碎缴绕,而语不可了当,以为文之至美,而反以为病者何哉?其故由于自喜之太过而智昧于所当择也。②

"言理之过者"长于言"义理","考证之过者"长于"考证",共同的问题就是"文章"不行。"义理""考证"与"文章"属于学问之三端,姚鼐说:"学问之事,有三端焉:曰义理也,考证也,文章也。是三者苟善用之,则皆足以相济;苟不善用之,则或至于相害。"③而"文章、学问一道也",写文章同做学问一样,必须"义理""考证""文章"三者相结合,惟有如此,才能克服才气之不足而带来的问题,写出的文章才有可能成为"文之至美"。

其三,阴阳刚柔相济,这是从文章风格方面作出的要求。姚鼐说道:

> 吾尝以谓文章之原,本乎天地;天地之道,阴阳刚柔而已。苟有得乎阴阳刚柔之精,皆可以为文章之美。阴阳刚柔,并行而不容偏废。有其一端而绝亡其一,刚者至于偾强而拂戾,柔者至于颓废而闇幽,则必无与于文者矣。然古君子称为文章之至,虽兼具二者之用,亦不能无所偏优于其间,其何故哉?天地之道,协合以为体,而时发奇出以为用者,理固然也。其在天地之用也,尚阳而下阴,伸刚而绌柔,故人得之

---

① ② ③ 〔清〕姚鼐著,刘季高标校:《惜抱轩诗文集》,第61页。

亦然。①

姚鼐认为"天地"是文章本原，故文章创作要符合天地运行之道。阴与阳、刚与柔相摩相荡，往复变化是天地运行规律之体现，文章创作自然要处理好它们之间的关系，不可偏废，这是成为"文章之美"的要件。姚鼐还以为，"文章之至，虽兼二者之用"，但因文章写作要遵循天地之道，而天地之道"尚阳而下阴，伸刚而绌柔"，所以从文章之美来看，阳刚之美要贵于阴柔之美。

姚鼐从文章之美的角度诠释了影响文章"至境"的诸多因素，归纳起来，即内容上是否"当乎理，切乎事"；创作上能否做到"义理""考证""辞章"相济；风格上是否具备阴阳刚柔之美。这三个方面凝练了姚鼐主要的文章理论，是桐城派文学思想的核心内容和理论生长点，并为桐城派后学所诠释、发挥或自纠，使得桐城派文学理论得到进一步丰富和完善。

三、文章"至境"的实现路径

"至文"通乎"神明"，表面上看，似乎是玄妙而不可及的。姚鼐却认为："求乎文之至，则有道矣。"认为实现"文之至"是有门径的，只是不能把希望全部寄于天，应当发挥人力的作用，非下苦功不可。他说："欲得笔势痛快，一在力学古人，一在涵养胸趣。夫心静则气自生矣。高才用心专至如此，久当自知耳。"②"力学古人"只是一方面，仅凭此还不够，作者还得"涵养胸趣"，这里实际上指出了实现文章"至境"的两条路径。

先说说力学古人。从文章创作来看，"道与艺合"表现为"辞以尽志"，姚鼐指出："达其辞则道以明，昧于文则志以晦。"③古人著文志在"明道义，

---

① 〔清〕姚鼐著，刘季高标校：《惜抱轩诗文集》，第48页。
② 〔清〕姚鼐撰，卢坡点校：《惜抱轩尺牍》，第76页。
③ 〔清〕姚鼐著，刘季高标校：《惜抱轩诗文集》，第89页。

维风俗",能够"辞足尽其志",如在文中"尽其志"则必须"达其辞",否则"志以晦",而道不明,"艺"与"道"就不能结合。这里的"达其辞"与"昧于文"意思相对,所指却是相同,皆是就形式层面的文法而言。因此,要想实现"文之至",先要在文法上下功夫,这是"文者,艺也"这一本质规定的内在要求,(因为"艺"就是指法的运用),因此要想实现"道与艺合",就必须重视为文之法,而文法的获得则必须走师古一路。姚鼐说道:

> 近人每云,作诗不可摹拟,此似高而实欺人之言也。学诗文不摹拟,何由得入?须专摹拟一家,已得似后,再易一家。如是数番之后,自能镕铸古人,自成一体。若初学未能逼似,先求脱化,必全无成就。譬如学字而不临帖,可乎?①

姚鼐视"摹拟"为诗文入门之途,认为只有通过"摹拟",才能"镕铸古人,自成一体",师古成为实现文章"至境"重要门径之一。姚鼐指出:

> 今人诗文不能追企古人,亦是天资逊之,亦是涂辙误而用功不深也。若涂辙既正,用功深久,于古人最上一等文字,谅不可到,其中下之作,非不可到也。昌黎不云"其用功深者,其收名远乎?"近世人习闻钱受之偏论,轻讥明人之摹仿,文不经摹仿,亦安能脱化!观古人之学前古,摹仿而浑妙者,自可法;摹仿而钝滞者自可弃。②

他将今人与古人对比,今人不及古人,除了"天资逊之"这一因素外,就是"涂辙误而用功不深",欲"追企古人","涂辙正"是前提条件,失去这个前提,"用功深"也是作无用之功。可见,"涂辙正"的重要性。在姚鼐看来,所谓"涂辙正"就是通过摹仿这一路径,实现"脱化",最终摆脱依傍,自成一

---

① 〔清〕姚鼐撰,卢坡点校:《惜抱轩尺牍》,第129页。
② 〔清〕姚鼐撰,卢坡点校:《惜抱轩尺牍》,第69页。

桐城名家　055

家。他说：

> 必欲学此事，非取古大家正矩潜心一番，不能有所成就。近体只用吾选本，其间各家，门径不同。随其天资所近，先取一家之诗，熟读精思，必有所见。然后又及一家，知其所以异，又知其所以同。同者必归于雅正，不着纤毫俗气。起复转折，必有法度，不可苟且率率，致不成章。至其神妙之境，又须于无意中忽然遇之，非可力探。然非功力之深，终身必不遇此境也。①

"师古"是有选择的，在师法对象上"取大家正矩"，也就是强调"入门须正"，以避免入手"即染邪气，不能洗脱"②；在师法方式上，既要"熟读精思"，知其异同，又要注意"起复转折，必有法度"。所谓"神妙之境"即文章"至境"，这既"非可力探"（与天分有关），又非"功力之深"不可致（与人力有关）。姚鼐谈到"才"与"法"之间的关系时说道：

> 文章之事，能运其法者才也，而极其才者法也。古人文有一定之法，有无定之法。有定者所以为严整也；无定者所以为纵横变化也。二者相济而不相妨，故善用法者，非以窘吾才，乃所以达吾才也。非思之深、功之至者，必不能见古人纵横变化中，所以为严整之理，思深功至而见之矣。而操笔而使吾手与吾所见之相副，尚非一日事也。③

对这段话，郭绍虞指出："才属于天，天分高者，往往驰骤纵横，不甘以法度自缚。""而在姚氏则以为必离于法而逞才，其才不大；必在法度之中而犹

---

① 〔清〕姚鼐撰，卢坡点校：《惜抱轩尺牍》，第128—129页。
② 〔清〕姚鼐撰，卢坡点校：《惜抱轩尺牍》，第128页。
③ 〔清〕姚鼐撰，卢坡点校：《惜抱轩尺牍》，第49—50页。

能运用自如,才见其才。"①在姚鼐看来,惟"法"才能尽显其"才",惟"才"才能尽运其"法",强调"才不离法""法不离才"。"法"在古人,有"有定"和"无定"之分,只有"思深功至"才能见之。"才"属于天,无"才"不能运"法",这样习得的"法"因没有用处而失去价值。姚鼐自言:"夫文章之事,望见涂辙,可以力求。而才力高下,必由天授。鼐所自歉者,正在才薄耳。"②"法"为门径,可以"力求","才"由"天授",不可"力探",姚鼐对"才"与"法"的理解正是本其"天与人一"之论。

再说"涵养胸趣",姚鼐指出:

> 夫内充而后发者,其言理得而情当,理得而情当,千万言不可厌,犹之其寡矣。气充而静者,其声闳而不荡。志章以检者,其色耀而不浮。邃以通者,义理也。杂以辨者,典章、名物凡天地之所有也。闵闵乎!聚之于锱铢,夷怿以善虚,志若婴儿之柔。若鸡伏卵,其专以一,内候其节,而时发焉。夫天地之间,莫非文也。故文之至者,通于造化之自然。然而骤以几乎?合之则愈离。③

"内充"指主体内在修养,"后发"是指外在创作,"内"不充,后不"发",主体胸襟不充实,笔下怎有生动的内容和别致的文采?又怎能做到"笔势痛快""理得而情当"?在姚鼐看来,文章创作"如鸡伏卵""内候其节,而时发焉",当主体胸中所蓄达到一定程度,自然文思泉涌,挥笔成文,有如自然形成。他说:

> 夫古人文章之体非一类,其瑰玮奇丽之振发,亦不可谓其尽出于无意也;然要是才力气势驱使之所必至,非勉力而为之也。后人勉学,觉

---

① 郭绍虞著:《中国文学批评史》,商务印书馆2010年版,第394页。
② 〔清〕姚鼐撰,卢坡点校:《惜抱轩尺牍》,第80页。
③ 〔清〕姚鼐著,刘季高标校:《惜抱轩诗文集》,第104页。

其累积纸上,有如赘疣。故文章之境,莫佳于平淡,措语遣意,有若自然生成者,此熙甫所以为文家之正传,而先生真为得其传矣。①

这里的"平淡"不是指文章风格,而是指"无意为文而文已至"的创作姿态,这是创作的最高境界。因此,姚鼐才有"文之至者,通于造化之自然"的说法。

姚鼐所说的"胸趣",除知识、学问之外,主要指一种胸襟气魄。以诗歌创作为例,他说:

> 古之善为诗者,不自命为诗人者也。其胸中所蓄,高矣、广矣、远矣,而偶发之于诗,则诗与之为高广且远焉,故曰善为诗也。曹子建、陶渊明、李太白、杜子美、韩退之、苏子瞻、黄鲁直之伦,忠义之气,高亮之节,道德之养,经济天下之才,舍而仅谓之一诗人耳,此数君子岂所甘哉?志在于为诗人而已,为之虽工,其诗则卑且小矣。②

如前文所引,姚鼐以为"一为文士,则不足观也","诗人"毕竟是一介文士,作者如果仅仅做个文士,其诗歌品格不会高,不能说是"善为诗",诗品出于人品,人品又与其胸中所蓄有关,诗歌史上的重要诗家就是例证。姚鼐指出:"夫诗之至善者,文与质备,道与艺合,心手之运,贯彻万物,而尽得乎人心之所欲出。"③最好的诗歌应当是"道与艺合",当然也是"天与人一",因为要想"贯彻万物"并且能够"尽得乎人心之所出",非得有极高的创作造诣和才气不可。

可见,姚鼐的"至境"论不是一种空洞的说法,是有具体实现路径的。一是"师古",但"师古",不是"袭古",而是要"脱化",最终是要实现"成

---

① 〔清〕姚鼐著,刘季高标校:《惜抱轩诗文集》,第289—290页。
② 〔清〕姚鼐著,刘季高标校:《惜抱轩诗文集》,第50页。
③ 〔清〕姚鼐著,刘季高标校:《惜抱轩诗文集》,第51页。

一家之言"的，这个过程强调"人力"与"天分"的结合，也就是"天与人一"；二是"涵养胸趣"，无论是文章内容的选择，还是文章形式的传达，都受主体"胸趣"所制约，目的在于实现"道与艺合"。这两条路径可以说是实现文章"至境"的不二法门。

四、文章"至境"论的意义

据上所论，姚鼐的文章"至境"论实际上蕴含着一整套理论，具有体系性。它以"道与艺合，天与人一"为纲，从文章本原、功能、创作及主体修养，都有具体的理论主张。为人们所乐道的"义理、考据、辞章"之说、"阴阳刚柔"论以及文之"精""粗"等理论均含括其内。这种理论体系，从表面上看折中圆融，实际上是有缺陷的，这使得其在桐城后学的创作实践中屡遭置疑。比如，曾国藩一方面企羡孔孟"道与文俱至"[①]，坚持文道合一之论；一方面又说："鄙意欲发明义理，则当法经说理窟及各语录劄记；欲学为文，则当扫荡一副旧习，赤地新立，将前此所业，荡然若丧其所有，乃始别有一番文境。望溪所以不得入古人之阃奥者，正为两下兼顾，以至无可怡悦。"[②]又认为"道"（义理）与"文"不可兼顾。吴汝纶则直接指出："必欲以义理之说施之文章，则其事至难。不善为之，但堕理障。程朱之文，尚不能尽餍众心，况余人乎！方侍郎学行程朱，文章韩欧，此两事也，欲并入文章之一途，志虽高而力不易赴。"[③]应该说曾、吴所论正是姚鼐"至境"论不足之处，"道贵正，而文者必以奇胜"[④]，"正"与"奇"相反而不能相成，姚鼐所言正是忽略了"道""艺"之间的矛盾性。这种缺陷随着桐城派的壮大，其负面作用也愈发突出，最终对桐城派自身造成不可逆转的损害。吴汝纶将文道两置，实际上

---

① 〔清〕曾国藩：《复刘霞仙中丞》，《曾文正公全集书札》，大达图书供应社1936年版，第183页。
② 〔清〕曾国藩：《与刘霞仙书》，《曾文正公全集书札》，第102页。
③ 〔清〕吴汝纶撰，施培毅、徐寿凯校点：《吴汝纶全集（三）》，黄山书社2002年版，第138—139页。
④ 〔清〕吴汝纶撰，施培毅、徐寿凯校点：《吴汝纶全集（三）》，第52页。

是动摇了桐城派立论根基,其危害不能说不大。

但是,如就其所统摄的文章理论及其所形成的时代环境来说,对于桐城派乃至清代文论建设无疑是有其意义的。姚鼐在继承方苞"义法"说和刘大櫆的"能事"论的基础上,力求将桐城古文理论系统化,其"至境"论,就是这一系统化的结果。借助这一表述,姚鼐从审美理想的高度,对桐城派古文创作提出了新的要求,桐城文章的学术个性由此得以逐渐形成,这对桐城派的确立和发展至关紧要。

具体来说,首先是确立了桐城派文章创作理想,为桐城派文人的创作在理论上提供导向。就桐城派内部来看,姚鼐对初祖方苞之论有不满之处。方苞在读《史记》时说:"《春秋》之制义法,自太史公发之,而后之深于文者亦具焉。义即《易》之所谓'言有物'也,法即《易》之所谓'言有序'也。义以为经而法纬之,然后为成体之文。"①自以为得为文之奥秘,姚鼐却说:"其阅太史公书,似精神不能包括其大处、远处、疏淡处及华丽非常处;止以'义法'论文,则得其一端而已。然文家之义法,亦不可不讲"②,他既肯定方苞"义法"说的必要性,又认为以"义法"论文只是"得其一端",并没有含括为文之全部门径。对于业师刘大櫆,姚鼐虽不免阿于私好,多有推崇,但也不是完全苟同。刘大櫆论文侧重在"文人之能事",对方苞"义法"说,只发挥"法"这一端,不免失之于偏。姚鼐在编《古文辞类纂》时曾将方、刘文章删去,除有避党同乡之嫌,也有其文章创作与姚鼐文章理想不合之故。在这种情况下,对于"以古今文章之传系之己"③,企图构建"桐城文统"④的姚鼐来说,有责任另建一套理论话语代替方、刘,作为桐城派古文创作的指导思想。在姚鼐的文论话语中,"文之至"一语的反复出现,就体现这一心理诉求。尽管他所提出的"道与艺合,天与人一"在桐城后学的古文创作实践

---

① 〔清〕方苞著,刘季高校点:《方苞集(上)》,上海古籍出版社2008年版,第58页。
② 〔清〕姚鼐撰,卢坡点校:《惜抱轩尺牍》,第75页。
③ 〔清〕吴敏树:《与筱岑论文派书》,《柈湖文集》卷六,《清代诗文集汇编》第620册,上海古籍出版社2010年版,第360页。
④ 王达敏著:《姚鼐与乾嘉学派》,学苑出版社2007年版,第103页。

中难以实现,甚至被置疑,但仍被桐城派文人视为最高理想,其内含的理论体系已经固化在桐城文人心中,成为所谓的"桐城家法",为桐城后学奉为圭臬。

其次,这一说法深刻影响了桐城派文人的致思方式,使得他们在文章创作及批评中始终坚持内容与形式并重,思想性与审美性的统一。从文章创作来说,要想实现"道与艺合",就必须在选题立意上深思熟虑,在艺术形式上精心营造,使得文章内容和形式相得益彰,既富有深刻的思想性,又有丰富的审美性。就思想性来说,桐城派是强调"文以载道"的,他们要求文章发明义理,于世有益。姚鼐所说的"当乎理,切乎事",梅曾亮强调的"通时合变"[1],曾国藩将"经济"与"词章"相结合等,就是重视文章思想性的体现。就审美性来说,桐城派虽视文为末艺,却深知文章形式价值之所在,极其重视文辞的表达。姚鼐就指责"有言义理之过者"和"为考证之过者"不讲究形式之弊。因此桐城派特别强调要领悟古人为文"深妙之心",讲究格律声色,重视法度,要求文章写得神采焕然,具有动人之力量。在文学批评上,桐城派重视从"义理"和"审美"两个维度开展批评。以诗歌批评为例,方东树的《昭昧詹言》一向被视为桐城派诗学的代表作,书中主要观点本自桐城诸老,其中出自姚鼐者尤多。如对王维诗歌,方东树认为其诗"兴象超远,浑然元气,为后人所莫及;高华精警,极声色之宗,而不落人间声色,所以可贵。"这是着眼于审美维度;又认为其诗:"非不尊贵,而于世无益""无当于兴、观、群、怨,失风、骚之旨,远圣人之教,亦何取乎?"[2]则是着眼于义理维度。这种批评方式使其诗歌批评多有歧误之处,被吴汝纶、吴闿生父子先后拈出。

最后,姚鼐文章"至境"论确立了桐城派文学活动的基本立场,即立足儒学"道统"和古文"文统",强调"道""艺"并举,"天赋"和"人力"并重,以创造一流文章为目标,从而为桐城派的形成提供了统一的思想基础。姚

---

[1] 〔清〕梅曾亮著,彭国忠、胡晓明校点:《柏枧山房诗文集》,第30页。
[2] 〔清〕方东树著,汪绍楹校点:《昭昧詹言》,人民文学出版社1961年版,第387页。

鼐开创桐城派，首先要解决的是思想统一问题。为此，他以韩愈首创的"道统"和唐宋八家为主的"文统"为依据，标举方苞，推尊刘大櫆，并融铸二人理论形成的"义理、考据、文章"之说，以及围绕这一说法所形成的系列阐释，如阴阳刚柔论、文之精粗论以及融铸唐宋的诗学取向等，无一不是对桐城派文学基本立场的细致表达。明确的立场再加上系统的理论，使得其学风动天下。王先谦在《续古文辞类纂》序中说："姚惜抱禀其师傅，覃心冥追，益以所自得，推究阃奥，开设户牖，天下翕然号为正宗。承学之士，如蓬从风，如川赴壑，寻声企景，项领相望。"[①]这种看法在理论和事实上都是有依据的。

（本文原载《北京社会科学》2021年第1期）

---

① 转引自〔清〕王先谦辑，王文濡校注：《续古文辞类纂评注（一）》，台湾中华书局1970年版，第1页。

桐城文章流变

桐城派与赠序文体

叶当前

赠序作为中国古代散文的一种文体,逐渐引起学术研究的重视,赠序源流、赠序分类、序文与赠序的关系、韩柳赠序个案研究、唐宋赠序创作繁盛的原因等,已为近年博硕士学位论文及专题论文论及,姚鼐《古文辞类纂》首次确立赠序体类亦得到学术界公认。然而,桐城派文人对赠序的认识是一个逐步深入的过程,桐城派古文选本对赠序的选文定篇也有一些微妙的变化,桐城派对赠序名篇的点评分析亦颇为精彩。梳理桐城派文人对赠序文体的理解阐释,对回归原典的文章学研究与敷理举统的文体学研究不无裨益。

一、溯源辨体,确立赠序体类

姚鼐的界定:赠序体类的确立,学界公推姚鼐《古文辞类纂》首创之功,该书分古文辞为十三大类,赠序列在第五位,《序目》以追源溯流的方法辨体划界:

> 赠序类者,老子曰:"君子赠人以言。"颜渊、子路之相违,则以言相赠处。梁王觞诸侯于范台,鲁君择言而进,所以致敬爱、陈忠告之谊也。唐初赠人,始以序名,作者亦众。至于昌黎,乃得古人之意,其文冠绝前后作者。苏明允之考名"序",故苏氏讳序,或曰引,或曰说。今悉依其体,编之于此①。

---

① 〔清〕姚鼐选纂,宋晶如、章荣注释:《古文辞类纂》,中国书店1986年版,目录第9页。

按姚氏的理解，赠序以古人赠言以言为远源，而以唐代冠"序"名篇者为正体，以宋代苏洵避讳以"引"、"说"命篇者为别体。结合选录篇目，又知姚氏以寿序入其体类，可以理解为赠序的变调。至于赠序的确切界定，则需要回到姚氏所列举的赠言语境以辨其源，细读姚氏选录的文章范本以辨其体。请先溯其源。

先看老子的"君子赠人以言"，语出《史记·孔子世家》：鲁君与孔子适周问礼，辞别老子时，老子曰："吾闻富贵者送人以财，仁人者送人以言。吾不能富贵，窃仁人之号，送子以言，曰：'聪明深察而近于死者，好议人者也。博辩广大危其身者，发人之恶者也。为人子者毋以有己，为人臣者毋以有己。'"① 且不去考证孔子问礼于老子之真伪，赠人以言却的确发生于先秦时期，如《荀子·非相》篇便强调赠言重于金石珠玉，《大略》篇记载了先秦"君子赠人以言，庶人赠人以财"的习俗。比较起来，赠言属于仁人君子的行为，相对富贵者与庶人的赠物更高一筹，而所赠之言大抵在于言明为人处世的儒家道理，是被赠者日后的行为准则。像《孔子家语·子路初见》篇载孔子赠言子路告诫为人五慎，《贤君》篇载颜渊西游于宋前孔子赠言强调"恭"、"敬"、"忠"、"信"四勤，亦同一旨趣。

鲁君择言进梁王事出《战国策·魏策》，梁王魏婴在范台宴饮诸侯，鲁君避席择言相赠："昔者，帝女令仪狄作酒而美，进之禹，禹饮而甘之，遂疏仪狄，绝旨酒，曰：'后世必有以酒亡其国者。'齐桓公夜半不嗛，易牙秘煎熬燔炙，和调五味而进之，桓公食之而饱，至旦不觉，曰：'后世必有以味亡其国者。'晋文公得南之威，三日不听朝，遂推南之威而远之，曰：'后世必有以色亡其国者。'楚王登强台而望崩山，左江而右湖，以临彷徨，其乐忘死，遂盟强台而弗登，曰：'后世必有以高台陂小子，亡其国者。'今主君之尊，仪狄之酒也；主君之味，易牙之调也；左白台而右闾须，南威之美也；前夹林而后兰台，强台之乐也。有一于此，足以亡其国。今主君兼此四者，可

---

① 〔西汉〕司马迁撰：《史记》，中华书局1982年版，第1909页。

无戒与！"①鲁君援古鉴今，逻辑谨严，环环相生，万语千言，全系收束四字。此番赠言，尤重忠告之谊。

　　据此知赠序滥觞于先秦时期的散体赠言，多为仁人君子对赠予对象提出的"致敬爱、陈忠告"之辞，往往偏重告诫之义，富于哲理性。先秦这类赠言多发生在离别之际。古人安土重居，重聚伤离，贵族出行要举行隆重的祖道仪式，还要赋作祖饯祝文以祭祀路神，确保旅途平安。祖饯祝辞祈祷于神、祝福于人，《吴越春秋》所载越王勾践到吴国去时文种的祖道祝辞，便属此类；《诗经》提及仲山甫出祖时吉甫所作诵辞，可能也是祖饯祝辞。相违赠言则纯粹对人，忠告多于祝福，现实大于理想。赠言不绝如缕，至唐蔚为大国；祝辞随仪式的简化不断新变，至汉魏六朝而衍变为离别诗。姚鼐跳过诗歌阶段追索源头，亦可谓得其正途。

　　然而，许多学者考镜赠序源流区别于姚氏，而是追本于诗序，认为赠序文是从赠别诗前小序逐渐独立出来的。如曾国藩《易问斋之母寿诗序》便持此论："古者以言相赠处。至六朝、唐人朋知分隔，为饯送诗，动累卷帙，于是别为序以冠其端。昌黎韩氏为此体尤繁。间或无诗而徒有序，于义为已乖矣。"②稽查文献，以言相赠处的例子确实不多，曾氏则另辟蹊径，从离别诗序中探源，亦有一定的道理。古代王公大臣、文人雅士的出行经常要举行大规模祖饯仪式，赋诗言别。如西晋石崇出使，潘岳、刘琨等三十人齐聚金谷涧游园饯别，斗酒赋诗，留存有《金谷诗叙》述其盛况；唐玄宗天宝三载，贺知章归越，唐玄宗及百官赋诗饯送于长乐坡，并御制《送贺知章归四明诗序》述其缘起。这种冠于赠诗前面的小序，与诗歌有着较明显的分工，相对散体赠言的"致敬爱、陈忠告"之义有较大变化。倒是曾国藩所谓"无诗而徒有序"的文章侧重言理，介于叙事与议论之间，间以篇末抒情言别，更符合姚鼐所确立的赠序一体。可惜的是曾氏以赠序源出序跋，故以徒序为乖，在《经史百家杂钞》中亦剔除"赠序"一体。针对此举，施畸批评道："赠序

---

① 〔西汉〕刘向集录：《战国策》，上海古籍出版社1985年版，第846—847页。
② 〔清〕曾国藩撰：《曾文正公全集》（七），中国书店2011年版，第241页。

与序跋绝不同源，姚氏所推考者是也，其叙列在书说之后，诏令以前，尤为独到之见。……乃曾氏不问质德，不考渊源，惟其名之同，遂悍然合于序跋，是岂非自信太过，而昧厥源流耶。"①施氏辨体意识还是非常明确的。然而，早在宋明时期，人们便是从序跋中逐步厘出赠序的。

宋明时期对赠序的归类实践：宋、明时期关于"赠序"零星的理解与分类实践还是有不乏其例的。如吴讷《文章辨体序说》在"序"类下便论及赠序："东莱云：'凡序文籍，当序作者之意；如赠送燕集等作，又当随事以序其实也。'大抵序事之文，以次第其语、善叙事理为上。近世应用，惟赠送为盛。当须取法昌黎韩子诸作，庶为有得古人赠言之义，而无枉己徇人之失也。"②据此推测，早在宋代吕本中就把"序"体分为文籍序与赠送燕集序，而吴讷以"得古人赠言之义"为赠送序的本义，对姚鼐溯源辨体不无启发。明代贺复徵《文章辨体汇选》"序"类则细分为二十四目，其中有"赠送"、"寿祝"等类，烦琐细碎，为姚鼐所不取。王先谦则指出姚鼐立体依据是明王志坚的《四六法海》："王氏《法海》'赠别序'自为编，姚氏《类纂》因之，增入寿序。"③《四六法海》立诗文序、宴集序、赠别序、城山序为大类，于"赠序"一体已经有明确的体类意识。姚鼐受王氏影响，另立赠序文体，并将寿序附于末尾。因此，赠序立体之功还当首推姚鼐。

姚鼐于赠序体最大的贡献在于从性质上辨体，褚斌杰先生已经明确指出这一点："唐宋以后有所谓'赠序'文，一般都视作与'序跋'为一体，而姚氏《古文辞类纂》则认为'赠序'虽亦名'序'，但性质上已非一般书序可比，因而另立赠序类，这说明《类纂》能从性质上辨析文体，有新的识见。"④谭家健《中国古代散文史稿》也认为赠序不同于序跋与一般书信，认为其源于古代赠人以言的习俗，此亦是对姚鼐辨体的肯定。

---

① 施畸编著：《中国文体论》，北平立达书局1933年版，第87页。
② 〔明〕吴讷、〔明〕徐师曾著，于北山、罗根泽校点：《文章辨体序说·文体明辨序说》，人民文学出版社1962年版，第42页。
③ 〔清〕王先谦编：《骈体类纂》，光绪壬寅岁（1902）思贤书局刊本。
④ 褚斌杰著：《中国古代文体概论》（增订本），北京大学出版社1990年版，第33页。

桐城派其他古文家对赠序文体的进一步阐释：赠序体类确立之后，除曾国藩外，桐城后学几乎都承认这一体类的成立，王先谦、姚永朴等有进一步的阐释。

王先谦首肯姚氏赠人以言的起源论，结合赠序的发展进行简要梳理："以言赠人，荀子比之金珠；择言而进，鲁侯以侑觞酒。洎乎唐世，乃有序文，发抒今情，敦勉古义，斯朋友之达道也。献寿有文，沿于明代，贵在不溢美，不虚称，反是则滥矣。"[1]姚鼐认为唐人赠序以韩愈为诸家冠冕，其妙在"得古人之意"，大致指其符合桐城派古文各项指标要求，此则以家法论文体。王先谦则从朋友聚散的角度在"敦勉古义"基础上加入"发抒今情"，揭示赠序的抒情性，突出赠序说理、抒情相统一的特点，亦是探本之论。至于作为赠序附录的寿序，有自身的规范性，王氏所论亦符合文体实际。

姚永朴在《文学研究法·门类》篇对"赠序"进行了辨体。首先，在比较曾国藩《经史百家杂钞》与姚鼐《古文辞类纂》分类同异时，姚永朴认为姚鼐分立"赠序"与"序跋"为两类，是依据"其用本不同"；其次，姚永朴进一步举例充实了赠人以言的起源论，其曰："而迁安郑东甫（杲）语永朴云：'《诗·崧高》："吉甫作颂，其诗孔硕。其风肆好，以则申伯。"即赠序之权舆。'富阳夏伯定（震武）亦云：'《燕燕·序》"庄姜送归妾"，《渭阳》"我送舅氏"，皆有赠言之义。'据此可知其来远矣。"再次，姚永朴阐释了字说类赠序。字说类赠序多由名、字发微起义，阐述哲理。姚鼐所谓苏洵因辟父讳而改此类赠序为"引"为"说"，仅从其表象而论，未及此类赠序内容主旨。姚永朴说："至欧阳《郑洵改名序》，明允《仲兄文甫说》、《名二子说》，归震川《张雄字说》、《二子字说》，此则因《仪礼·士冠礼》有字辞，且既冠而字之，以见于乡大夫乡先生，又各有训诫。观《国语·晋语》载栾武子、范文子、韩献子之告赵文子即其证，亦不可谓无本。"[2]古人行冠礼时需"冠而字之"，还需接受乡大夫乡先贤的勉励与训诫，如赵文子行冠礼时，栾武子告诉他说：

---

① 〔清〕王先谦编：《骈体类纂》。
② 姚永朴编：《文学研究法》，商务印书馆1916年版，第37—38页。

"美哉！昔吾逮事庄主，华则荣矣，实之不知，请务实乎。"张老（即晋大夫张孟）总诸家训诫曰："善矣，从栾伯之言可以滋，范叔之教可以大，韩子之戒可以成。物备矣，志在子。若夫三郤，亡人之言也，何称述焉！智子之道善矣，是先主覆露子也。"① 欧阳修、苏洵、归有光诸人的字说类赠序皆围绕赠送对象的名与字展开辨名析理，与古代冠礼的训勉实出一源，亦属另一种目的的赠人以言。据此，知字说类赠序既有经学上的理论依据，又有事实根据。姚永朴揭橥大义，深化了姚鼐辨体之义。

根据桐城派各家对赠序的辨析，可知赠序源于"赠人以言"，有明确的赠送对象，其主要有三方面内容，一是临别分手赠言，二是解析名字赠言，三是祝贺寿辰赠言，称名有"序"、"引"、"说"、"字说"、"寿序"等。前两类注重由此及彼，衍说哲理，离别赠序间以抒情述别，字说赠序间以训勉告诫；寿序则容易陷于谄谀，其至在"不溢美、不虚称"。总之，桐城派经过数代人的努力，辨名溯源，终于确立了赠序文体。然而，要从原典出发，全面把握赠序文体，仍需从桐城派古文选本确立的文本范例入手。

二、选文定篇，确立赠序典范

桐城派赠序理论主要来自桐城派诸家文章选本，排比诸家选录篇目，各个时期代表作家作品历历目前，能够清晰展示赠序发展轨迹。兹列桐城派单列赠序类文章选本选录赠序篇数一览表于后。

从本表可以看出，单列赠序类的桐城派文章选本均以姚鼐《古文辞类纂》为坐标，或约选点评，或增益续补，或广其体例，从而通过选文定篇，确立赠序类文章范例。纵向比较，唐、宋、明、清皆有文章入选，尤其侧重唐朝与清代。姚鼐《古文辞类纂》遵循桐城家法，选录篇目以韩愈、归有光居多，入选作者也在唐宋八大家、归有光及桐城三祖范围内，具体为：唐代一卷23

---

① 徐元诰撰，王树民、沈长云点校：《国语集解》，中华书局2002年版，第387—389页。

编者	选本名称	版本	唐代	宋代	明代	清代	总计	备注
姚鼐	古文辞类纂	中国书店1986	23	15	8	7	53	其他选本的母本与坐标。
黎庶昌	续古文辞类纂	四部备要本	0	0	0	14	14	依姚选《类纂》体例增益。
王先谦	续古文辞类纂	世界书局1936	0	0	0	27	27	续姚选《类纂》以附。
梅曾亮	古文词略	光绪三十四年学部图书馆本	11	4	0	0	15	约选姚选《类纂》。
林纾	选评古文辞类纂	浙江古籍1986	19	10	3	2	34	姚选选评本,增韩愈《送齐皞下第序》。
姚椿	国朝文录	光绪庚子扫叶山房本	0	0	0	64	64	依姚选《类纂》体例编选清代文章。
王先谦	骈文类纂	光绪壬寅思贤书局本	7	0	0	17	24	取姚选《类纂》之外广其例,皆骈体赠序。

篇,均出韩愈;宋代一卷15篇,分别是欧阳修4篇,曾巩4篇,苏洵3篇,苏轼3篇,王安石1篇;明清一卷15篇,分别是归有光8篇,方苞4,刘大櫆3篇。唐代以韩愈为代表,宋代以欧、曾、二苏四家为代表,明代以归有光为代表,清代则以方、刘为代表。

唐代是赠序的成熟与繁盛期,仅从《全唐文》中统计题中有"赠"、"送"等字样并以序名篇的作品就有49位作者的475篇,其中韩愈34篇,少于柳宗元的46篇;权德舆存63篇,于邵存51篇,独孤及存44篇,均多于韩愈篇数。赠序类文章选韩文不选柳文,选古文而不录骈体,姚鼐的示范意图非常明显。

具体到韩愈赠序,又从其他诸家约选中凸显出范例中的典范。梅曾亮约选《古文辞类纂》至三百余篇,取韩愈赠序11篇,林纾选评《古文辞类纂》取韩愈赠序19篇,其中与梅选相同的有9篇,分别为《送孟东野序》、《送李愿归盘谷序》、《送董邵南序》、《送浮屠文畅师序》、《送王秀才含序》、《送王秀才埙序》、《送高闲上人序》、《送杨少尹序》、《送郑尚书序》。曾国藩《经史百家杂钞》虽不列"赠序"类,但在"序跋"类选录韩愈3篇赠序,分别为《送郑尚书序》、《送李愿归盘谷序》、《送王秀才埙序》,亦为姚、梅、林三家选评。姚永朴《文学研究法》解析赠序,以韩愈文章为例,谓:"或深微屈曲,如《送董邵南》之属;或生动飞扬,如《送杨少尹》之属;或奇奥如《送郑尚书》之属,或滑稽如送温、石二处士之属。"① 此五篇均为姚鼐《类纂》选录,亦为林纾选评。研读这十余篇作品,其立意与写法等方面的代表性的确很强;比较历代文学选本,其入选率之高也有目共睹。桐城派文章选本树立文范,精益求精,确非简单的陈陈相因。

林纾《韩文研究法》高度褒扬韩愈的赠序,认为"赠送序,是昌黎绝技","昌黎集中铭志最多,而赠送序次之,无篇不道及身世之感,然匪有同者"②。林氏接着选篇诠解,如认为《送孟东野序》格奇调变,不但以"鸣"字

---

① 姚永朴编:《文学研究法》,第84页。
② 林纾撰:《韩柳文研究法》,王水照编《历代文话》(七),复旦大学出版社2007年版,第6454页。

驱驾全篇，而且从说物入手，由物及人，由人寓感于物，最终由天复归人的本位，停蓄振起，用字精到，其高格令人难以仿效；又如对苏东坡盛称的《送李愿归盘谷序》，林纾解其妙处在"愿之言曰"四字；林纾揭示《送董邵南序》的微言大义在"游河北"三字，《送浮屠文畅师序》之妙在当面指斥佛老为夷狄禽兽却不忤赠送对象。另外，林纾还在选评本补录韩愈《送齐皞下第序》，认为该文得文之佳处，深谙"萦复埋伏照应之法"，文章入手抬起"古"字，为通篇立主意，又"忽于句下叫起'今'字，与'古'字对言，'今'字即为下文'其渐有因，其本有根'作一埋伏"；全篇"用连环滚笔，倒卷珠帘而上，处处埋伏，处处照管"①。对照文本仔细析读林纾的诠释，韩愈赠序能够做到巧妙立意、隐曲达旨、精密结构、锤炼字句，对赠序写作有很强的示范性。

唐人赠序主要为离别赠文，故许多作品在题目中点明赠送对象，在结尾时点明送别劝勉之意，如韩愈《送孟东野序》以理劝人，最后点题："东野之役于江南也，有若不释然者，故吾道其命于天者以解之。"《送王秀才含序》略带客套，结末说："于其行，如与之饮酒。"《送郑十校理序》难辞众托，故曰："盛宾客以饯之，既醉，各为诗五韵，且属愈为序。"唐代大多赠序更直接道明"送行"、"美志"的应酬性质，正文或着摹写山水景物及祖离场面，或尽情比德赠送对象的品格德行，感情不够真挚，思想性亦不及韩愈之作，姚鼐不录柳宗元的作品，亦有个中原因。宋代赠序的新变是字说赠序的兴起，梅曾亮约选《古文辞类纂》四篇，分别为欧阳修《田画秀才宁亲万州序》，苟洵《送石昌言为北使引》、《仲兄文甫说》、《名二子说》，后两篇为字说类。林纾选评《古文辞类纂》10篇，与梅氏重合前两篇，不录苏氏字说，而选归有光《张雄字说》、《二子字说》评之，评归有光《二子字说》较苏洵《名二子说》为逊，但其长处在"念其亡妻而及其子，情愫较绵远可味。要在中间自述念妻，亦冀其子之念母，寻常语其中含有无穷悲梗之言，淡淡写来，而深情若揭"②，比较起来，老泉之作言理透避，熙甫之制言情深致，选此

---

① 慕容真点校：《林纾选评古文辞类纂》，浙江古籍出版社1986年版，第225—226页。
② 慕容真点校：《林纾选评古文辞类纂》，第250页。

弃彼亦间接表达了林纾的文体思想。兹录《名二子说》，以见其文体示范意义：

  轮辐盖轸，皆有职乎车，而轼，独若无所为者。虽然，去轼，则吾未见其为完车也。轼乎，吾惧汝之不外饰也。
  天下之车莫不由辙，而言车之功者，辙不与焉。虽然，车仆马毙，而患亦不及辙，是辙者，善处乎祸福之间也。辙乎，吾知免矣。①

该文紧扣"轼"、"辙"与车的关系诠释字义，字数不多，寓意深刻，与《仲兄文甫字说》释"涣"寓理同一机杼。杨慎《三苏文范》评曰："字数不多，而婉转折旋，有无限思意，此文字之妙。观此，老泉之所以逆料二子终身，不差毫厘，可谓深知二子矣。"②是为中肯之论。

  明代寿序流行，赠序又为之一变，姚鼐《古文辞类纂》选归有光8篇，其中4篇为寿序。然而，寿序难写已成共识，曾国藩《易问斋之母寿诗序》以此为文体之诡，议曰："元明以来，始有所谓寿序者。夫人之生，饥食而渴饮，积日而成年。苟不已，必且增至六十、七十。又不已，则至大耋、期颐，彼特累日较多耳，非有绝特不可几之理也。胡序之云？而为此体者，又率称功颂德，累牍不休。无书而名曰序，无故而谀人以言，是皆文体之诡，不可不辨也。"③姚永朴《文学研究法》亦认为明时寿序盛行，容易流于谄谀，方苞、曾国藩虽深识其弊，却难免不作，所以于此体尤需择录"所称无溢于实"的作品为范。归有光《震川先生集》在赠送序之外专列"寿序"一目，计三卷76篇，姚选《类纂》择录《周弘斋寿序》、《王母顾孺人六十寿序》、《戴素庵先生七十寿序》、《顾夫人八十寿序》四篇，可谓慎重。

  清代赠序从桐城派清朝文章选本中可彰其范，黎庶昌《续古文辞类纂》录清人赠序14篇，包括姚鼐3篇、梅曾亮2篇、曾国藩2篇、张裕钊2篇、魏

---

①②〔宋〕苏洵著，曾枣庄、金成礼笺注：《嘉祐集笺注》，上海古籍出版社1993年版，第415页。
③〔清〕曾国藩撰：《曾文正公全集》（七），第241页。

禧、胡天游、邵懿辰、吴敏树、郑珍各1篇；王先谦《续古文辞类纂》录清代赠序10人27篇，其中曾国藩7篇，梅曾亮6篇，姚鼐4篇；目录上画三个圈的重点文章分别是姚鼐《刘海峰先生八十寿序》、梅曾亮《赠孙秋士序》、曾国藩《送刘椒云南归序》《送周荇农南归序》《送唐先生南归序》《送江小帆同年视学湖北序》等6篇；姚椿《国朝文录》选清代赠序多达三卷35人64篇，桐城三祖入选篇目占优，分别为姚鼐7篇，刘大櫆4篇，方苞3篇。统计整理，发现清代赠序类文章在桐城三祖之外，重要的还有姚门弟子梅曾亮、桐城中兴功臣曾国藩。难能可贵的是，姚椿《国朝文录》赠序类还收录了胡天游的4篇作品，更有王先谦编选《骈文类纂》，骈文赠序的代表作得以遴选出来。王氏《骈文类纂》赠序体选唐代赠序7篇，分别是张说2篇，张九龄2篇，陈子昂、贾至、王维各1篇；选清代赠序17篇，以洪亮吉6篇、李慈铭4篇居首。这些骈体篇目恰好与古文选篇相互补充，对赠序文体的研究颇有价值。

毋庸讳言，仅从桐城派文章选本入手确立赠序体范文易流于门户局限，但综观后代文章选本，无论是否单列"赠序"一类，桐城派文章选本中遴选出来的名家名作又不可逾越。桐城派在赠序文体发展史上的意义，由文章选本的精选范文可见一斑。

三、点评剖析，探索赠序读法与写法

赠序不必像论辩文那样气势磅礴，环环紧扣，咄咄逼人；不必如序跋那样紧紧围绕序跋对象切题入里；不必像奏议那样面孔板重，谨慎小心；不必像说辞那样如长江大河滔滔不绝，不必如书信那样促膝而谈娓娓倾诉。但赠序从赠人以言的时候起，就需面对具体对象，或告以处世之道，或勉以人生哲理，或敬以颂扬祝福，既需合理总结过去，更重展望未来。因此，赠序往往从细微处入手，曲折回环，气势潜转，不卑不亢，语短意深。阅读时需要发掘其关节文眼，写作时需要巧妙结体。桐城派诸家熟谙其中之秘，研读他们的文话及其对具体作品的点评析解可探赠序读写路径。

桐城派文人长期从事教席讲学，总结了一批文话，如刘大櫆《论文偶记》、姚范《文史·谈艺》、吴德旋《初月楼古文绪论》、林纾《春觉斋论文》《韩柳文研究法》、林纾《文学研究法》等，或提出文章审美标准，或从宏观指示文章写作要领，或列举具体篇目细致解析，总结出大量切实可行的写作方法。然而，这些具体的方法却被反复强调的"义法"，"义理、考据、辞章"相结合，"神、理、气、味、格、律、声、色"等抽象化理论所遮蔽。琢磨这些文话中对单篇赠序的分析案例，进而打通这些文话中文章学的普适性理论，对赠序体的研究大有作用。桐城派文人又重视选政，在反复遴选修订的选本中留存大量点评，赠序文选中也存有一些言简意丰、指示关节的评语，仔细领悟，往往醍醐灌顶，有益于对赠序的理解。

首先，根据桐城派的理解，赠序先要写好开头，好的开端才能统揽全篇。赠序属短篇散文，以唐人赠序为例，常规之作正文结构一般分三个部分：开端交代时间事由，作为冒头；中间或描摹场景山水，或絮叨公务，略及别情；最后以"赋诗追饯"、"以诗贶别"、"送远之志悉形于文"等套语收束。文章虽短，结构俱全，套路清晰。适成惯例便为禁锢，韩愈古文力求创新，突破陈规，首先在开端上便不同凡响。姚范《文史·谈艺》曰："宋人作序前多有冒头，序其原由情节。惟昌黎不然，辟头涌来，是其雄才独出处。"① 如《送孟东野序》开篇即以"大凡物不得其平则鸣"一句劈头道出，突兀劲峭；然行文先以草木自然，再转入古人，最后回到当代人，又无不被"不平则鸣"所笼罩，的确令人叫绝。林纾谓其摹《庄子·逍遥游》篇开篇，予谓不但其形式上神似，其外柔内韧的文气亦能与《逍遥游》的汪洋恣肆相颉颃。又如韩愈《送温处士赴河阳军序》以"伯乐一过冀北之野而马群遂空"起句引出议论，滑稽俏俊，颇具特色。曾国藩《求阙斋读书录》评曰："此种起法，创自韩公，然不善为之，譬若唐人为官韵赋。往往起四句峭健壁立，施之于文家，则

---

① 〔清〕姚范撰：《援鹑堂笔记》卷四十四，道光十五年（1835）刻本。

于立言之体大乖。汉文无起笔峭立者。按之固自有序也,不可不察。"①既肯定退之起法的创新性,又提醒读者不要盲目模仿而落入俗套。吴闿生《古文范》评韩愈《送董邵南序》的起句曰:"韩公为文每争起句凝练矜重,独创奇格,故老相传。姚先生每诵此句,必数易其气,而始成声。足见古人经营之苦矣。"②至于姚先生诵读起句即"燕赵古称多感慨悲歌之士"时,需数易其气,大抵以其音节跌宕顿挫,又以开篇点起"燕赵",意味深刻,联及"悲歌之士",格调沉郁悲慨,故需反复沉吟,方可得其意旨。林纾在《春觉斋论文》"用起笔"条指出赠送序"忌用古人诗句起"③,亦算赠序起笔一忌。姚永朴对于赠序开头的理解在《文学研究法·告语》篇已有详论,可参读。

其次,桐城派文人强调赠序语言散体化。赠序兴盛于唐初,像王勃《秋日登洪府滕王阁饯别序》、于邵《送王郎中赴蕲州序》等都是非常华丽的骈文作品。桐城派以唐宋八大家古文为矩范,不但选文时不录骈体赠序,而且在点评中也明确拒绝这类文句。林纾作为桐城派期代表,其文体论"在某种意义上超越了之前及同时代的文体研究,直接承继《文心雕龙》的文体论传统"④。其对赠序的写作要求有非常强的针对性:"唐初虽杰出如陈子昂,然其《别中岳二三真人序》,则皆用骈俪之句,如'悠悠何往,白头名利之交;咄咄谁嗟,玄运盛衰之感',语于凡近。其余则李白为多,白《送陈郎将归衡岳序》,如'朝心不开,暮发尽白,登高送远,使人增愁'句,则狃于六朝积习;《金陵与诸贤送权十一序》,如'岁律寒色,天风枯声,云帆涉溪,回若绝雪,举目四顾,霜天峥嵘。'气干虽佳,仍落子山窠臼;《送张承祖之东都序》:'金骨未变,玉颜以缁,何尝不扪松伤心,抚鹤叹息!'虽名佳句,仍不可施之散文。"像陈子昂、李白这样的手笔都不足道,唯有韩愈才是林氏所要标榜的理想作者。其谓:"不过唐世一有昌黎,以吞言咽理之文,施之赠送序

---

① 〔清〕曾国藩撰:《曾文正公全集》(十二),第358页。
② 吴闿生编撰,侯宏堂点校:《古文范》(卷三),文学刊行社1927年版。
③ 范先渊点校:《论文偶记·初月楼古文绪论·春觉斋论文》,人民文学出版社1959年版,第116页。
④ 张胜璋:《论林纾的文体观》,《中南大学学报》2008年第2期,第290—294页。

中,觉唐初诸贤对之,一皆无色。"①从赠人以言的主旨出发,赠序委实不必运用华丽的骈文逞才夸势,只需要以参差散语,闲闲道出,拉近主客之间距离,言情议理,恰如其分即可。但也不排除林氏此论重古轻骈的门户之见。其实,初盛唐的骈体赠序在数量上所占比例大,在艺术上也颇具特色,值得进一步研究。

然而,桐城派文人强调赠序的散体化,并不代表不重视造句裁章。林纾《韩文研究法》认为:"愚尝谓验人文字之有意境与机轴,当先读其赠送序。序不是论,却句句是论。不惟造句宜敛,即制局亦宜变。赠送序,是昌黎绝技。欧、王二家,王得其骨,欧得其神,归震川亦可谓能变化矣,然安能如昌黎之飞行绝迹邪?"②"造句宜敛"、"制局宜变"是赠序的两大写作要求,前者强调练字造句精审恰当而意蕴丰富,亦即达到韩愈所谓"言之短长与声之高下者皆宜"的境界,韩愈提出到此境界需要"气盛",而刘大櫆提出八字诀时则提倡从音节、字句等粗处训练作文之法,吴德旋《初月楼古文绪论》乃化抽象为具体,曰:"有作一句不甚分明,必三句两句乃明,而古雅者;亦有炼数句为一句,乃觉简古者。"③后者强调创新求变,刘大櫆《论文偶记》"文贵变"条可为注脚:"一集之中篇篇变,一篇之中段段变,一段之中句句变,神变,气变,境变,音节变,字句变,惟昌黎能之。"④林纾在《韩文研究法》中择取《昌黎集》"赠序"作品中"针线之可寻者"十六篇进行诠解,无不抓住其章法、句法、字法侃侃而谈,于其创变处多有揭示,从细节处总出方法,颇多可资借鉴之处。

揭示赠序的深刻内涵,发掘其独特的艺术风味,既是在引导阅读,也是在指示作法。而桐城派关于读书法还有一些独到的理解,同样适合赠序文体的读写。姚永朴《文学研究法·功夫》篇在探讨学者宜如何用功问题时,

---

① 慕容真点校:《林纾选评古文辞类纂》,第184页。
② 林纾撰:《韩柳文研究法》,王水照编《历代文话》(七),第6454页。
③ 范先渊点校:《论文偶记·初月楼古文绪论·春觉斋论文》,人民文学出版社1959年版,第20页。
④ 范先渊点校:《论文偶记·初月楼古文绪论·春觉斋论文》,第8页。

提出"读几部紧要书"的观点。"紧要书"大体上指古代原典,至于这原典具体为哪一部则因人而异,大约唐、宋文家注重经、史原典;桐城派文人则高举经、史的大旗,暗地里却以唐宋八大家古文为紧要之作,且自方苞约选古文之后,一代代桐城派名家对紧要篇目约之又约,至吴闿生选《古文范》,"自周秦以迄有清,都七代三十有一家,为文越不过百首"①。篇目越选越少,一方面与桐城末学日渐空疏有关,一方面也有新时代语境下学科越来越多、学习时间越来越紧张的原因。无论怎样,读几部紧要书,读几篇紧要文章,对学习研究赠序文体,还是非常实用的。

如何读好几部紧要书呢?桐城派文人一致认为要熟。刘大櫆《论文偶记》虽指出一条从字句准音节,从音节见神气的由粗入精的学文路径,但字句、音节仍然千变万化,字句多寡长短,声调高下抑扬,都只能意会,不可言传。因此,在读古文时,"便设以此身代古人说话,一吞一吐,皆由彼而不由我。烂熟后,我之神气即古人之神气,古人之音节都在我喉吻间,合我喉吻者便是与古人神气音节相似处,久之自然铿锵发金石声";"记得多,便可生情;譬如弈棋,记得谱多,也便须有过人之著"②。准此,熟读几部紧要书的目的不在摹其形似,得其死法,而在悟其神气,濡染写作个性。至于林纾《春觉斋论文》总结出的"伏笔"、"顿笔"等用笔法及"换字法"、"拼字法"等用字法,如此看来皆为死法,真要得其要领,还在熟读。姚鼐《与陈硕书》指导熟读多作,曾国藩《复邓寅皆书》要求"看、读、写、作"四者兼备,姚永朴指出读书需要"分段落"、"观古人评点"、"观古人注释",均得文章读法要领,同样适用于赠序的研读。

虽然桐城派各种文章选本提供了层层约选的赠序文选可供学习,但不能局限于此,需要读者由约之博,由点及面,不断扩大阅读范围,从选本入,又须从选本出,既要精读原典,又须泛览别集,最终融汇贯通。姚永朴已经认识到专读选本的弊端:"选本之佳者,即分撮其英华,又合论其同异,故于

---

① 贺培新:《古文范序》,吴闿生编撰、侯宏堂点校:《古文范》。
② 范先渊点校:《论文偶记·初月楼古文绪论·春觉斋论文》,第12页。

初学为便。然不阅专集，终不能窥全豹，譬如尝鼎一脔，安得自诩知味？且彼操选政者，亦自阅专集而来，若吾人但知选本，而不求诸专集，究恐难浃贯串。"①

总之，桐城派文家通过文章选本与文论著作，为研阅赠序原典提供了理论依据与实践指导，这些或浅或深、或晦或显的短评长论，不仅对赠序体研究颇有价值，从整个文章学研究领域看也不乏真知灼见。

桐城派通过一代代学人溯源辨体、选文定篇，最终确立赠序文体，其赠序体理论与实践产生不小的影响。吴曾祺《涵芬楼文谈》"赠序类第五"细分赠序为五目，依次为"序"、"寿序"、"引"、"说"、"附录"，这种从题面与形式上的创新分类，仍难免桐城派赠序理论的影响。现当代学者整理古人别集，往往把赠序类文章归类编次，寿序附于其后，亦见桐城派文章选本编次的痕迹。

吴承学先生指出"以'辨体'为'先'是中国古代文学批评与文学创作的传统和首要的原则"，"'先'，不仅是时间和逻辑上的，也是价值观上的。'大体'、'体制'、'辨体'，主要的功能和目的在于'划界限'和'比高下'，即通过对某一体裁、文类或文体一定的内在质的规定性的把握，划分各种体裁、文类或文体之间的内外界限，划分各种体裁、文类或文体内部的源流正变的界限，并分别赋予高下优劣的价值判断和价值评价。"②桐城派古文家对赠序文体进行了合理的溯源与科学的界限，并通过选本确立了文体典范，在诗话、文话中进一步对赠序文体的写作进行了规范，达到了"辨体"的基本目的，具备深刻的学术价值，对文体学学科建设作出了贡献。

（本文原载《中山大学学报》2014年第5期）

---

① 姚永朴编：《文学研究法》，第105页。
② 吴承学著：《中国古代文体学研究》，人民出版社2011年版，第13—14页。

桐城派后期文章的现代演变
——以现代演变解剖马其昶《抱润轩文集》

孙维城

在新旧时代交替之际,作为传统散文重镇的桐城派受到责难,被称为"桐城谬种",而要予以廓清。桐城文章是否一无所用,必须彻底割裂?新时代的散文是否全盘西化?在一场大规模的运动时期也许无暇细究,而此后则必须深入思考。

其实,五四前后的学者对后期桐城派文章也有公正的评价,如周作人先生说:"(曾国藩)较为开通,对文学较多了解,桐城派的思想到他便已改了模样,其后,到吴汝纶、严复、林纾诸人起来,一方面介绍西洋文学,一方面介绍科学思想,于是经曾国藩放大范围后的桐城派,慢慢便与新要兴起的文学接近起来了。后来参加新文学运动的,如胡适之、陈独秀、梁任公诸人都受过他们的影响很大,所以我们可以说,今次文学运动的开端,实际还是被桐城派中的人物引起来的。"[①]胡适一边批桐城派,一边还是说了一些公允的话:"桐城派的影响,使古文做通顺了,为后来二三十年勉强应用的准备,这一点功劳是不可埋没的。"[②]

现代文学不可能是凭空出世的,也不可能是全盘西化的,它与古代文学有着千丝万缕的血脉联系,现代散文与桐城派散文也是如此。我们试以桐城派殿军马其昶的古文为例,看桐城派散文进入近现代以后,为适应时代要求而缓慢发生的演变。

---

① 周作人著:《中国新文学的源流·清代文学的反动(下)——桐城派古文》,华东师大出版社1995年版,第48页。
② 胡适撰:《胡适说文学变迁·五十年来中国之文学》,上海古籍出版社1999年版,第85页。

马其昶（1855—1930），字通伯，晚号抱润翁，桐城人，少时从父亲慎庵先生学习古文，后从同邑方宗诚、吴汝纶和武汉张裕钊学习（方宗诚、吴汝纶是桐城派后期重要作家，吴汝纶、张裕钊为曾门四子中人）。其后马氏游京师，又交郑杲、柯凤荪，学问、文章大进。宣统年间马氏再游京师，授学部主事，辛亥革命后，担任清史馆总纂。马其昶被称为桐城派的殿军，文集为《抱润轩文集》①。马氏活到了1930年，文集最后结集在1923年。尽管他作为桐城派的殿军必须信守桐城家法，但新的时代也对他提出了新的要求，马氏不是一个泥古不化的人物，从他的文章中可以看到他的思想、文风也在逐步演进，缓慢地走进现代。

一

首先是思想的进步，表现在科学与民主方面。科学与民主，既是五四的口号，更是那一新旧交替时代的必然要求与思想的必然发展。马其昶经历了戊戌变法、庚子之变、辛亥革命、袁氏改制，往后更经历了五四运动，也应该知道同盟会、国民党与共产党。社会的大动荡大改组必然对他的思想产生巨大的影响。他的老师吴汝纶是一个勇于接受西方思想的人物，马其昶在癸卯年（1903）所作的《吴先生墓志铭》中说："其于西国新法冥心孤探，得其旨要，欧美名流皆倾诚缔结"，这既是吴汝纶的态度，也可以看出马其昶的认同。吴汝纶在光绪二十八年壬寅（1902）以京师大学堂总教习身份率团赴日本考察，回国后先至桐城创办小学堂，并聘日本人早川东明为教习。其后吴汝纶于光绪二十九年癸卯正月遽逝于桐城，早川在桐城教学一年后回国，马其昶写了长文《送教习早川东明君还日本序》。在这篇文章中，马其昶表现出思想的与时俱进。他说：

---

① 〔清〕马其昶撰：《抱润轩文集》二十二卷，癸丑年（1923）刊于京师。本文所引马氏文章皆出于此书，不再注。

> 泰西诸国自古不与中国通，其强盛乃尤在近今之世，挟其机轮火器以睥睨区寓，彼其所为天算格致创物之学，虽孔子复生，吾又知其必有取也。

对西方的天算格致创物之学不但了解，而且肯定，且大胆地认为孔子也会采纳，表现出通达的学术与人生态度。对于日本的明治维新，他说：

> 日本之于诸国最前识矣！儒之盛也，晞儒，泰西霸，则取资泰西。当明治维新之初，群一国皆鹜西学，今其教育家言曰："国粹不可失也，输入异己者之文明以自益，即吾固有之文明胡可弃邪？"善哉言乎！

对日本的认识是准确的。日本人善于学习，中国强大就学习中国，西方强大就学习西方，在学习中又有所思考，输入西方的文明是为了自己的强大，但输入西方文明，却不能抛弃自己固有的文明。这一看法即在今天也是对的。

马氏对于西方的自然科学成果能及时的接受，在《集虚草堂记》中，他大谈空气之为用：

> 夫空气之为用博矣，民物资之以生长。运而入之，排而出之，是名炭氧。炭氧者，败气也。计屋容积空气之数几何，人日嘘吸用气当几何，二者乘除相抵，而以法敛放之，必使空气饶美，则便体蠲疾，反是亦往往生患，盖泰西居宅卫生之学如此。

对西方现代的自然科学知识可以说了解得十分准确，也是心悦诚服地接受，不过在这之后，他又谈到我国古代的"气"论：

> 气盎然于太虚，有曲有腾，有浊有清。其腾焉者，其清也，其曲焉

者，其浊也。

把西方自然之气与我国古代的哲学意味的"气"混为一类，并且认为我国古代的这种"气"要高于西方的自然之气，就有些不伦不类了，但是从当时的马氏看，已经够进步了，我们还能要求他怎样呢？值得注意的是，这篇文章也写在光绪二十九年癸卯（1903），吴汝纶访问日本回国的第二年，看来，马其昶在这一年，或从1902年到1903年，从吴汝纶还有日本教习早川处吸收了大量的现代思想，认识来了一个大的飞跃。

以上谈的是科学思想，下面再谈谈民主意识。马其昶当然不可能是一个民主主义者，但他对当时传入的民主思想也有一定的接纳。我们看他的《上大总统书》，此文作于乙卯年，即1915年，其时已是现代，清帝早已退位，袁世凯正积极打算称帝。马其昶与袁世凯私交不错，袁世凯也希望借马氏的声望为自己登基助力。但马氏并不赞成袁世凯称帝，原因固有推崇清室的传统思想，但不可否认主要还是接受了现代的民主意识，他说：

> 天下非一家之天下，大总统既取而公之，则虽累代相承之共主，亦不得私其位。

"天下非一家之天下"，虽为自古以来的儒家思想，却又有着现代思想的光辉，用在这儿非常恰当，表现出马氏思想的进步，他从古代儒家思想的进步方面汲取符合现代意识的地方，让自己的思想跟上时代的步伐；而公私之论则大义凛然，毫不含糊，有着现代民主意识的辉光。下面一段话更能看出他的思想进步：

> 当民国成立之初，大总统对众宣誓，决不使帝制复生，此诚善审名实之间，而为子孙无穷之虑也。皇天后土，实闻斯言，薄海人民所共传诵，列邦称贺，载在盟约，此何等事，而可漫焉尝试？

"决不使帝制复生"是"为子孙无穷之虑",看出马氏已经认识到共和之代替帝制是历史发展的必然,也认识到这是"薄海人民所共传诵",所拥护的事情,不管他内心是否还眷念盛清,他也已经痛苦地告别旧的专制制度,而接受了现代的民主思想。

思想是文章的内核,科学与民主思想一旦成为文章的内核,就带来文章的时代意义,它必然告别那个旧的时代,而进入现代;而且,思想的进步也会带来文体文风的改变。下面我们看马其昶文章的其他变化。

二

桐城派文章一直为人所诟病的是内容的空疏,因为桐城派讲究义理,其义理来自宋儒的理学,理学的弊端也在空疏,空谈义理,坐而论道,其末流流弊无穷,所谓"平时袖手谈心性,临危一死报君王"。桐城派的义理带有先天的毛病,有鉴于此,他们在义理之外,又加上汉儒的考证,考证虽实,并不是实务,仍然不能挽救桐城派的空疏。所以20世纪20年代撰写近代文学史的陈子展先生说:"(桐城派)到了末流,只抱着'宗派',守着'义法',既不多读古书撷取古人之精华;又不随时代而进步,从活泼的时代取得活泼的真理;所以只能做出内容空疏,形式拘束,毫无生气的文字来。"[①]马氏之文有四大类,一类谈学问,马氏是真下工夫,真有学问,他精研儒家《毛诗》、《周易》、《尚书》、《孝经》、《大学》、《中庸》,又研究诸子,有《老子》、《庄子》,还有其他子学,他看书讲究"精思冥索"(章太炎语),常常从细微处体会,发人所未发,这类文章有迂腐处、过于较真处,但没有空疏处。一类记事,大多是墓志铭或人物传,人物传继承了史记的写法,生动传神,墓志铭有大量应景文字,但也能尽量写出墓主的事迹,或借题发挥,写出一点新意,谀墓文字太多是其守旧处,但并不空疏。第三类写景抒情散文,继承欧苏传

---

① 陈子展著:《中国近代文学之变迁——最近三十年中国文学史》,上海古籍出版社2000年版,第64页。

统,是马氏文中的精华,也不空疏。第四类是议事类文章,如前举《上大总统书》、《送教习早川东明君还日本序》等,还有《宣统二年上皇帝疏》、《代常裕论新政疏》,大都联系当前实际,有感而发,更不空疏。我们还举《上大总统书》为例。

文章开始摆出当时的形势,筹安会主张君主制,中外人士有不少赞同者,而马氏自己认为不妥,这是提出论点。接着分几部分论述之。首先论武昌起义后,袁氏知皇帝之名不可居而创设共和,崇清帝以慰旧臣之望,称共和以息新党之争,天下底定,这是谈历史。接着论继承人的问题,袁氏春秋未高,不虑争夺,而关于继承问题,要看天下之所归,归往在贤则传贤,归往在子则传子,当前最重要者在于立德,德立则天下归往。这是谈现实,谈袁氏心中最关心的问题。第三论袁氏在民国成立之初的誓言,决不复辟帝制,不能失大信于天下,失信则失民心,而一旦自立为帝,旧君旧臣难于接受,拥戴之人挟功而骄,国家将陷入万劫不复的地步。这是预设复辟的后果。最后综合三方面的观点再次归纳,得出不可复辟的结论。文章从历史到现实再到未来,循序渐进,鞭辟入里,晓之以理,动之以情,娓娓道来,决不剑拔弩张,而内容充实,逻辑严密,没有空疏的毛病。这是论时事,也许不太可能空疏,论学问的文章呢?人们诟病桐城派空疏的,往往指这类文章。

马其昶的论学文章大多善于思考,勤于思考,有一种语不惊人死不休的精神,常常从夹缝中找出问题,而借机生发,所谈又条理清晰,逻辑性强,也能解决一些别人没有解决的问题,所论往往难以移易,章太炎先生认为"几于铸鼎象物",确实如此。他有一些文章发挥孝经的观点意思,今天看来的确迂腐不堪,但也是为了解决当时自己和乡里遇到的难题,谈得也能环环相扣,鞭辟入里。所有这些文章都不空疏,从文风看,他是注意到桐城派文章空疏的毛病而加以改变的。

今天看来,义理与现代性并无抵牾,余英时先生说过:"问题的关键是在于评价学术成就所采用的标准。近代治学术思想史的人主要是以义理为评判学术成就的标准。"① 可见，现代社会与现代论文、论学更需要义理，桐城派的义理可以自然地带入现代，但必须严防桐城派阐述义理时的空疏，空疏是文章的大敌，空疏将使得桐城派尘封在历史中，成为古董文物，所幸马其昶以及他的同时诸人把桐城派从濒危中解脱出来，可以面向新时代的曙光。

三

桐城派古文的渊源可以上溯到唐宋韩柳欧苏。但是唐代韩愈古文有两个相反方面的特点：一是奇，表现为奇崛险怪，文字佶屈聱牙；二是易，表现为文从字顺，为韩门弟子及后学从两个方面所继承。宋代欧阳修、苏轼的散文基本略过了韩文的奇崛险怪、佶屈聱牙，而继承了韩文文从字顺的一面，形成了宋文平易晓畅、娓娓叙来的特点。所以宋文与唐文相比，如同涓涓溪流与滔滔江海之比。后代的散文基本继承的是宋文，而不是唐文。如明代的唐宋派尤其是归有光的散文。归氏的散文，内容多写身边琐事，更加娓娓叙来，如诉家常，这样的文字，自然向通俗的道路上走去了，而且，明清时期的白话小说兴盛，白话小说的叙事方式与语气也给予当时的散文以影响，使得散文进一步走向通俗。桐城派的散文上承宋代古文，直接受影响于明代散文，尤其归有光的散文，骨子里就蕴涵着通俗的基因。不过，由于桐城派先贤又强调雅洁，雅与俗相对；洁也要求文字简化，文字简洁，则多选用文言，往往用一字的词代替两字、三字的词。雅洁的结果，又使桐城派疏离了通俗。这就是桐城派与通俗的矛盾联系。而桐城派要走近现代，必须走近通俗，疏离雅洁。因为古文与现代散文的根本区别在于叙述方式的博奥与晓畅，叙述语言的典雅与通俗。

桐城派后学由于身处近现代，时代的发展，欧风美雨的影响，已经使他们逐步接受了现代的西方的气息，也就同时接受了西方的现代的叙述方式

---

① 余英时著：《论戴震与章学诚》，生活·读书·新知三联书店2000年版，第4页。

与语言。桐城派后期散文比起他们的前辈要显得通俗些了,所以当时鄙薄桐城派散文,甚至瞧不起唐宋散文,主张学习魏晋文的章太炎说:"并世所见,王闿运能尽雅,其次吴汝纶以下,有桐城马其昶为能尽俗。"① 我们试举马氏的文章,与他的前辈如姚鼐的同类文章比较,可以看出的确通俗些了。

  以岁三月上旬,步循溪西入。积雨始霁,溪上大声溰然,十余里,旁多奇石、蕙草、松、枞、槐、枫、栗、橡,时有鸣淞。溪有深潭,大石出潭中,若马浴起,振鬣宛首而顾其侣。援石而登,俯视溶云,鸟飞若坠。复西循崖可二里,连石若重楼,翼乎临于溪右,或曰宋李公麟之垂云也;或曰后人求李公麟地不可识,被而名之。石罅生大树,荫数十人。前出平土,可布席坐。南有泉,明何文端公摩崖书其上曰:媚笔之泉。泉漫石上为圆池,乃引坠溪内。(姚鼐《游媚笔泉记》)②

  余宿其前厢,迟明登望江楼,晨光纳牖,目际无垠,前至伏虎岩,箕踞石上,时则白湖、焦湖、黄陂诸湖云气坌起,洼隆环壅,皓若积雪,阳景腾薄,摩荡成采,然后徐入山腹,尽势极态。钱君跃喜,以谓观雪乃无此奇也。(马其昶《游冶父山记》)

  同治初,予家归自上海,赁居吴氏之庐。大父方在堂,内外少长数十人。屋小如斗,倚山临溪,田歌满野,每大雨溪涨,则行人待溪外,皆坐室中,望见予从师读书吴氏祠。……当是时,叔节族父有沈士翁者,老矣,常依其家,而阮仲勉亦闭关山中。外舅喜歌诗,好酒,翁萧然而已。(马其昶《西山精舍图记》)

  姚鼐的《游媚笔泉记》是他游记散文的名篇,文字并不艰深,娓娓叙来,看出桐城派文章学习欧苏散文的特点,但由于过于追求雅洁,文字能简则简,从简约中产生出渊雅,也就显得不通俗,在姚鼐自己,可能就是追求这

---

① 章炳麟著:《与人论文书》,《章太炎全集(四)·文录卷二》,上海人民出版社1985年版,第168页。
② 〔清〕姚鼐撰,王镇远选注:《游媚笔泉记》,《姚鼐文选》,黄山书社1986年版,第165页。

样的效果,但今天看来,就有所遗憾,如"鸣"、"连石"、"溶云",把修饰语与中心词尽量压缩,成为自造的新词,造成阅读的困难,"步循溪西"、"复西循崖"等语,读来都有些拗口。马其昶《游冶父山记》就没有这样的毛病,"前至伏虎岩"、"徐入山腹",以视"步循溪西"、"复西循崖",看得出舍得多用词语,而不一味追求文字的雅洁,文气舒展畅达,语言显得通俗、白话和现代。"晨光纳牖"、"云气坌起"、"阳景腾薄"等四字语,像成语一样,现代人也能接受。马氏的《西山精舍图记》的句子更加通俗流畅,"倚山临溪"、"田歌满野"、"大雨溪涨"等描写,简直就是现代散文的描景语,"外舅喜歌诗,好酒"的叙述,就是大白话,可见处于近现代的马其昶在叙事、描景等语言的运用上已经接近现代文了。

再看看他的记叙文,如甲寅年所写的《林畏庐韩柳文研究法序》,其中记叙与林纾先生在京师的交往:

> 往与余同客京师,一见相倾倒,别三年,再晤于京师,陵谷迁变矣,而先生之著书谈文如故。一日出所谓韩柳文研究法见示,且属识数言。

文字浅显白话,与现代文无以异,下面再加以议论:

> 世之小夫有一得辄秘以自矜,而先生独举其平生辛苦以获之者倾囷竭廪,惟恐其言之不尽,后生得此,其知所津逮矣!虽然,此先生之所自得也,人不能以先生之得为己之得,则仍诵读如先生焉。

议论也通俗明白。可以看出马氏记叙文、描景文中的记叙、描写、抒情、议论都介于文言与白话之间了。而他在《上大总统书》、《宣统二年上皇帝疏》、《代常裕论新政疏》等议政文章中所用语言更加浅白,因为更加实用,下文还要引到这些文章,这里就不再赘言。我们设想,即使没有胡适等人的白话文运动,桐城派的散文也有可能缓慢地发展到现代,因为从古代、近代到现代，是历史发展的必然，谁能够拖住历史的脚步呢？白话文运动正是顺应了历史的发展，加速了这一前进的步伐，而且，胡适等人倡导的运动也正是从历史的过程中孕育、成长起来的，所以周作人先生才会说："今次文学运动的开端，实际还是被桐城派中的人物引起来的。"

马其昶后期的一些议论文字还接近梁启超的"新文体"。梁启超是近代浅显文言散文——"新文体"的开山，他早年学过桐城派散文，爱读姚鼐的《古文辞类纂》，受到桐城派的影响，后来在戊戌变法失败后，从事文学的改良活动，创办《新民丛报》，所写文章就是他自己所创的新文体，介于浅显文言与白话之间的一种文字，这种文字风靡了一代人，影响了一代文风，并使得中国文学从古代的文言过渡到现代的白话。可以说，梁启超倡导的新文体是中国语言文字从古代走向现代的桥梁津筏。新文体的特点除了浅白外，还好用排比句式，笔端常带情感。马其昶的后期政论文，在这一点上有些接近梁启超文，其在《宣统二年上皇帝疏》中说：

> 试进而问之，各该地方物力尚不凋敝乎？民生尚可自给乎？盗贼尚不充斥乎？则恐臣之所言犹未能道其百一也。又试进诸臣而问之，比年所行新政成效若何？教育果普及乎？巡警果有益乎？征兵果足恃乎？工商之业果发达乎？自治谘议局果得人乎？臣又恐各省奏报之所言百未能有其一二也。天下之患莫大乎是非利害显然明白，而朝野上下知之而不言，言之而不尽。吾国旧政，是古圣君贤相及我朝祖宗所行之而效者，然流弊至今日，而极不以实心行实政，此其失，人人能言之。今之新政，亦东西各国行之而有效者，然而不以实心行实政，如故也，此其失，人人知之，而勿敢言，言之即被阻挠新政之名，而目为狂怪。

文章前面两个"试进而问之"，形成大的排比句式，而在每一个句子中，又有几个排比的问句，一气贯下，很有气势。后面以"吾国旧政"与"今之新政"相对举，既是排句，又是对句，整齐中又有变化，也有气势，且有情感。

不看文章的标题（标题仍是传统的），谁也不会怀疑这是一篇新体文，文章的结构严谨，整齐划一，内在逻辑性很强，与古代韩愈等人的文章有气势而逻辑性不强比较，可以看出明显不同，而受到现代西方逻辑学的一定熏陶，此等处都较似梁任公文章，试举任公《新民说》[①]一文看：

> 盖人生历程，大抵逆境居十六七，顺境亦居十三四，而顺逆两境又常相间以迭乘。无论事之大小，必有数次乃至十数次之阻力，其阻力虽或大或小，而要之必无可逃避者也。其在志力薄弱之士，始固曰"吾欲云云，吾欲云云"，其意以为天下事固易易也；及骤尝焉，而阻力猝来，颓然丧矣；其次弱者，乘一时之客气，透过此第一关，遇再挫而退。稍强者遇三四挫而退。更稍强者遇五六挫而退。其事愈大者，其遇挫愈多，其不退也愈难，非至强之人，未有能善于其终者也。

从志力薄弱之士到次弱者再到稍强者、更稍强者，都是排句，文章有气势，有逻辑力，有情感，凡此等处，都是梁任公笔法，是新文体的特点。可以看出马氏政论文已经接近了这种写法，当然，梁任公的笔端炽烈情感，笔势横扫千军，如其《少年中国说》，不是马氏可以达到的，这关系到人的性格气质，作为戊戌变法的重要代表人物，梁启超是何等人？而马其昶性格温和，他所浸润其中的桐城派文风也是偏于温和的，我们不能要求马其昶像梁启超一样大声疾呼；而笔端带有情感，则是这一转变时代对文体转变的要求，这一点，马氏的文章做到了，这从另一个方面说明了马其昶所代表的桐城派后期散文在新旧交替时期的演变。马其昶等人的历史功绩应该得到公正的肯定。

我们从思想的变化：从守旧到初步接受西方现代的科学民主思想；文风的转变：从宋儒一直到桐城派先贤的空疏毛病中有所解脱；文体语言的

[①] 梁启超著，黄坤评注：《新民说》，中州古籍出版社1998年版，第166—167页。

渐进，语言从典雅走向通俗，文体从传统逐渐演变，三个方面论述了马其昶散文在新旧交替时代的演变，得出的结论是马其昶所代表的桐城派后期散文逐步向现代转型。我们可以从纵横两个方面再次归纳这个问题。从纵的方面看，桐城派散文所继承的宋代以来的古文摒弃了韩愈古文的奇崛险怪、佶屈聱牙，而继承了其文从字顺的一面，具有平易晓畅的特点，再加上明代归有光等人的家常琐叙，有走向通俗的倾向，同时在明清两代的白话小说影响下，更有进一步通俗的可能。只是方姚等人的雅洁在一段时间内设置了一定的障碍，有待其后学去冲决。这是古代散文走向通俗，走向现代的必然性，无论早迟，终将达到。从横的方面看，时代已经进入近现代，时代本身对文学提出了转型的要求，西方进步思想的大量涌入，科学与民主越来越成为时代的主流思想，人们不可能一直用简雅的古文来诠释、宣传现代的、西方的进步思想，文风、文体与文法随之来了一个大的转变，这也是必然的。再加上马其昶并不是一个顽固守旧的人物，从他的文章可以看出他的思想也在随着时代而变化。桐城派的代表人物基本都是时代的先进人物，而不是顽固落伍者，如曾国藩，如吴汝纶，也许有人有一种错觉，认为吴汝纶以后，马其昶、姚永朴、姚永概等人是时代的落伍者，但是我们看马其昶对老师吴汝纶的尊重，受吴汝纶的现代思想的影响，就可以肯定地说，他们不是时代的落伍者。马其昶确实有落后的一面，他对袁世凯称帝的反对也许混合着对清室的眷念，但他毕竟痛苦地翻过了历史的这一页；他的文章的外在形式仍然是古文家的几大类型，充斥着大量的墓志铭，加上一些明道见性的文字，文学类的只有为数不多的亭台楼记，但其内容、文字已经在悄然变化了。当时的一些文学变革者所做的，也是"旧瓶装新酒"的游戏，我们能够苛求这位承载着过重的历史、文化负担的老人吗？通过马其昶，我们可以走近后期桐城派的一大批代表人物，姚永朴、姚永概是他的妻舅，范当世是他的连襟，他们共同建构了桐城派的后期厅堂，马其昶作为他们的突出代表，桐城派的殿军式的人物，他的思想与文章无可置疑地代表了后期桐城派。我们通过对马其昶文章的解剖，可以得出这样的结论：即后期桐城派可以而且正在缓慢地走进现代,桐城派出现严复、林纾这样的人物不是偶然的,也有力地证明了这一点。桐城派中当然不可能直接产生胡适、陈独秀这样的人物,但无论胡、陈怎样批评桐城派,桐城派对于这两个人物的出现也起到了孕育、孵化的作用,因为他们都是安徽人,尤其陈独秀就出生在离桐城派百里之间的怀宁。

(本文原载《中国现代文学研究丛刊》2006年第6期)

桐城派与清代歙县岩镇金氏家族关系考论

汪祚民

歙县岩镇金氏家族在清代康雍之际经商发家,由歙北赵村迁居岩镇,延师课子兴学,致力科举取得成功,成为乾嘉时期三代四进士一巡抚的贵显家族。这个快速兴盛的家族似乎并没有在其居住地留下太多的文化遗迹,乾隆、道光、民国三次修纂的《歙县志》和道光《徽州府志》有关金氏家族主要人物的记载也相对简略,但在桐城派作家笔下,这个家族的崛起及主要人物的精神风貌得到了充分的展示。与此同时,以刘大櫆为代表的桐城古文得到金氏家族的特别推崇,金氏家族俨然成了桐城派古文与文法的传播中心。已有学者对清代歙县金氏家族的历史与人物进行过探讨[①],但较少关注桐城派与这一家族的关系及其重要的学术价值,本文试做考论。

一、刘大櫆与金长溥、金榜父子的交游

桐城派与金氏家族发生关系是从刘大櫆任徽州黟县教谕开始的。刘大櫆早年师从方苞,以古文名世,但科举屡试不第。乾隆二十五年九月,任职黟县教谕。黟县与歙县相邻,他"间以公事至歙,因得与歙之贤士交游"[②],加之金氏家族居住地"岩镇,黟、歙之间一都会也,往来者甚众"[③],为刘大櫆与岩镇金氏家族的交游提供了契机。

学界只注意到刘大櫆与金榜的师生关系,实际上这种师生关系的建立

---

① 徐道彬:《徽州学者金榜三论》,《安徽史学》2014年第5期。
② 〔清〕刘大櫆著:《郑子山诗序》,吴孟复标点:《刘大櫆集》,上海古籍出版社1990年版,第60页。
③ 〔清〕刘大櫆著:《重修孙公桥记》,吴孟复标点:《刘大櫆集》,第319页。

与金榜之父金长溥对刘大櫆诗歌古文创作的推崇是分不开的。金长溥,字瞻原,乾隆十三年进士,曾任吏部考功清吏司主事、翰林院庶吉士等。金长溥与刘大櫆年龄大体相当。歙人鲍倚云《寿藤斋诗集》卷首后有一序署名为"乾隆庚寅秋仲朔,同里学弟金长溥拜撰,时年七十有五"①。乾隆庚寅即三十五年(1770),刘大櫆七十三岁②,则金长溥长刘大櫆两岁。鲍倚云《寿藤斋诗集》卷二十七有一诗题为《吟稿将呈吴翼堂、金复堂两先生删定求序》③,可见,鲍倚云《寿藤斋诗集》卷首收录的金长溥序为鲍倚云本人所求,金长溥又号"复堂"。刘大櫆《金复堂先生八十寿序》记曰:"及乾隆戊辰,先生成进士……其在吏部,猾胥为之敛迹。岁值京察,同官颂其廉平。先生之才,人皆以为可致卿相,而先生一登仕籍,即县车里门,杖屦从容,示仪型于黄山、白岳之间,其高情逸韵,尤非世俗之所能及也。"④对金长溥为官吏部和不久辞官归里情况有所交代,但何时辞归未做说明。汪师韩自编《上湖纪岁诗编》,于乾隆十九年(1754)年中收录了《送金瞻原吏部假归三十韵》。⑤汪师韩亦歙县人,与金长溥皆为雍正十年壬子科举人⑥,这首诗证实金长溥于乾隆十九年辞官归里,时年五十九岁。

　　金长溥归里后,除徜徉于山水之乐外,还指导后学写作时文,"惟制义为后学所推奉。里之经其指授者,咸掇巍科以去"。他也创作诗文,"为诗宗杜少陵,下及弘、正诸子。古文以归氏熙甫为足继韩、欧之传,常手钞而口诵之,数十年无间寒暑。著有《敦复堂文集》藏于家,然深自讳匿,而人亦鲜有知之者。"⑦金长溥的古文因深自讳匿没有流传于世,但其古文宗尚与刘大櫆是一致的。乾隆二十五年,刘大櫆任黟县教谕,自然会引起居家在乡金长溥的关注,让其子金榜师从刘大櫆学习古文也在情理之中。

---

① 〔清〕鲍倚云撰:《寿藤斋诗集》,《清代诗文集汇编》第311册,上海古籍出版社2010年版,第11页。
② 孟醒仁:《桐城三祖年谱》,安徽大学出版社2003年版,第156页。
③ 〔清〕鲍倚云撰:《寿藤斋诗集》,《清代诗文集汇编》第312册,第321页。
④ 〔清〕刘大櫆著,吴孟复标点:《刘大櫆集》,第141—142页。
⑤ 〔清〕汪师韩撰:《上湖纪岁诗编》,《清代诗文集汇编》第308册,第536页。
⑥ 乾隆《歙县志》卷八《选举志上·科第》,台湾成文出版社1975年版,第478页。
⑦ 〔清〕刘大櫆著,吴孟复标点:《刘大櫆集》,第141页。

关于金长溥之子金榜等晚辈师从刘大櫆的情况，汪梧凤《送刘海峰先生归桐城序》叙述较详：

> 吾友志相合、业相同、择师而事无不相同者，休邑郑用牧、戴东原，吾歙汪稚川、程易田、方晞原、金蕊中、吴惠川数人而已。而东原、蕊中自乡举射艺京师，于今未归者七年……乾隆癸未（二十八年）秋，桐城刘海峰先生官博士于黟。先生抱圣贤之道，精经史百家之言，作为文章，崛奇幻渺，与唐退之、宋欧阳氏相上下。黟地近吾歙，吾数人乃得师事先生，数闻论议。岁丁亥（三十二年），先生去官居歙，于是吾徒与先生共晨夕，乐杯酒，雄论古今得失是非，悲歌欢笑辄时时异，益念东原、蕊中远隔数千里不能与先生肆志于山巅水涯之间为可惜耳。今年辛卯（三十六年）易田又以乡举走都门，献赋天子，而先生亦以年耄思返桐城。①

根据这段记述，刘大櫆任黟县教谕后，汪梧凤与他的七位好友郑牧、戴震、方矩、吴绍泽、汪肇龙、金榜、程瑶田皆师事之。其中科举声望最高的是金榜，为殿试状元。关于刘大櫆始任黟县教谕的时间，汪梧凤记载为乾隆二十八年秋，而《黟县志》、《徽州府志》和《安徽通志》的记载为乾隆二十六年，但乾隆二十五年冬、乾隆二十六年秋、乾隆三十年春和乾隆三十年冬《缙绅全本》黟县条下皆载："复设教谕：刘大櫆，桐城人，副榜，二十五年九月选。"②清代坊间刊刻的《缙绅全本》是按一年四季更新载录满汉官员信息的实用指南，一般不可能无中生有，刘大櫆被选为黟县教谕的时间应以此为准。这样，刘大櫆从乾隆二十五年九月任黟县教谕到乾隆三十二年"去官居歙"，再到乾隆三十六年离歙归老桐城，在徽州前后12年。汪梧凤

---

① 〔清〕汪梧凤撰：《松溪文集》，《清代诗文集汇编》第359册，第5页。
② 清华大学图书馆、科技史暨古文献研究所：《清代缙绅录集成》第1册，大象出版社2008年版，第326、485页；第2册，第79、277页。

说他与金榜等七人师事刘大櫆就在这12年之中，吴定更明确地说金榜"学诗古文辞于吾师刘大櫆耕南"①。考道光《歙县志》卷七之一《选举·荐辟》，金榜"以乾隆三十年选，进诗赋，召试行在，钦赐举人，授内阁中书"。民国《歙县志》卷七《人物志·儒林》又载，金榜"年三十一，高宗南巡，召试举人，擢内阁中书。壬辰（乾隆三十七年），以第一人及第，授翰林院修撰，一任山西副考官、会试同考官"。由此可见，金榜在家乡歙县师从刘大櫆的时间为乾隆二十五年九月到三十年之间。

刘大櫆与金长溥、金榜等金氏家族人物情谊和金氏家族对刘大櫆古文的推崇集中体现在刘大櫆所作《金节母传》《金府君墓表》《乡饮宾金君传》《金复堂先生八十寿序》四篇文章中。前三篇为金氏近三代发家之祖的传记。金节母即金长溥的祖母许太恭人；金府君即金茂宣（字公著），金长溥之父；乡饮宾金君即金长洪，茂宣长子，金长溥之兄。此三人大约分别卒于雍正五年、雍正十三年和乾隆二十四年，是金氏家族兴旺的关键人物。刘大櫆《金复堂先生八十寿序》："先生痛大母劬劳之苦节，念府君创业之艰难，回忆少年时且耕且读辛勤拮据以有兹荣宠，俯仰数十年间，顾瞻废兴之际，有不胜其感叹者。"可见，为此三位尊长立传是以金长溥为代表金氏族人的共同心声。

金家请托刘大櫆写墓志传状之文，非同一般。《金府君墓表》最后说："其安敢以固陋辞？"金家自雍正年间迁至岩镇，特别是雍正十年金长溥乡试中举，声望渐盛。雍正十三年前后，金茂宣去世，尚姓叶氏，程襄龙写过《一支会同人公祭叶老伯文》②，详细叙写了金茂宣振兴家业的实绩和孝慈重学的品行。刘大櫆晚年写作《金府君墓表》之时，金家已是连中三进士的贵显大族。明清两代许多进士举人有为自己先人写作碑记传志的传统，如明代归有光作《先妣事略》，清代朱仕琇有《先考行状》，张惠言有《先府君行实》《先祖妣事略》《先妣事略》等。金长溥家族两代三进士，也可以自己为

---

① 吴定撰：《翰林院修撰金先生墓志铭》，《紫石泉山房文集》，《清代诗文集汇编》第408册，第383页。
② 程襄龙撰：《澂潭山房古文存稿》卷四，《清代诗文集汇编》第293册，第511页。

先人写作传状，但是却请求刘大櫆代劳，而且一写就是多篇，充分表明金氏父子三进士对刘大櫆古文的高度认可。

当然金氏家族还有一位重要人物金长溥。他通过边耕边读，于乾隆十三年终成进士，上请复姓为金氏，与其兄创建宗祠，修完家谱，续百有余年中绝之祀，是金家走向贵盛的标志性人物。在其八十寿辰时，已归老乡居的刘大櫆又写了《金复堂先生八十寿序》一文。此文除了最后几句与祝寿相关的点缀语外，主体是叙写金长溥的生平行事和学术好尚，实为人物传记。

刘大櫆一生结交的达官显贵不少，为之写作家传类文章每个家族皆未超过3篇，唯独于金家特别，竟写了4篇，且《金府君墓表》《金复堂先生八十寿序》是刘大櫆归老枞阳时写的，足见刘氏与金氏家族非同寻常的情谊。

二、吴定、王灼与金氏家族的交游

刘大櫆在乾隆三十六年离开歙县回到枞阳老家后，仍在家授徒，传授古文。八年后，他的两大弟子吴定、王灼受到了金氏家族器重。

吴定，字殿麟，号澹泉，岩镇人。乾隆三十二年，刘大櫆辞去黟县教谕，"讲学歙中"①，吴定从刘大櫆学古文。刘大櫆归里后，吴定曾到枞阳向其问学请益②，成为歙人心目中继刘大櫆之后的又一位古文大家。

吴定受到金世家族关注是从他的孝行开始的。鲍桂星《澹泉先生事实》："父没，先生毅然行古丧礼。自不入内，不饮酒，不食肉外，凡力能为者，悉遵古制，居丧三岁不出户。时乡先辈司勋金公年八十有一，造门亲视起居。先生白衣冠见之，不往答拜。"③这里的先辈司勋金公即金长溥。吴定《先考行略》："先考没于乾隆三十八年癸巳正月二十九日"④，四十一年正

---

① 民国《歙县志》卷十六《杂记拾遗》，《中国地方志集成·安徽府县志辑》第15册，江苏古籍出版社1998年版，第703页。
② 〔清〕吴定撰：《王滨麓初集诗序》，《紫石泉山房文集》，《清代诗文集汇编》第408册，第347页。
③ 〔清〕吴定撰：《紫石泉山房文集》，《清代诗文集汇编》第408册，第245页。
④ 〔清〕吴定撰：《紫石泉山房文集》，《清代诗文集汇编》第408册，第390页。

月,吴定父丧满三年,金长溥看望吴定的时间是父丧未除之时。乾隆四十三年,金长溥在歙县去世①,吴定写了《扬州闻金司勋瞻园先生讣,哭之》一诗:"小子昔居庐,三年谢亲故。虚室多风雨,单衣怯霜露。惟有数岁儿(谓亡儿寿祖),凄然待朝暮。悲深辍食时,感公常我顾。执手屡嗟咨,哀戚毋逾度。"②表明在吴定居父丧间,金长溥不只是去看过他一次,并给予多方面的关照。一个耄耋老人对青年后生如此关爱,不仅是对吴定孝行的肯定,更是对其古文写作的器重与期许。

吴定与金榜皆师事刘大櫆,为同门友。金榜是金家第三位进士,而且以状元获得广泛声誉,"丁外艰,归,遂不复出,徜徉林下,著书自娱"③,金榜自乾隆四十三年以父丧辞官归乡,不复出,著书自乐。此时吴定在经过父亲卧病十三年、庶母之丧、父亲之丧、爱子下殇等重大变故之后,四个儿子渐渐长大需要教育培养,家庭十分拮据贫困。出于对吴定的关照,更是出于对他为人与为文的充分肯定,金榜"尝招定馆于其塾,训其少子童孙。漏三下,往往犹相与讲学论文不辍,甚相得也"④。吴定白天作为金榜家聘塾师教其子孙,晚上与金榜切劘学问文章,加之有同门的情感纽带,于是两人成了"甚相得"的亲密朋友。

吴定馆于金家持续多久难以考证,但与金家结下深厚的情谊。吴定《娑罗园谦集序》载:"甲辰之秋,金修撰辅之先生集朋侪泳游于此。翼日旌德王君闻之,即其地敷席陈羹以待,于是修撰携诸君子复往游焉。修撰以经术显当世,招延之众亦皆硕士魁人。"⑤王灼《同诸公秒罗园谦集》一诗并序也记载了同一盛事。⑥乾隆四十九年秋,金榜邀请朋侪学友在娑罗园宴饮交

---

① 汪祚民:《金长溥生平与学术思想考述》,《古籍研究》2020年上卷(总第72卷),凤凰出版社2020年版,第78—84页。
② 〔清〕吴定撰:《紫石泉山房诗钞》,《清代诗文集汇编》第408册,第402页。
③ 民国《歙县志》卷七《人物志·儒林·金榜传》,《中国地方志集成·安徽府县志辑》第15册,第278页。
④ 〔清〕吴定撰:《紫石泉山房文集》,《清代诗文集汇编》第408册,第383页。
⑤ 〔清〕吴定撰:《紫石泉山房文集》,《清代诗文集汇编》第408册,第349页。
⑥ 〔清〕王灼撰:《悔生诗钞》,《清代诗文集汇编》第431册,第550页。

游。第二天，旌德王兆堂闻此盛事，来园中具酒食，邀金榜及其友朋再来一次园林雅聚，吴绍泽作记，吴定写序，郑牧题跋，王灼为赋长诗，其文雅风流可比东晋兰亭旧事。王灼还有一诗《九日，金辅之修撰置酒幔亭山，招同汪允坚、吴殿麟登眺，得潜字》[①]，也是记金榜召集吴定、王允坚和王灼饮酒赋诗之雅聚。由此可见，吴定与王灼这两位刘大櫆传人皆以"硕士魁人"常常出没于由金家主持的宴饮盛会，倍受荣宠。嘉庆六年六月，金榜卒。金家请求吴定写了《翰林院修撰金先生墓志铭》，是对吴定传承桐城古文的最大推举。

刘大櫆晚年的另一位弟子王灼也与金氏家族关系密切。王灼，字明甫，一字悔生，号晴园，又号滨麓。乾隆三十七年，二十一岁的王受学于刘大櫆家塾，从游八年，学锐进，并与前来"学文于海峰先生之家塾"的歙县吴定相灼交。刘大櫆去世后，王灼馆歙授徒八年，直到乾隆五十一年中举，与吴定"相师弥久，相得弥欢"[②]。也许是因刘大櫆倍受金氏家族敬重，又有吴定馆于金氏家族的机缘，王灼也受到金氏家族的推重。

王灼馆歙授徒期间，金氏家族声望最为隆盛的长者是金云槐。在王灼的诗文中，共有四首吟咏书写与金云槐有关。其中《八月十五夜，金侍御宅谯集》《送金侍御还台》[③]两诗，作于乾隆四十四年到乾隆四十七年[④]之间。这四年，金云槐已由翰林改任御史。御史，唐代后也称侍御。王灼两诗诗题中的"金侍御"虽未注明何人，但从其前后诗所记在歙见闻推之，金侍御就是担任御史的金云槐。鲍倚云《寿藤斋诗集》卷三十一有《送金莳庭侍御四首》，其称金云槐（字莳庭）官位正是"侍御"。两诗写金云槐八月十五中秋节召饮谯集的欢乐感受和送他回京的期待与祝愿。《闻金观察养泉转漕

---

① 〔清〕王灼：《悔生诗钞》，《清代诗文集汇编》第431册，第551页。
② 〔清〕吴定：《王滨麓古文序》，《紫石泉山房文集》，《清代诗文集汇编》第408册，第346页。
③ 〔清〕王灼：《悔生诗钞》，《清代诗文集汇编》第431册，第549、568页。
④ 光绪《武进阳湖县志》卷十八《金云槐传》称"乾隆四十七年知府"，《中国地方志集成·江苏府县志辑》第37册，江苏古籍出版社1991年版，第452页。

两浙,浙人颂之,遥有此寄》①是王灼专为乾隆五十一年冬金云槐由常州知府升任浙江督理粮储漕务道②而作。《祭金观察文》作于乾隆五十二年秋,金云槐卒于官。篇中回顾了金云槐为官经历及其人品才干,表达了对痛悼之情和两人之间相识相赏之谊:"予辱公知,公亡何依。瞻望南天,泣涕沾衣。"③

王灼的诗文也有写他与金榜交游的,如《同诸公枌罗园谦集》、《九日,金辅之修撰置酒幔亭山,招同汪允坚、吴殿麟登眺,得潜字》、《过金辅之修撰留饮》等。

王灼与金氏家族声望并不显耀的金杲及晚辈成员也关系密切。这在王灼诗文中也有记录。《同郑用牧、方晞原、胡受谷、吴惠川、金升之、吴箕甫诸君过程氏园亭,时梅花盛开,主人留饮花下》④一诗中的金升之,就是金杲,诗歌表现的是王灼与金杲等六人在程氏园亭花下留饮的雅聚之欢。王灼记写自己与金氏家族晚辈交往的诗篇有《谢金淳执惠右军墨刻》、《过金子彦仪部话旧,悼其令弟朗甫庶常》、《题金理函舍人饲鹤图》、《毘陵郡斋与金二理函话旧》等。⑤其中提到的金理函,即金云槐之子金应琪,金应琦之弟,乾隆丁酉举人,曾任四库馆纂修官居,著有《鄂不草堂集》。⑥金淳执即金榜之子金应瑭。鲍桂星有诗题为《金淳执应瑭松月鸣琴图》⑦,吴定《翰林院修撰金先生墓志铭》载金榜有二子,长曰应瑭,太学生。金子彦即金杲之子金应城(文献记载多作"城")。王灼《诰封奉政大夫礼部仪制司主事金君行状》中记载,金应城为金杲次子,嘉庆辛酉拔贡生,官礼部仪制司主事,恩加一级。上述四诗有的写于王灼馆歙期间,有的写于王灼中举之后,都很好地记录了王灼与金氏家族晚辈交游情况、友谊深情及审美好尚。

---

① 〔清〕王灼撰:《悔生诗钞》,《清代诗文集汇编》第431册,第575页。
② 〔清〕鲍桂星撰:《觉生自订年谱》"丙午二十三岁",《清代诗文集汇编》第476册,第593页。
③ 〔清〕王灼撰:《悔生文集》,《清代诗文集汇编》第431册,第525页。
④ 〔清〕王灼撰:《悔生诗钞》,《清代诗文集汇编》第431册,第547页。
⑤ 〔清〕王灼撰:《悔生诗钞》,《清代诗文集汇编》第431册,第547、580、554、572页。
⑥ 道光《歙县志》卷八之二《人物志·宦绩》金应琦传附传,清道光八年(1828)刻本。
⑦ 〔清〕鲍桂星撰:《觉生诗钞》,《清代诗文集汇编》第476册,第343页。

乾隆五十二年秋，金云槐"督漕北上，卒于道"①，王灼写了《祭金观察文》。嘉庆二十二年八月，金昺卒，金家请求王灼写了《诰封奉政大夫礼部仪制司主事金君行状》。这也表明金家对王灼及其所传承桐城文章的推重。

三、张惠言、恽敬与金氏家族的交游

张惠言与恽敬是传衍桐城古文而开创阳湖派的关键人物，两人也与歙县金氏家族有密切的联系。

张惠言，字皋文，"生四年而孤，姜太孺人守志，家甚贫。皋文年十四，遂以童子教授里中。十七补县学附生，十九（乾隆四十四年）试高等补廪膳生"②。张惠言受知于金云槐，"歙金公云槐守常州，奇伯父（张惠言之侄张耀孙称张惠言）文。其弟奉直君昺延归课其子"③。张惠言初次馆于金家是从乾隆四十九年至乾隆五十一年乡试，历时三年。④嘉庆元年，张惠言与其弟张琦在葬母之后，举家迁歙，馆于金氏、江氏。⑤嘉庆四年中进士，入翰林，三年后卒于官。⑥

张惠言馆于金家，云槐弟金昺"延之训诲诸子，且为经营，迁其家于歙，俾无内顾之虑"⑦，为张惠言兄弟精心执教提供了生活保障。张惠言还拜金榜为师，两次馆于金家对张惠言来说也是"三年及门""再谒几席"，张惠言著述的《与金先生论保甲事例书》和《图仪礼》、《易义》都是在金榜指导下完成的。

---

① 〔清〕鲍桂星撰：《觉生自订年谱》"丁未二十四岁"，《清代诗文集汇编》第476册，第593页。
② 〔清〕恽敬撰：《张皋文墓志铭》，《恽敬集》，上海古籍出版社2013年版，第229页。
③ 〔清〕张曜孙撰：《先府君行述》，《续修四库全书》第1486册，上海古籍出版社2002年版，第204页。
④ 〔清〕恽敬撰：《张皋文墓志铭》，《恽敬集》，第229页。
⑤ 张惠言《祭金先生文》曰："丙辰（嘉庆元年1796）之春……割宅以居，推食以食。"《记江安甫所钞易说》又曰："余以嘉庆丙辰至歙，居江村江氏。"〔清〕张惠言著，黄立新校点：《茗柯文编》，上海古籍出版社2002年版，第161、120页。
⑥ 〔清〕张曜孙撰：《先府君行述》，张琦：《宛邻集》，《续修四库全书》第1486册，第204页。
⑦ 〔清〕王灼撰：《诰封奉政大夫礼部仪制司主事金君行状》，《悔生文集》，《清代诗文集汇编》第431册，第519页。

张惠言《文稿自序》曰:"余少学为时文,穷日夜力,屏他务,为之十余年,乃往往知其利病。其后好《文选》辞赋,为之又如为时文者三四年。"[①] 张惠言十四岁以童子教授乡里,如从此时开始学为时文,那么他第一次馆于金㮚家是乾隆四十九年,年二十三岁,由学为时文转为好《文选》辞赋等骈文,并在乾隆五十七年编选了《七十家赋钞》。这种好尚对其金氏弟子产生了影响。他的得意弟子金式玉的《竹邻遗稿》收文十一首,其中赋就占八首。嘉庆元年,他与弟张琦迁家馆于金㮚家,兴趣转入经学,"《图仪礼》十八卷、《易义》三十九卷亦成"。同时为适应金氏弟子填词喜好,他将一部分精力投入写词与传授填词技巧,编《词选》。张琦《重刻词选序》:"嘉庆二年,余与先兄皋文先生同馆歙金氏。金氏诸生好填词。先兄以为词虽小道,失其传且数百年,自宋之亡而正声绝,元之末而规矩隳,窔窔不辟,门户卒迷,乃与余校录唐宋词四十四家,凡一百十六首,为二卷。以示金生,金生刊之。而歙郑君善长复录同人词九家为一卷,附刊于后。"[②] 这里的金生是金㮚第三子金应珪,他主持刊刻了《词选》并作了刊刻《后序》。

张惠言馆于歙县金氏家族,结识了与金家保持密切交往的桐城古文传人王灼。张惠言《鄂不草堂图记》:"乾隆乙巳(五十年),余客岩镇,时园荒无人。尝以岁除之日,与桐城王悔生披篱而入,对语竟日。"[③] 记录了他与王灼游歙县岩镇先春园,"对语竟日"的密切交游场景。乾隆五十一年,张惠言与王灼同赴乡试,皆中举[④]。乾隆五十二年,两人进京参加会试,皆未中,同返歙县。王灼《送赵汸如还荆溪序》载:"余识汸如在戊申(乾隆五十三年)之三月。先是,张子皋闻与余游甚昵。皋闻家武进,于汸如为同乡,先后来馆于歙,汸如因介皋闻以交于余。自是旬月中必数相见,见则皋闻必先在,相与脱冠解衣,恣言剧谈,呼卢浮白,弹棋投壶,必各极其意以去……复

---

① 〔清〕张惠言著,黄立新校点:《茗柯文编》,第117—118页。
② 〔清〕张惠言选:《词选》,道光宛邻书屋刻本。
③ 〔清〕张惠言著,黄立新校点:《茗柯文编》,第74页。
④ 道光《续修桐城县志》卷七《选举表》,《中国地方志集成·安徽府县志辑》第12册,江苏古籍出版社1998年版,第370页。

与皋闻拟以八月四日为黄山之游，糗粮、装具、篮舆多已备，而前期五日，汸如家人以书来，趣归甚急……汸如归，黄山之游，惟余与皋闻两人耳。"①可见，张惠言与王灼在乾隆五十三年三月前后几月皆在歙县，且在交游中无拘无束，极尽欢愉，并做出了八月中秋游黄山的决定和准备。当年八月，两人游过黄山后再次进京，张惠言"考取景山宫官学教习"，王灼"之京师，沉滞五年，乃得归"。嘉庆二年，王灼署理祁门训导，因公干过歙县岩镇，写下了《予不至歙十年矣。丁巳（嘉庆二年）十月行役复至此，金理函舍人馆予别墅中凡七日。时皋闻翰风昆季亦在歙，日与纵谈豪饮，相得欢甚。将行，作此志别》②一诗。此时张惠言第二次馆于岩镇金氏家族，王灼在金云槐之子金应璜家别墅与张惠言兄弟"纵谈豪饮，相得欢甚"，可见其情谊之深厚。

张惠言与王灼交往密切，为刘大櫆古文文法传衍至常州渐成阳湖文派提供了契机。张惠言《文稿自序》："余友王悔生见余《黄山赋》而善之，劝余为古文，语余以所受其师刘海峰者。为之一二年，稍稍得规矩。"③也许王灼看过张惠言的《游黄山赋》，称赏其文采，劝他写作古文，并向他传授了刘大櫆的古文义法。张惠言欣然接受了王的劝告，改以古文义法写作文章，并形成了自己独特的古文思想。王灼《答吴仲伦书》曰："武进张子皋文，尝以吾乡古文之传，其绪未绝，屡问其义法于仆。今足下与皋文游，而肆力于此，其所为文既已得其门径，其去叫嚣横决、自逞其才以恐吓庸俗之耳目者远矣，由是中道而趋以渐进于古人，夫岂可量也哉！"④在王灼看来，张惠言是主动接受桐城古文义法的，是桐城古文之传未绝其绪的文学成就所引发的学术行动，与张惠言所谓王灼劝其为古文说并不矛盾。王灼鼓励吴德旋协助张惠言推进古文写作，由桐城派传衍的另一古文支派阳湖派逐渐形成。

恽敬，字子居，阳湖人，乾隆四十八年举人。五十二年充咸安宫官学教

---

① 〔清〕王灼撰：《悔生文集》，《清代诗文集汇编》第431册，第478页。
② 〔清〕王灼撰：《悔生诗钞》，《清代诗文集汇编》第431册，第537—538页。
③ 〔清〕张惠言著，黄立新校点：《茗柯文编》，第117页。
④ 〔清〕王灼撰：《悔生文集》，《清代诗文集汇编》第431册，第463—464页。

习,"时同州庄述祖珍艺、庄献可大久、张惠言皋文,海盐陈石麟子穆,桐城王灼悔生先后集京师,先生与之为友,商榷经义古文,而尤所爱重者皋文也。"五十五年,期满引见,以知县用,曾任富阳知县、平阴知县、南昌府吴城同知等。嘉庆七年,张惠言卒于官,恽敬慨然曰:"古文自元明以来,渐失其传。吾向所以不多作古文者,有皋文在也。今皋文死,吾当并力为之。"①

从恽敬的生平履历看,他很少有机会与歙县金家往来,金家为何请他为进士金式玉作《翰林院庶吉士金君华表铭》?这还得从这篇文章中去解读相关信息。恽敬此文曰:"君讳式玉,字朗甫,姓金氏,世为歙人。……君以国子监生应嘉庆五年顺天乡试中式,考取景山宫官学教习。明年会试中式,殿试赐进士出身,改庶吉士。是年六月三日卒,年二十有八。配黄氏,子二:长让恩,县学生;次书恩。……君美风仪,善谈咏。其学悉宗本师张惠言皋文。君之子书恩,为敬弟敷之子婿。敬久交于皋文及君,于养泉、檠斋两先生皆有渊源之谊。今过君之里而君之卒十五年矣。"②其中有几点值得注意。

其一,恽敬说他久交于张惠言与金式玉。前面说过,张惠言与王灼于乾隆五十三年八月以后离开歙县入京,王灼"沉滞五年乃得归",张惠言任"景山宫官学教习",直到嘉庆元年回到歙县。乾隆五十二年到乾隆五十九年,恽敬正好也在京师。三人在京交游密切。而张惠言在京的这段时间,金式玉在十五岁至二十一岁之间,去京城交游的机会很多,故恽敬与金式玉的最初交往很有可能发生在这一时期。

其二,恽敬说他"于养泉、檠斋两先生,皆有渊源之谊"。"养泉、檠斋",分别是金云槐和金榜晚年的号。金云槐于乾隆四十七年出任常州知府,恽敬是阳湖人,属常州管辖,并于乾隆四十八年参与乡试中举,或曾引起过金云槐的关注。恽敬说他与金云槐有渊源之谊或指此。张惠言曾拜金榜为师,王灼与金榜皆师从刘大櫆学古文,张、王一定会把金榜的学问与师承介绍给好友恽敬,所以恽敬说他与金榜有渊源之谊也不是空穴来风。

---

① 〔清〕吴德旋:《恽子居先生行状》,〔清〕恽敬撰:《恽敬集》,第648—652页。
② 〔清〕恽敬撰:《恽敬集》,第464—465页。

其三，恽敬说他是在金式玉死后十五年来到歙县金家的，且金式玉次子金书恩又是恽敬弟恽敷的女婿。恽敬《大云山房文稿二集自序》："二十一年，自赣往歙，武进董士锡晋卿复为排次，增定十篇。""二十一年二月，至赣州。六月，至歙。得文十首：……《朝议大夫董君华表铭》《翰林院庶吉士金君华表铭》。"据此，恽敬是嘉庆二十一年六月到歙县的。他访问了金家，为金式玉写了华表铭，距金式玉去世十五年。恽敬来歙县的目的没有明确的记载。道光《歙县志》卷二："山长，旧《职官志》所不列，姓名已轶。今登其可纪者。"所列山长姓名中就有恽敬，并注曰："古紫阳山长。"说明恽敬此次到歙县是来就任古紫阳书院山长的。王赓言《箦山堂诗钞》卷十五《哭恽子居敬》诗曰："忆昨过常郡，君还送我行。"自注曰："余八月廿三舟过常州，子居甫自皖回家，亲来探访。时余舟已发，留柬于从舟而去。甫隔五日，即归道山。"可见，恽敬在歙县担任山长一年多，才回到常州家中，并突然去世。在歙县一年多的时间里，恽敬已是传衍桐城古文的重要代表人物，并担任古紫阳书院的山长，自然也会引起金氏家族的关注。在与金家的交往中，他或许看好故友金式玉的次子金书恩，并将侄女许配于书恩。

以上三点弄清楚了，恽敬与金氏家族的交游情况也就很好地呈现出来。至于请求恽敬写作《翰林院庶吉士金君华表铭》一文，是金家一贯精心挑选家传类文章写手的结果，也是对恽敬古文写作声名的一种彰显。

四、桐城派的传播与金氏家族史的书写

以上对桐城派代表人物及其传承者与金氏家族关系的梳理，揭示了许多重要的学术细节，可弥补一些新编年谱、学术编年资料的缺失。在此基础上，还有必要进一步发掘这种关系的学术价值和意义。

首先，乾嘉时期快速崛起的歙县金氏家族特别推重刘大櫆古文，器重桐城古文的传承者，并以新兴贵显大族的实力吸附着文人学士讲学习文，俨然成为早期桐城派古文传播的中心。

刘大櫆是桐城派古文的代表人物之一。他二十九岁学成入京,得到了方苞的奖誉。他边课徒、游幕,边应科举,直到乾隆二十五年官黟县教谕。徽州十二年和告老枞阳里居的八年,是刘大櫆诗文创作的高峰期和古文理论的成熟期,今存诗文集中的2/5[①]作品写于此时,《论文偶记》成书于此时,传承其古文义法的高弟子也成长于此时。也许出于历史的巧合,迁居歙县岩镇的金氏家族以金茂宣为第一代,通过经商发家致富;第二代金长溥考中进士;第三代金云槐、金榜先后中进士,金榜还是状元及第;第四代金式玉中进士,金应琦官至巡抚,金应城为礼部仪制司主事,皆达到封荫父祖的级别。[②]这个家族在贵显的三代中有一个奇特之处,第一代进士金长溥乾隆十三年进士,乾隆十九年辞官归田,直到乾隆四十三年卒;第二代进士金榜乾隆三十七年进士,乾隆四十三年因父丧归,不复出官,嘉庆六年去世。两位进士前后相接,里居著述,广交文人学士,长达半个世纪之久,奠定了这个家族的文化交流中心地位。以刘大櫆为代表的桐城古文与古文义法就在这个中心得到有力传播。

　　金氏家族高度认同刘大櫆的古文观念,推重以刘大櫆为代表的古文写作,通过各种途径传播桐城古文。金长溥倡修县志,推举刘大櫆任修纂,桐城古文得到彰显。他让自己的儿子金榜师事大櫆,意在以桐城古文助力其文章写作。金家第二代进士金榜延聘了刘大櫆高弟子吴定担任家塾老师,并与刘大櫆另一大弟子王灼保持密切交往。三位同门之友经常切磋学术文章,不期而然地形成了桐城文章及其义法交流传播的浓浓氛围。鲍桂星馆于金家,师从吴定,接受了极为严格的桐城文法的训练,"得窥词章门径"。张惠言馆于金氏,师从金榜研究礼学,虽只提到王灼对其改习古文的影响,但与金家传习古文的氛围是分不开的。后来鲍桂星和张惠言皆成进士,以各自的方式传播桐城古文。鲍桂星长期从事清国史的纂修[③],刘大櫆与吴定

---

① 吴孟复:《刘海峰简谱》,《刘大櫆集》,第620页。
② 道光《歙县志》卷七之七《选举志·封荫》,清道光八年(1828)刻本。
③ 鲍桂星撰:《觉生自订年谱》,《清代诗文集汇编》第476册,第595—596页。

首批入选《国史文苑传》①，与鲍桂星似有很大关系。张惠言在馆于金氏期间接受桐城刘大櫆的文法，改习古文，并与恽敬等"商榷经义古文"，渐渐形成了新的古文支派——阳湖派。

金氏家族十分重视其家传类文章的写作，他们不因家族内有进士举人而自为之，而是精心选择和等待合适的作者。现存的金氏家传类文章，几乎都是请托桐城派文人写的。刘大櫆为金长溥祖母许氏、金长溥之父金茂宣、金长溥之兄和金长溥写了《金节母传》、《金府君墓表》、《乡饮宾金君传》、《金复堂先生八十寿序》；吴定为金榜写了《翰林院修撰金先生墓志铭》，王灼为金榜之弟金杲和金榜之兄金云槐写了《诰封奉政大夫礼部仪制司主事金君行状》、《祭金观察文》，张惠言为金榜写了《祭金先生文》，恽敬为金式玉写了《翰林院庶吉士金君华表铭》。特别是刘大櫆一人写了四篇，在当时极其罕见。这充分说明金氏家族对桐城派古文的极度推崇，也是桐城派古文得到有效传播的重要途径。

其次，桐城派作家应金氏家族请求而写的传状类文章以及与金氏家族相关的诗文成为记录其家族发展线索、展示其精神风貌的金氏家族史。

歙县岩镇金氏家族是一个快速崛起为三代四进士一巡抚的显贵家族，然留下来的历史遗迹和文化印记不是很多。家族的第一个进士金长溥所修家谱和诗文著作不知下落，金榜与金式玉虽有作品流传，但也只有《礼笺》三卷和《竹邻遗稿》二卷等少量作品。乾隆、道光和民国《歙县志》虽记录这个家族13位代表人物，但总体看来记叙较为简略，有的甚至难以单独判定是否为金氏家族人物。然而在以刘大櫆为代表的桐城派作家，详细记录了这个家族的历史。

一是在九篇传状类文章中，清晰展示了家族的发展脉络。如刘大櫆《金府君墓表》："金氏之先有兄弟三人，自杭州西市迁歙西之呈坎，而其季弟曰子实。自子实历二十二世至华峰，复自呈坎迁郡城万年桥南。又六世

---

① 据鲍桂星《紫石泉山房诗钞》跋，他于嘉庆十五年庚午刊刻其师吴定《紫石泉山房文集》、《紫石泉山房诗钞》。文集开篇就是《国史文苑传·吴定传》，并以小字注曰："原附《刘大櫆传》后。"

而府君之父五聚自桥南迁歙北赵村。府君乃自赵村更迁岩镇。"《乡饮宾金君传》开头也有类似的叙述。"府君之父五聚自桥南迁歙北赵村"在刘大櫆《金氏节母传》《金复堂先生八十寿序》中通过插叙进行了补充:"先是五聚之父文启早世,遗孤五聚才五岁,不能自存,乃从王母冒叶姓而同居于叶。""金氏自先生之祖随其母适赵村为叶氏,而本宗乏祀。"将金氏一度孤危不能自存,只得随母改嫁叶氏而改姓寄居的衰败与后来贵显盛况形成鲜明对比,使其发展脉络更加凸显。刘大櫆《金府君墓表》一文,将迁居岩镇的金氏始祖金茂先(公著)的子辈三人和孙辈七人按年龄一一交代姓名履历,曾孙辈虽不交代姓名履历,也点出了十五人的总数,为考察金氏家族成员搭建了一个总体框架。吴定《翰林院修撰金先生墓志铭》列出金榜的二子四孙一曾孙姓名,王灼《诰封奉政大夫礼部仪制司主事金君行状》交代了金昊七子的姓名履历,为考察金氏家族的晚辈发展情况提供了线索。此外,鲍桂星诗集中也有不少与金氏家族人物相关的作品,为全面了解金氏家族人物保存了不少资料。

二是传状类文章和与金氏家族有关的诗文也很好地展示了金氏家族的精神风貌。《金节母传》以一些生动感人的细节表现和称颂许太恭人当金氏改姓绝祀之际,历尽千辛万苦,守节育孤,使金氏家族坠而复兴的功德;《金府君墓表》、《乡饮宾金君传》则展示了金茂宣、金长洪父子以孝友立家、感恩待人、精敏经商发家、延师课子兴学的儒商精神;《金复堂先生八十寿序》主要叙写金长溥诗文创作的审美追求,通过发愤读书中进士以实现复姓归宗大志宏愿的豪杰之举,一登仕籍即辞官归里、徜徉山水的高情逸韵;《翰林院修撰金先生墓志铭》主要表现金榜少负伟志,转益多师,状元及第,浩然勇退,淡泊名利,潜心治学的精神;《诰封奉政大夫礼部仪制司主事金君行状》主要写金昊养亲不出,友于兄弟,重义轻财,礼敬文士的"热肠"品格。吴定、王灼、张惠言的一些诗文作品也与金家相关,展现了金家人物的志趣品格。

总之,乾隆时期兴盛的歙县金氏家族及其历史因桐城古文的书写而穿越地域时空至于不朽,桐城古文因金氏家族这个徽州文化交流中心的推崇得以广泛传播。探讨桐城派与歙县金氏家族的关系,对于研究桐城派的传播和徽商家族文化都是很有学术价值的。

(本文原载《安徽史学》2021年第2期)

沈德潜与桐城诗学

汪孔丰

沈德潜（1673—1769）是乾隆前期诗坛的盟主，其诗学向来被贴上"格调派"的标签，并得到多方面的深入研究。即便如此，沈德潜诗学因蕴含着丰富的阐释空间，现有研究仍难免存在一些盲区和薄弱区。其中，沈德潜诗学与桐城诗学之间的复杂关系，就是一个亟须深入探讨的论题。[①] 桐城诗学自明末清初以来，异军突起，声震坛坫，出现了"天下称能言诗莫桐城为最著"[②]的壮观局面。桐城诗学在演变过程中，不同程度地汲取和融汇了诗坛上流播的各种诗学思潮，尤与神韵说、格调说、性灵说等影响较大的诗学理论关联密切。鉴于学界对桐城诗学与神韵说、性灵说的关系已有一些探讨[③]，本文拟以格调说的倡导者沈德潜与桐城诗学之间的复杂关系为考察对象[④]，侧重探究他对桐城诗学的多重影响，并深入阐析两者的离合之处，以期进一步揭明沈德潜诗学的巨大影响力以及桐城诗学的复杂渊源，并在一定程度上展现清代诗学繁复交错的面相与实相。

---

① 仅见陈晓红《方东树诗学研究》（安徽大学出版社2013年版）第四章第二节"对格调诗学的批评"，史哲文、许总《论方东树对沈德潜诗论的继承与改造》（《学术界》2014年第2期）等涉及此问题。
② 〔清〕陈式：《亦园六集序》，姚孙棐：《亦园全集·六集》，《四库禁毁书丛刊》集部第86册，北京出版社1997年版，第628页。
③ 参见蒋寅：《姚鼐与王渔洋诗学的承传》，山东省古典文学学会、王渔洋文化研究保护中心编：《纪念王渔洋诞辰380周年全国学术研讨会论文集》，齐鲁书社2016年版，第1—8页；潘务正：《王士禛与桐城诗学》，《安徽大学学报》2015年第6期；潘务正：《姚鼐与袁枚诗学关系考论》，《安徽师范大学学报》2017年第4期。
④ 本文不用"格调说"概括沈德潜的诗学，因为它不足以囊括沈德潜的全部诗学思想（参见蒋寅：《沈德潜诗学的渊源、发展及命名》，《苏州大学学报》2016年第3期）。

一、别裁风雅:沈德潜选评桐城诗歌

沈德潜一生交游广泛,师友、门生遍天下。在他的交游圈中,桐城文士占有一定的比重和分量。他们当中有张廷璐、张廷玉、张若澄、张裕荦、方世举、方观承、姚孔鈵、刘大櫆等人,皆出自世家名门。沈德潜在与他们交往的过程中,对桐城诗歌有所编选和评点。对此,学界尚未予以足够重视。

(一)点定《咏花轩诗集》

《咏花轩诗集》是桐城张廷璐的诗集。张廷璐(1675—1745),字宝臣,号药斋,文华殿大学士兼礼部尚书张英第三子。康熙五十七年(1718)榜眼,授翰林院编修,官至礼部侍郎。《咏花轩诗集》是他任江苏学政期间,"属吴门沈君确士为点定之"[①]。

张廷璐让沈德潜点定其诗集,有多方面的原因。其一,两人有深厚的师生情谊。雍正七年(1729),张廷璐以詹事府詹事提督江苏学政。次年五月,他案临苏州,沈德潜"月课、岁试予名俱第一,进见,时蒙许文行并高"[②]。这是他俩的首次相见,对年近花甲的沈氏来说,意义非凡,他获得了张氏的赏识,由此科举蹭蹬之途柳暗花明,嗣后"四试并冠曹偶,试古学,冠两郡,荐博学鸿辞"[③]。其二,张廷璐欣赏并认可沈德潜的诗才。沈德潜早在诸生时期,就曾经学诗于叶燮,获赏于王士禛,诗名鹊起,超越流俗。或许基于此,张廷璐才会在雍正十一年(1733)八月,"命点勘诗稿作序,易称先生",这在沈氏看来,"盖异数也"[④]。尽管张氏年齿小沈德潜两岁,但身份、地位要远

---

① 〔清〕张廷璐:《咏花轩诗集》"自序",《清代诗文集汇编》第236册,上海古籍出版社2010年版,第526页。
② 〔清〕沈德潜编:《沈归愚自订年谱》,潘务正、李言编辑点校:《沈德潜诗文集》"附录二",人民文学出版社2011年版,第2111页。
③ 《归愚文钞》卷一八《通奉大夫礼部左侍郎张公暨配姚夫人合葬墓志铭》,《沈德潜诗文集》,第1435页。
④ 《沈归愚自订年谱》,《沈德潜诗文集》,第2113页。

高于沈氏,"易称先生"之举显示出他对沈氏诗才的认可与佩服。其三,两人论诗有契合之处。张廷璐出自桐城清河张氏,张家论诗多主张诗道性情,如张英在《芸圃诗序》、《潘木崖诗集序》、《南汀诗集序》等文中,多以"性情"或"性灵"评论他人诗作。张廷璐自幼秉承庭训,论诗亦强调"诗以道性情,发于其所不自知,而动于其所不容自己"①。这种重性情的诗学主张与沈德潜强调"诗贵性情"②的观点不谋而合。

沈德潜接受点勘重任后,对张廷璐的诗稿做了认真审读和细致汰选。张氏自称作诗直抒胸臆,"亦只自道其性情,初未尝计工拙也"。对此,沈氏将张氏"裒集丙子以后所存诗若干首","复汰其十之三四,而以其存者分为六卷"③。每卷古近体诗并存,共计六百三十六首,涉及赠别、怀人、咏史、怀古、行旅、题画、咏物、写景、应制等题材。

沈德潜还受张廷璐之托,为诗集撰写了序文。在文中,他称赞张廷璐诗作兼具台阁、山林之风,"大者固得《明堂》、《宝鼎》、《长扬》、《羽猎》之遗,即下及登临酬答,随物肖形,亦往往写难状之景,而言人情之所不能言,其志廉以达,其音和以舒,其气宽厚铉博而无急言竭论之态,金钟大镛、山泉松籁,时并奏于楮墨间……宜乎和平温厚,无意求工,而自不能不工也"④。这份评价表明:"和平温厚"不仅是张廷璐诗作的总体艺术风貌,也是沈德潜汰选诗作的审美标准。

总之,张廷璐让尚未发迹的沈德潜点定其诗并作序,不仅说明他赏识沈氏的诗才,也反映他认同沈氏的诗学思想。同样,于沈德潜而言,他点定诗集获益良多,不仅可以领略到朝廷台阁重臣诗作的思想取向与审美趣味,还能借助于显贵的张氏家族以便在更大的范围内传扬其声名。

---

① 《咏花轩诗集》"自序",《清代诗文集汇编》第236册,第526页。
② 〔清〕沈德潜撰,王宏林笺注:《说诗晬语笺注》卷上,人民文学出版社2013年版,第18页。
③ 《咏花轩诗集》"自序",《清代诗文集汇编》第236册,第526页。
④ 《咏花轩诗集》"沈德潜序",《清代诗文集汇编》第236册,第525页。

（二）评订《麻溪姚氏诗荟约选》

《麻溪姚氏诗荟约选》（以下简称《约选》）是沈德潜根据《麻溪姚氏诗荟》（以下简称《诗荟》）选订而成的。麻溪姚氏是桐城望族，自明代五世祖姚旭开始，靠科宦发迹，嗣后"名哲继踵，遂为世家"①。姚家世传诗书，姚显有《金凤楼集》，其子姚旭"狎主吟坛，允推鼻祖"②，有《菊潭集》，其后吟风不辍，代有诗集。编者不详的《诗荟》，就是专门收录明代麻溪姚氏文人诗作的家集，足觇姚家诗风之盛。沈德潜《麻溪姚氏诗荟约选原序》云："余操选政，既订有《明诗别裁》后，复得《麻溪姚氏诗荟》，集内自明洪武朝始，作者以年编诗。……吴兴人才代起，逐年成集，皆以诗纪年，以年编诗，实为明时年世考。卷虽浩繁，而集集堪为后学津梁。余爱莫能置，仅将诸名集中择其脍炙人口者，重加评释，遵姚氏丝、日、木、玉、希、虞、之、孙辈分编次，约有八卷，以成一家言，名曰《麻溪姚氏诗荟约选》。"③由此可知，《约选》是沈德潜在雍正十二年（1734）之后④，择选《诗荟》中脍炙人口之作重加评释编次而成的。此选"自明初迄明末，为诗都五百七十八首，作者凡六十六人"⑤。沈德潜称"集中古近体诸诗，清疏淡远，义蕴精深，超迈乎三唐而直造晋人之诣，有非浅尝所能窥其堂奥者"⑥，这道出了《约选》中诗作的审美风貌与艺术成就。

《约选》以人存诗，人附小传，诗作末端间或缀附沈德潜的简要评语。这些评语大致从以下层面论诗：其一，格律层面，如评姚显《张仲简粤归入社》"律细"（卷一，第1b页）；评姚旭《郑州怀古十咏》"十首格律纯清，是学养兼到之作"（卷二，第1b页），《征昌明蛮贼凯还而作》"格律沉雄，似初唐

---

① 〔清〕马其昶著，毛伯舟点注：《桐城耆旧传》卷一，黄山书社1990年版，第22页。
② 〔清〕潘江：《龙眠风雅》"发凡十六则"，《四库禁毁书丛刊》（集部第98册），第8页。
③ 〔清〕沈德潜编选：《麻溪姚氏诗荟约选》卷首，民国二十六年（1937）石印本，第1a—1b页。
④ 《明诗别裁集》成于雍正十二年，《约选》编订应在是年之后。需要指出的是，《明诗别裁集》未收麻溪姚氏诗人，大概与沈氏迟见《诗荟》有关。至于他从何处得到《诗荟》，因材料阙如，难以考知。
⑤ 《麻溪姚氏诗荟约选》"目次"姚有则识语，第5a页。
⑥ 《麻溪姚氏诗荟约选》卷首"原序"，第1b页。后文所引，皆为此书，不另加注。

佳作"（卷二，第5a页），等等。其二，襟抱层面，如评姚旭《秋怀》"如见怀抱"（卷二，第6b页），评姚琢《晓岚书舍落成》"好襟期"（卷四，第1a页），等等。其三，性情层面，如评姚显《旭儿捷南宫》"情真语挚，悲喜交深"（卷一，第3b页），评姚珂《示儿》"情真"（卷四，第4b页），等等。其四，师法层面，如评姚旻《过山家》"剑南诗境"（卷二，第7b页），评姚希颜《咏秋村八课》中《酿酒》"似香山"（卷五，第2b页）、《捕蜇》"剑南佳句"（第3a页）、《除架》"剑南不过如此"（第3a页），《桐川杂兴》"疏旷之笔，新颖之思，合香山、剑南而成一家数"（第9a页），等等。其五，风格层面，如评姚显《闲居》"沉雄"（卷一，第2b页），评姚昭《山行》"雅饬幽隽"（卷二，第6b页），评姚楫《谷口》"流逸"（卷三，第5a页），评姚孙桐《游观音岩》"雅切"（卷八，第23b页），等等。

上述评语，在一定程度上反映了沈德潜的诗学倾向。他从五个层面评论麻溪姚氏诗作，这与其尊格调、倡襟抱、崇性情、重师法等论诗宗旨较为吻合。此外，他评诗屡屡标举"香山""剑南"，说明他熟悉白居易、陆游二人的诗歌风格，同时也反映出他亲近中唐诗及宋诗的态度。

（三）《国朝诗别裁集》选录桐城诗歌

沈德潜《国朝诗别裁集》是一部评选"当代"诗歌的总集，"共得九百九十六人，诗三千九百五十二首"[①]。此集创始于乾隆十年（1745），历经十四载，告成于乾隆二十三年（1758），其间多有增删、改正。相较于沈德潜的《明诗别裁集》而言[②]，《国朝诗别裁集》收录桐城诗人较多，他们皆出自世家望族。其中桂林方氏诗人最多，有方拱乾、方兆及、方膏茂、方登峄、方式济、方正瑗、方贞观、方维仪等八人；清河张氏有张英、张廷璐、张廷玉、张若需、张令仪等五人；麻溪姚氏有姚文焱、姚士陛、姚湘等三人；仓基孙氏有孙中岳、孙元衡等两人；扶风马氏、麻溪吴氏各有一人。尽管还有如方世

---

① 〔清〕沈德潜编，李克和等校点：《清诗别裁集》"原序"，岳麓书社1998年版，第1页。
② 《明诗别裁集》仅收方以智诗一首、方文诗一首、方维仪诗三首。

举①、方中履、姚文燮、姚士藟等驰名诗坛者未被收录，但沈德潜的择选，大体上仍符合清初桐城诗坛的实际情况。

沈德潜辑选桐城的诗人诗作，大多缀附长短不一的评语，主要出现在两种位置：

其一，诗人小传部分。在一些小传中，他指出诗人的诗学主张、创作渊源、作品特色等情况。如论方拱乾："宫詹寝食少陵，评点杜诗，分授学者，谓诗必从杜入，方有真性情；修饰辞华，不能登大雅之堂也。今读其诗，一如论诗之旨。"②沈德潜在所选桐城诗人中，尤为致意方拱乾，辑录其诗多达十四首。方拱乾自谓"终身百拜少陵下矣"③，晚年尝手批《杜诗论文》，"章法、句法、字法皆有指授"④。而沈德潜亦推尊杜甫，称"杜诗别于诸家，在包络一切"⑤，并有《杜诗偶评》。基于两人都尊崇并效法杜诗，且方拱乾在穷老之年颠沛流离于白山黑水之间，其身世遭际颇似杜甫，其诗歌创作颇具少陵精神，故沈德潜评论方拱乾时，心有戚戚，不仅特意指出方氏学杜、评杜的情况，还专门拈出其论诗之旨以及它在创作中被遵循的情况。

其二，诗后评语部分。这些评语内容大多着眼于思想层面，体现出沈德潜推尊"温柔敦厚"的诗教理念。如评张英《拟古田家诗》三首，曰："感风雨恩，忘宠辱念，寻常田父有此襟抱焉？题云《拟古田家诗》，公之寄托，盖在陶处士一流人矣。"⑥点出诗作表现了作者淡泊冲和的襟抱和情怀。此外，沈德潜偶或从艺术层面来揭示诗句的创作技巧。如评马朴臣《秦淮水阁醉题》中颔联"月影分明三李白，水光荡漾百东坡"，曰："三李白，百东坡，此

---

① 沈德潜因称赏方世举之诗，故在其初编《国朝诗别裁集》时，选录方诗，方世举寄书止之，并有诗云："天下声名须后定，故人嗜好恐阿私。"(方世举：《沈归愚宗伯方选今诗，闻以余入，放言有作，寄而止之》，《春及堂四集》，《四库未收书辑刊》第10辑第26册，北京出版社1997年版，第718页) 后来，沈德潜重订《国朝诗别裁集》，不再收录方诗。
② 《清诗别裁集》卷一，第8页。
③ 〔清〕方拱乾著：《何陋居集》"自序"，黑龙江大学出版社2010年版，第4页。
④ 〔清〕方世举撰：《兰丛诗话》，郭绍虞编选，富寿荪校点：《清诗话续编》第2册，上海古籍出版社1983年版，第772页。
⑤ 〔清〕沈德潜撰，王宏林笺注：《说诗晬语笺注》卷下，第404页。
⑥ 《清诗别裁集》卷九，上册，第256页。

种对偶,何减元遗山'秋风客''春梦婆'句。"①点出此诗属对精工高妙,不逊于元好问。

沈德潜《国朝诗别裁集》选录桐城文人的诗作,不仅契合了他所谓"诗必原本性情,关乎人伦日用及古今成败兴坏之故者"②的诗学理念,还反映出他对桐城诗坛的关注,这也表明桐城诗坛在清前中期已占据重要的一席之地。

总的来看,沈德潜在诗坛操持选政、别裁风雅数十年,或点勘诗集,或编订选本。其间,桐城文人的诗作也进入他的视野,得其编选和评定。他在选评桐城诗作的过程中,或多或少地透露出个人的审美理想和选诗旨趣,主要表现在:强调诗本性情;倡导温柔敦厚之教;注重格律音调;宗法唐宋,尤尊杜诗,等等。它们或隐或显的存在,一方面折射出桐城诗歌的思想内涵和艺术特色,另一方面也彰显了沈德潜诗学的影响力。

二、他山之石:桐城文人对沈德潜诗学的吸纳

沈德潜早岁即以诗鸣,又因暮年登科,以诗得宠于乾隆,承恩稠叠,诗名益加显著。尤其是他归老山林后,"主盟风雅,十余年间,四方人士望走其门,天下以为巨人长德、景星庆云"③。因而,他的诗学思想,无论是在生前还是身后,都得到不少人的服膺。以刘大櫆、方东树等为代表的桐城文人,也不例外。

(一)刘大櫆对沈德潜评点的接受

刘大櫆与沈德潜之间存在多年交谊,十分尊崇沈氏。刘大櫆尝作《饯别沈归愚少宗伯归里》,诗云:"峥嵘一代隐侯才,晚节声名动上台。故旧十年

---

① 《清诗别裁集》卷二七,下册,第837页。
② 《清诗别裁集》"凡例",上册,第2页。
③ 〔清〕郭麐撰:《灵芬馆诗话》卷三,《续修四库全书》第1705册,上海古籍出版社2002年版,第357页。

劳记忆，风云千里共低徊。蔡邕倒屣群贤接，王粲登楼好句来。惟有青衫最憔悴，也随冠盖坐衔杯。"①由颔联第三句，可知刘、沈二人相识已久。刘大櫆在众宾朋饯别沈氏之际，虽然难掩自己落魄憔悴的心绪，但也流露出对沈氏"晚节声名"的钦慕之情。这种情感在刘大櫆《曹氏诗序》中也有体现，他自谓尝见沈德潜所编《七子诗选》，并称扬"宗伯以诗名海内，其持论颇严"②。沈德潜在《七子诗选序》中说："予惟诗之为道，古今作者不一，然揽其大端，始则审宗旨，继则标风格，终则辨神韵，如是焉而已。"③沈氏的"诗之为道"，刘大櫆应当有所了解。

事实上，刘大櫆早在雍正五年（1727），"亦曾以诗请沈德潜评定"④。上海图书馆藏《刘海峰小称集》，就是一部存有沈德潜评点的五言古诗残抄本。此集内有批语和圈点。批语有眉批、尾批之别，分朱笔和墨笔；圈点方面，朱笔有空心单圈、顿点两种，墨笔亦有空心单圈、实心圆点两种。朱笔内容系沈德潜所为，墨笔则不详。沈德潜的批语，或评论部分诗句，或总论全篇，所论简要精到，一定程度上表现了他重襟抱、讲章法、倡诗教的诗学批评思想。⑤

刘大櫆曾经根据沈德潜批评《小称集》的意见，对诗歌文本有所修改和完善，这表现出他对沈德潜诗学观念的接受与吸收。以抄本中五言古诗《归思》为例："幽燕寒事早，雨雪已霏霏。游子感物候，沉忧结心脾。越鸟既南巢，代马亦北嘶。孰云人最智？而乃长不归！我家古舒国，薄田惟数圻。农人有世业，所赖在耘籽。别来倏三载，谁为把锄犁。禾膡及麦垄，芜秽久不治。瓜蔓讵能长，豆苗应更稀。今年复苦旱，八口共啼饥。遥遥望乡井，涕下不胜挥。"沈德潜在第八句"而乃长不归"后有朱批云："起两行尤具古意，只此便更觉隽永。"⑥"只此"一句，突显了沈德潜独特的诗学眼光。

---

① 〔清〕刘大櫆著，吴孟复校点：《刘大櫆集》卷一五，上海古籍出版社1990年版，第550页。
② 〔清〕刘大櫆著，吴孟复校点：《刘大櫆集》卷三，第91页。
③ 《沈德潜诗文集·归愚文钞》卷一四，第1360页。
④ 吴孟复：《刘海峰简谱》，《刘大櫆集》"附录"，第617页。
⑤ 参见拙文《三种稀见刘大櫆〈小称集〉及其文献价值》，《文学遗产》2018年第4期；拙文《上海图书馆藏抄本〈刘海峰小称集〉补论》，《桐城派研究》（第21辑），合肥工业大学出版社2019年版。
⑥ 〔清〕刘大櫆撰：《刘海峰小称集》卷三，上海图书馆藏抄本，第1a页。

因为前八句已经通过写物候变化表露了游子思归之念,中间十二句("我家古舒国"至"八口共啼饥")通过叙说家乡亲人的艰难生计,意在进一步落实"归思"的具体内涵。这种实写虽然有助于凸显诗旨,但也削弱了诗艺的虚想空间。沈德潜说:"五言古长篇,难于铺叙,铺叙中有峰峦起伏,则长而不漫;短篇难于收敛,收敛中能含蕴无穷,则短而不促。又长篇必伦次整齐,起结完备,方为合格;短篇超然而起,悠然而止,不必另缀起结。苟反其位,两者俱偾。"①由此看来,《归思》这首诗无论是从篇幅,还是从铺叙、结构等方面来看,都更适合作短篇。若删掉中间十二句,就更能凸显诗意的自然连贯和诗味的含蓄隽永。后来,刘大櫆虚心接受了沈德潜的批评意见,对这首诗做了删减,刻本中《归思》一诗没有了"而乃长不归"后的十二句,仅仅保留了末尾两句②。以"涕下不胜挥"句收敛全篇,确实做到了"悠然而止","含蕴无穷"。

概而言之,沈德潜评点《刘海峰小称集》,将自家诗学思想贯穿并呈现于文本批评之中,这也激发了刘大櫆对沈氏诗学批评的思考。他虚心接受批评意见,并贯彻落实到诗歌文本修订过程中。桐城诗学就是在与他者诗学的对话和沟通中走向丰富与系统。到了道光年间,方东树在《昭昧詹言》中征引沈德潜诗说,又是一个显例。

(二)《昭昧詹言》对沈德潜诗说的择取

《昭昧詹言》是方东树晚年编撰的一部诗学专著,集中体现了桐城派的诗学思想。该书卷二一《附论诸家诗话》中,"采自《说诗晬语》者有六十余条,几占全卷的四分之一"③。《说诗晬语》是沈德潜的论诗专著,集中体现了他丰富渊深的诗学思想。方东树择取《说诗晬语》,表明他认可沈德潜诗学的一些观点。

---

① 〔清〕沈德潜撰,王宏林笺注:《说诗晬语笺注》卷上,第97—98页。
② 参见刘大櫆撰:《海峰诗集》卷二,清缥碧轩刻本,第22a页。
③ 〔清〕方东树著,汪绍楹校点:《校点后记》,《昭昧詹言》,人民文学出版社1961年版,第541页。

通过比照可知,《昭昧詹言》卷二一征引《说诗晬语》的方式,绝大多数是原封不动地征引单则原文①。例如"一五一"则论"起手贵突兀",采自《说诗晬语》卷上"九八"则;"一七九"则论"怀古必切时地",采自《说诗晬语》卷下"四三"则,等等。此外,还有一种非常少见的征引方式,即有选择地拼接多则原文。如"一七一"则:

  永乐以还,崇台阁体,诸大老倡之,众人应之,相习成风,靡然不觉。李宾之(东阳)力挽颓澜,李(梦阳)、何(大复)继之,诗道复归于正。李献吉雄浑悲壮,鼓荡飞扬,何仲默秀朗俊逸,回翔驰骤,同是宪章少陵,而所造各异,駸駸乎三代之盛矣。钱牧斋信口掎摭,诮其摹拟剽贼,同于婴儿学语,至谓"读书种子,从此断绝",此为门户起见,后人勿矮人看场可也。按两人学少陵,实有过于求肖处;录其所长,揩其所短,庶足服北地、信阳之心。王元美天分既高,学殖亦富,自珊瑚木难及牛溲马勃无不有,乐府古体卓尔成家,七言近体亦规矩大方,而锻炼未纯,且多酬应牵率之态。李于鳞拟古诗,临摹已甚,尺寸不离,固足招诋諆之口;而七言近体,高华矜贵,脱去凡庸,正使金沙并见,自足名家。过于回护,与过于掊击,皆偏私之见耳。(《昭昧詹言》卷二一,第516—517页)

这是将《说诗晬语》卷下内三则诗话内容合并、编辑而成的,依次是"二〇"则"永乐以还……"、"二一"则"李献吉雄浑悲壮……"、"二五"则"王元美天分既高……"。文字虽有微异,但意思不变,即总论明代诗坛自永乐以还由台阁体至李东阳、前后七子相继递变的态势,以及前后七子诗歌创作的长处与短处。总而言之,无论采用哪种方式征引,都表现出方东树对沈德潜诗学的吸纳与接受。

  方东树大量择取《说诗晬语》,实则渊源有自。有学者指出,方东树

---

① 陈晓红著:《方东树诗学研究》,第176页。

对沈德潜的诗论有所继承,主要表现在:尊崇唐诗,容纳苏轼、陆游等人诗作;强调性情贵真立诚;注重格律声响①。这些看法确有道理,但仍有可补之处。在笔者看来,方、沈二人对诗歌功用都有着相同的认识,这种思想共鸣应是方氏择采《说诗晬语》的关键原因。沈德潜强调:"诗之为道,可以理性情、善伦物、感鬼神、设教邦国、应对诸侯,用如此其重也。"②又谓:"诗之为道,不外孔子教小子教伯鱼数言,而其立言,一归于温柔敦厚,无古今一也。"③显然,他主张诗道应该坚持温柔敦厚的儒家诗教立场,要有用于社会政治。这种儒家正统的诗道观念,也契合程朱信徒方东树的诗学旨趣。方氏认为:"夫论诗之教,以兴、观、群、怨为用。"④他在《徐荔庵诗集序》中亦强调"诗以言志",所谓"志"就是"无邪之旨、兴观群怨之教"⑤。可见,方东树也站在儒家诗学的政教立场上,强调诗要不悖于兴观群怨之旨,表现出鲜明的艺术功利主义色彩。

需要指出的是,《说诗晬语》中还有不少条目未被《昭昧詹言》择取,不能忽视,其中有些颇能反映方、沈二人的诗学分歧,比如他们对黄庭坚诗歌的评价:沈认为山谷诗太生硬,"学杜而未哜其炙者"⑥;方认为"山谷之学杜,绝去形摹,尽洗面目,全在作用。意匠经营,善学得体,古今一人而已"⑦。二者评价一贬一褒,相差甚大。

此外,《昭昧詹言》偶尔择录沈德潜《唐诗别裁集》中的评语,并予以论议。《昭昧詹言》中评李峤《奉和初春幸太平公主南庄应制》诗曰:"沈确士云:'初唐应制,多谀美之词。况当武后、中宗朝,又天下秽浊时也。众手雷同,有颂无规。'可谓的论。又曰:'唐初事多而寡用之,情多而简出之。特每篇结句不无浅率之弊,为风气所关耳。'此亦不易之论也。学者当去短取

---

① 史哲文、许总:《论方东树对沈德潜诗论的继承与改造》,《学术界》2014年第2期。
② 〔清〕沈德潜撰,王宏林笺注:《说诗晬语笺注》卷上,第1页。
③ 《清诗别裁集》"凡例",上册,第2页。
④ 〔清〕方东树著,汪绍楹校点:《昭昧詹言》卷一,第1页。
⑤ 〔清〕方东树撰:《考槃集文录》卷三,《续修四库全书》第1497册,第291页。
⑥ 〔清〕沈德潜撰,王宏林笺注:《说诗晬语笺注》卷下,第281页。
⑦ 〔清〕方东树著,汪绍楹笺注:《昭昧詹言》卷二〇,第450页。

长。"①这两段话皆出自《唐诗别裁集》卷一三"七言律诗",前者评李邕《奉和初春幸太平公主南庄应制》,后者评沈佺期《奉和立春游苑迎春》②。综合考察这些评语,沈德潜认为初唐七律应制诗,在内容上存在众手雷同、有颂无规之病;在艺术上存在着结句浅率之弊。他的评断,得到方东树的肯定与赞赏,谓之为"的论"或"不易之论"。不过,方氏《昭昧詹言》对《唐诗别裁集》总体评价并不高,称此书"取择既陋,持论更伧,其去三家村不远。然其语亦有可采者,须分别观之,未可没也"③。

综上所述,刘大櫆请沈德潜评点《小称集》,并虚心接受其批评意见;后起的方东树也吸纳了沈德潜《说诗晬语》中的一些论诗之语,并且融入《昭昧詹言》。这些情况,不仅反映出沈德潜诗学具有较强的影响力和辐射力,同时也表现了桐城诗学具有较强的开放性和包容性。由此,双方存在着复杂的离合情况,也就在情理之中了。

三、同调异趋:沈德潜诗学与桐城诗学的离合

学界对桐城派与格调派之间的暗合关系,已有初步认识。浦江清说:"桐城派古文与沈德潜格调派实为一事。"④这是针对两派都主张文学要发挥政教作用来说的。汪绍楹也说:"'桐城文派'论诗,是与'格调'派相呼应的。"⑤这是针对两派论诗有一些相通之处来说的。然而,他们点到为止,并未深入探讨两者之间除了有相异之处外,还在哪些方面存在着相通之处。由于沈德潜的诗学体系,建立在性情、格调、神韵三端基础之上,故而它与桐城诗学的离合问题,可由这三个方面展开探讨。

---

① 〔清〕方东树著,汪绍楹校点:《昭昧詹言》卷一五,第385页。
② 参见沈德潜选编,李克和等校点:《唐诗别裁集》卷一三,岳麓书社1998年版,第295、292页。
③ 〔清〕方东树著,汪绍楹校点:《昭昧詹言》卷一五,第385页。
④ 浦江清,浦汉明、彭书麟整理:《中国文学史稿·明清卷》,北京出版社2018年版,第228页。
⑤ 〔清〕方东树著,汪绍楹校点:《校点后记》,《昭昧詹言》,第541页。

（一）性情与性灵

明清之际，儒家诗学传统在长久失落之后开始出现复归的迹象，"诗言志""兴观群怨""发乎情止乎礼义"等古老的儒家诗学话语，"都被他们作为诗学的核心命题，反复加以引据和论证，予以切合当下语境的阐说和发挥"①。这种诗坛思潮的新动向，也波及沈德潜和桐城文人的诗学观念。他们论诗皆重性情，然各有偏重，趋向有别。

沈德潜论诗首重审宗旨，"窃谓宗旨者，原乎性情者也"②。他所说的"性情"，是一种有关儒家伦理道德的公共情感，体现的是儒家诗教宗旨和诗道风雅，无关乎有违儒家诗教的个人私情。有学者指出，"在沈德潜的论诗程序中，对宗旨的考察优先于对格调、神韵的辨析"③。这意味着，沈氏论诗优先考虑性情，并将诗作的政治伦理价值放在艺术审美价值之上。

沈德潜论诗尽管屡屡强调"性情"，但还有重视"性灵"的一面④。沈德潜评诗时，常用"性灵"一词，如评李流芳诗"虽渐染习气，而风骨自高，不能掩其真性灵也"⑤，评汪琬诗"浚发性灵，不染公安、竟陵之习，群称正宗"⑥，评本朝馆阁诗"情必本于忠爱，声必极于和平，法律备而性灵存焉"⑦，等等。这些"性灵"的内涵，若从其使用语境来看，有别于明代公安派、竟陵派以及清代袁枚所推崇的"性灵"，也有别于沈氏所强调的"性情"，这是一种既受制于儒家伦理道德，又表现作家本性和个性的真情。此外，这种"性灵"在沈德潜晚年诗作中也有表现，在一些咏物赋闲、流连光景的绝句中，如《养

---

① 蒋寅著：《清代诗学史（第一卷）》，中国社会科学出版社2012年版，第103页。
② 《沈德潜诗文集·归愚文钞》卷一四《七子诗选序》，第3册，第1360页。
③ 张健著：《清代诗学研究》，北京大学出版社1999年版，第528页。
④ 关于这一方面，目前学界探讨较少。陈岸峰将沈德潜的"性灵"理解为"性情"，指出性灵是沟通格调与神韵的重要媒介（参见陈岸峰：《沈德潜诗学研究》，齐鲁书社2011年版，第55—59页）。但是，笔者认为，沈德潜对"性情"和"性灵"内涵的理解还是有区别的，不能等同视之。
⑤ 〔清〕沈德潜、周准编：《明诗别裁集》卷一〇，上海古籍出版社1979年版，第257页。
⑥ 《归愚文钞余集》卷一《汪文升先生诗文集序》，《沈德潜诗文集》第3册，第1513页。
⑦ 《归愚文钞余集》卷二《本朝馆阁诗序》，《沈德潜诗文集》第3册，第1543页。

闲》、《无忧》、《揽镜》等,"性灵的一面渐渐呈现"①。

  桐城文人论诗崇性情、重教化,有着一以贯之的文学传统。早在明末清初,"诗道性情"说已成为桐城诗坛不少文人的共识。如钱澄之《叶井叔诗序》、《潘蜀藻诗序》、《文灯岩诗序》等,方以智《梅朗三诗序》、《范汝受集引》等,方孝标《磊斋诗选序》、《云旅复斋诗选引》等,姚文燮《潘俨思诗序》、《牧云子诗序》等,论诗皆以性情为本,强调诗歌的社会教化作用。到康乾时期,方苞在《徐司空诗集序》中也说:"诗之用,主于吟咏性情,而其效足以厚人伦、美教化。"②嗣后,刘大櫆《朱东发诗序》、方东树《昭昧詹言》、姚莹《郑云麓诗序》、刘开《惺渊斋诗草序》等,也都强调诗主性情,推崇儒家的温厚诗教。直到民国初年,姚永朴在《文学研究法》中还专门系统梳理和总结"性情"说,重申"文章必根乎性情"③的观点。

  在桐城诗学的传统中,桐城文人虽似乎有意避谈"性灵",但也强调诗要表现作家的个性真情。即便是力持儒家诗教的方东树,也曾说"诗道性情,只贵说本分语。如右丞、东川、嘉州、常侍,何必深于义理,动关忠孝,然其言自足自有味,说自己话也"④,十分推崇作家的个性化性情以及自身真面目。姚莹固然说"而今悟得兴观旨"⑤,但也说诗可以"陶冶性情,抒写景物"⑥。实际上,这里的"性情",其内涵大略等同于沈德潜所说的"性灵"。

  尽管沈德潜诗学和桐城诗学均重性情,但其内涵各有侧重。一般来说,"性情"的内涵大抵涉及两端:一指道德情感,偏向于社会,靠拢"言志"传统;一指自然情感,偏向于个体,接近"缘情"传统。前者要达于"正",合乎温柔敦厚之旨,发挥诗歌的政治伦理作用;后者要达于"真",凸显个人的面目精神,发挥诗歌的抒情感怀作用。相较而言,沈氏的"性情"说偏向于

---

① 王宏林著:《沈德潜诗学思想研究》,人民出版社2010年版,第191页。
② 〔清〕方苞著,刘季高校点:《方苞集·集外文》卷四,上海古籍出版社1983年版,第605页。
③ 〔清〕姚永朴著,许振轩校点:《文学研究法》卷三,黄山书社1989年版,第98页。
④ 〔清〕方东树著,汪绍楹校点:《昭昧詹言》卷一二,第330页。
⑤ 〔清〕姚莹撰:《后湘诗集》卷九《论诗绝句六十首(二)》,《续修四库全书》第1513册,第35页。
⑥ 〔清〕姚莹撰:《东溟文集》卷三《再复赵分巡书》,《续修四库全书》第1512册,第401页。

道德情感,至于自然情感,则有意以"性灵"区别之。而在桐城诗学中,"性情"说往往兼具道德情感和自然情感,需要根据不同的语境予以理解。

(二)意法与义法

明代诗坛复古思潮涌动不息,以前后七子为代表的复古派论诗尤重格调。他们围绕"格"与"调"的问题,于前代诗歌深究细研,提出了不少卓见。其中,他们对诗法的深入研析,给承继明七子的沈德潜与桐城文人,带来了一些启示和借鉴。

虽然沈德潜论诗较少使用"格调"一词,但他在《唐诗别裁集》及其重订本序以及《七子诗选序》中所推崇的"体裁(风格)""音节",实则指格调,并与"宗旨""神韵"紧密关联,成为其诗学思想的重要支柱。沈氏评论诗歌时,不仅注意研析"体裁(风格)"和"音节",还重视探讨与之相关的法度问题。他说:"诗贵性情,亦须论法。杂乱而无章,非诗也。"①由此,他探讨了诗歌的字法、句法、章法、篇法、用事、修辞等问题,比如论组诗之章法:"一首有一首章法,一题数首,又合数首为章法。有起、有结、有伦序、有照应,若阙一不得,增一不得,乃见体裁。"②他还探讨过诗歌的押韵、声调等问题,比如论诗之同韵现象:"古人同作一诗,不必同韵;即同韵,亦在一韵中,不必句句次韵也。"③这些经验之谈,成为沈德潜诗法理论的重要组成部分。

在法度问题上,尽管沈德潜没有直接拈出"意法"一词,但他主张以意运法,反对以意从法。他说:"所谓法者,行所不得不行,止所不得不止,而起伏照应,承接转换,自神明变化于其中。若泥定此处应如何、彼处应如何(如碛沙僧解《三体唐诗》之类),不以意运法,转以意从法,则死法矣。试看天地间水流云在,月到风来,何处著得死法?"④法有活法与死法之别,沈

---

① 〔清〕沈德潜撰,王宏林笺注:《说诗晬语笺注》卷上,第18页。
② 〔清〕沈德潜撰,王宏林笺注:《说诗晬语笺注》卷下,第366页。
③ 〔清〕沈德潜撰,王宏林笺注:《说诗晬语笺注》卷下,第377页。
④ 〔清〕沈德潜撰,王宏林笺注:《说诗晬语笺注》卷上,第18—19页。

德潜"所谓法者"云云,其实就是讲活法,这与其师叶燮论诗法暗合:"法有死法,有活法……死法则执,途之人能言之;若曰活法,法既活而不可执矣,又焉得泥于法……而谓作诗另有法,法在神明之中,巧力之外,是谓变化生心。"① 法之"活"在于行止随意,变化自如,而法之"死"在于拘泥成规,缺少变化。所谓"以意运法",就是一种"活法",它要求诗法的运用要依据作者的情感志意,而不能以意从法。

桐城文人论诗亦重格调法度。刘大櫆弟子王灼论诗之言有一定的代表性,他说:"诗以吟咏性情者也,而气格、神韵、音节、词采即因见焉。数者合,然后可以言诗。"② 此处,"气格""音节""词采"属于格调,与神韵、性情构成了诗歌的必备要素。从"格"出发,桐城文人讲究字法、句法、章法、篇法、隶事等问题,这在姚范《援鹑堂笔记》、刘大櫆《论文偶记》、方东树《昭昧詹言》等著作中多有反映。从"调"出发,他们讲究音韵问题。如方世举对"叶韵必不可用""通韵亦不可依"③ 等诗韵问题颇有心得,其从弟方贞观亦强调在诗歌的表意炼句上,"音韵之于诗亦重矣哉"④。此外,在法度问题上,他们与沈德潜一样,也推崇活法。如刘大櫆说:"古人文章可告人者唯法耳,然不得其神,徒守其法,则死法而已。"⑤ 显然,他认为法要变化活用,不能墨守成规。

与沈德潜诗学相比,桐城诗学重义法,将文法引入诗法的特征非常鲜明。有学者指出,沈德潜虽不以文法论诗,但他对诗歌结构脉络的分析明显受到古文和时文之法的影响,对诗歌中文法的认识已揭示出古文与诗歌共通的审美规律,"就这一点而言,沈德潜的以文论诗更接近后来的姚鼐和方东树"⑥。不过,桐城文人的以文论诗要比沈德潜更加突出,更有特色。他们不仅以擅写古文、标举义法著称于世,还宣称"诗之与文,固是一理"⑦,"诗与古

---

① 〔清〕叶燮著,蒋寅笺注:《原诗笺注·内篇上》,上海古籍出版社2014年版,第124页。
② 〔清〕王灼撰:《悔生文集》卷三《朱小山先生诗集序》,《清代诗文集汇编》第431册,第468页。
③ 《兰丛诗话》,《清诗话续编》(第2册),第772、773页。
④ 〔清〕方贞观撰:《方南堂先生辍锻录》,《清诗话续编》(第4册),第1940页。
⑤ 〔清〕刘大櫆撰:《论文偶记》,王水照编:《历代文话》(第4册),复旦大学出版社2007年版,第4108页。
⑥ 赵建章著:《桐城派文学思想研究》,北京图书馆出版社2003年版,第218页。
⑦ 〔清〕姚鼐,刘季高标校:《惜抱轩文集后集》卷三《与王铁夫书》,《惜抱轩诗文集》,上海古籍出版社1992年版,第290页。

文一也,不解文事,必不能当诗家著录"①,故而论诗时,将古文义法移入于诗法之中,可谓得心应手。自姚范、刘大櫆至姚鼐,以文论诗渐露端倪,他们论诗往往不提"义法",而是运用"文法"一词,如姚范称韩愈《南山》"诗中用五十一'或'字……然公自本《小雅》,兼用《说卦传》耳。陆鲁望《和皮袭美千言诗》多用'谁'字,文法同此"②;姚鼐在《今体诗钞》中以文法论析杜诗长律之结构③,等等。传至方东树,明确以文论诗,直接标举义法,他说:"欲学杜、韩,须先知义法粗胚。"④紧接着,他又专门"列其统例于左",有创意、造言、选字、章法、起法、转接、气脉、笔力截止、不经意助语闲字、倒截逆挽不测、豫吞、离合、伸缩、事外曲致、意象大小远近,皆令逼真、顿挫、交代、参差,等等⑤。此处抛开学杜、韩不论,实际上,学诗之义法尽在于斯,这是方东树对以文为诗的创作经验的系统总结,也是桐城诗学文法理论的集大成。

概言之,沈德潜诗学与桐城诗学皆重格调之法。前者重意法,后者重义法。在诗法问题上,桐城诗学因引文法入诗法,归纳出一整套诗歌"义法",以文论诗,这要比沈德潜的诗法论更深刻、更具体。此外,桐城诗学重文法的倾向,使得他们对"以文为诗"的宋诗情有所钟,在取法宋人的范围上要比沈氏大得多。这在一定程度上也影响到咸同年间宋诗运动的兴起。

(三)神韵与神妙

以"神韵"论诗,早在晚明之时,已屡屡出现于胡应麟、陆时雍等格调派的诗论中,至明清之际,"不仅已很普及,而同什么批评对象都可以联系起来,并没有特定的美学或风格指向"⑥。逮至王士禛,为了矫正格调派的诗歌

---

① 〔清〕方东树撰,汪绍楹校点:《昭昧詹言》卷一四,第376页。
② 〔清〕姚范:《援鹑堂笔记》卷四一,《续修四库全书》第1149册,第87页。
③ 姚鼐以文法所评杜甫长律有《夔府书怀四十韵》《寄刘峡州伯华使君四十韵》《寄张十二山人彪三十韵》《秋日夔府咏怀奉寄郑监审李宾客之芳一百韵》等(参见〔清〕姚鼐编选,曹光甫校点:《今体诗钞》卷六,上海古籍出版社1986年版,第124—156页)。
④ 〔清〕方东树撰,汪绍楹校点:《昭昧詹言》卷八,第213页。
⑤ 〔清〕方东树撰,汪绍楹校点:《昭昧詹言》卷八,第213—214页。
⑥ 蒋寅著:《清代诗学史(第一卷)》,第602页。

创作流弊,专门标举"神韵"为诗之第一义,阐说发明,自树一帜,将其由一个诗学概念提升到一种诗歌美学范畴,内涵更加丰富,影响更加深远。正是在这样的诗学背景下,围绕着"神韵"问题,沈德潜和桐城文人都有一些或同或异的理论表述。

在沈德潜诗论中,神韵居于性情、格调之后。学界通常认为,沈氏"神韵",其实是吸收并改造了王士禛的"神韵"说①。这一点,可从沈德潜对"韵"的认识上看得出来。他说:"夫韵不可以迹象求,不可以声响著,流于迹象声响之外,而仍存于迹象声响之间。此如画家六法,然无论神品逸品,总以气韵生动为上。盖无韵则薄,有韵则厚;无韵则死,有韵则生。北宗不如南宗,韵不足也。审是而诗之贵韵更可知已。"②在王士禛诗学中,神韵不在声色臭味、语言文字之中,无迹可寻;沈德潜一方面接受了王士禛的说法,认为韵"流于迹象声响之外",另一方面又认为韵"仍存于迹象声响之间",这体现了对王士禛"神韵"说的改造和发展。其实,沈德潜所言"神韵",有风神气韵之意。③风神,指诗人的品格修养、心理状态、精神气质渗透于作品中所呈现出来的一种风姿神情;气韵,指作品呈现出的一种生气流动、韵味深远的审美境界。总之,沈氏所谓的"神韵",做到了创作主体与客体的统一,虚与实的结合,诚如沈氏所言,"课虚而韵存,叩实而韵存"④。这与王士禛"神韵"有意淡化主体、突出客体、偏向于玄虚不大一样。

相比于沈德潜,桐城诗学受王士禛神韵说的影响要更深一些。乾嘉时期,姚范、刘大櫆、姚鼐等人大力推崇王士禛《古诗选》,对此选本均有批点。特别是姚鼐,不仅"向教后学学诗,只用王阮亭《五七言古诗钞》"⑤;还有鉴于《古诗选》不及今体之不足,补选《五七言今体诗钞》,"以尽渔洋之遗

---

① 张健著:《清代诗学研究》,第564—570页。
② 《归愚文钞余集》卷三《石香诗钞序》,《沈德潜诗文集》,第1568页。
③ 沈德潜在《杨双山诗集序》中说作诗要"风神气韵以流行之,令读者得之于意言之中,并遇之于意言之外,此其所以为难"(《沈德潜诗文集·归愚文钞(十二卷本)》卷八,第1770页)。
④ 《归愚文钞余集》卷三《石香诗钞序》,《沈德潜诗文集》,第1568页。
⑤ 〔清〕姚鼐著,卢坡点校:《惜抱轩尺牍》卷四《与管异之(一)》,安徽大学出版社2014年版,第66页。

志"①；甚至还批点了《渔洋山人精华录》《渔洋诗集》《唐贤三昧集》等著述。此外，桐城诗学汲取了王士禛神韵诗学中的不少元素：推崇淡远超逸的神韵境界；向往阳刚与阴柔之美；强调学力与天赋兼重；提倡禅悟之境②。这种对神韵诗学的汲取，还在"实践品格上"表现得更为明显③。因而，桐城诗学所云"神韵"，亦可谓"神妙"，有神气妙境之意。神气，是指呈现于作品中的作家的精神气韵。妙境，是指"作者创造的与天道合一的艺术极境；它超然物外，如禅家第一义，略带神秘，只可意会，不可言说"④。

要达到神妙之境，作家除了功力深厚外，还离不开"妙悟"，这一点是桐城文人特别看重的。姚鼐说："至其神妙之境，又须于无意中忽然遇之，非可力探。然非功力之深，终身必不遇此境也。"⑤"凡诗文事与禅家相似，须由悟入，非语言所能传……欲悟亦无他法，熟读静思而已。"⑥他的话，应该受到严羽以禅悟论诗以及王士禛神韵说的影响。后来，姚鼐侄孙姚莹亦说诗"有可以悟而得者，有不可以悟而得者"⑦，方东树也说"非数十年深究古人，精思妙悟，不解义法"⑧。可以说，无论是在诗歌创作中，还是在诗歌鉴赏中，桐城文人认为"妙悟"都是必不可少的，且强调用功深究、熟读静思。这也是桐城诗学的一大特色。

桐城文人认识到了沈德潜的"悟"之所失，并予以批评。较早表露不满的是姚范，他评《明诗别裁集》说："归愚以帖括之余，研究风雅，自汉魏以及胜国篇章，悉所甄录，迹其生平，门径依傍渔洋，而于有明诸公及本朝竹垞之流，余言绪论，皆上下采获，然徒资探讨，殊尟契悟，结习未忘，妄仞大乘，昧

---

① 〔清〕姚鼐撰：《五七言今体诗钞序目》，《今体诗钞》，第1页。
② 潘务正：《王士禛与桐城诗学》，《安徽大学学报》2015年第6期。
③ 参见蒋寅：《清代诗学史（第二卷，学问与性情：1736—1795）》，中国社会科学出版社2019年版，第647页。
④ 王达敏著：《姚鼐与乾嘉学派》，学苑出版社2007年版，第142—143页。
⑤ 《惜抱轩尺牍》卷八《与伯昂从侄（一）》，第129页。
⑥ 《惜抱轩尺牍》卷八《与石甫侄孙（八）》，第138页。
⑦ 〔清〕姚莹著：《东溟外集》卷一《张南山诗序》，《续修四库全书》第1512册，第443页。
⑧ 〔清〕方东树撰，汪绍楹校点：《昭昧詹言》卷一，第18页。

密味之中边,眩宝器之饭色,未得为得,未证为证,禅家所谓'用尽气力,不离故处'。"①在他看来,沈德潜尽管门径依傍王士禛,但选录明诗,采获有明前后七子复古派以及朱彝尊《明诗综》的余言绪论,鲜能领悟其精深微妙之诣,仍然不脱格调旧习。姚莹也说:"悟之失则又有以不至为至,不得为得者矣,沈归愚是也。"②这与其曾祖姚范的说法颇为相似。可以说,在二姚眼中,沈德潜尚未做到严羽所说的"透彻之悟",充其量只是"一知半解之悟"③,故而在诗歌创作过程中,难免出现"以不至为至,不得为得"的现象。

概言之,沈德潜与桐城诗人都受过王士禛神韵诗学的沾溉,论诗均重神韵。然而,他们并未像王士禛那样将"神韵"作为诗之第一义,而是仅仅作为诗歌创作以及审美中不可缺少的一个要素。他们对"神韵"的理解和把握也不一样,各有侧重,沈德潜诗学趋向于风神气韵,桐城诗学趋向于神气妙境。

综上所述,沈德潜诗学和桐城诗学,直接承继了明末清初以降诗坛重性情的传统,批判地吸收了七子派的格调说和王士禛的神韵说。他们围绕着性情、格调、神韵三端,展开了诸多诗学问题的探讨,有离有合,以至于双方的诗学道路呈现出不同的发展趋向。沈氏诗学走向尊唐容宋,追求"温柔敦厚,斯为极则"④的理想境界;而桐城诗学走向镕铸唐宋,追求"道与艺合,天与人一"⑤的理想境界。

四、余 论

清代诗坛,沈德潜论诗主格调,谓"正格终难黜两家(引者按:指李梦阳、王世贞)"⑥;而以姚鼐为代表的桐城文人谓学诗"不经明李、何、王、李路

---

① 《援鹑堂笔记》卷四四,《续修四库全书》第1149册,第115页。
② 《东溟外集》卷一《张南山诗序》,《续修四库全书》第1512册,第443页。
③ 严羽著,郭绍虞校释:《沧浪诗话校释·诗辨》,人民文学出版社1983年版,第12页。
④ 〔清〕沈德潜撰,王宏林笺注:《说诗晬语笺注》卷上,第36页。
⑤ 《惜抱轩文集》卷四《敦拙堂诗集序》,《惜抱轩诗文集》,第49页。
⑥ 《归愚诗钞》卷二〇《论明诗十二断句(八)》,《沈德潜诗文集》,第423页。

入,终不深入"①。他们都在批判地继承明七子派格调论的基础上,又有一些创新性发展。有学者就指出,沈德潜诗学是"清代格调论的集大成"②,可谓评价甚高。实际上,如果从桐城诗学论格调的具体情况来看,似乎可以对这个论断作重新的认识和考量。我们知道,桐城文人存在着以古文义法论诗、解诗、作诗的情况,他们在诗歌的字法、句法、章法、音韵、声调等方面有许多深刻体认和理论表述,丰富和完善了清代格调论的内容,同时也把格调论推向了新的高度和新的境界。而这里面有不少的诗学见解,是沈德潜论诗时所不及的,比如诗之"义法",民国时期桐城文人光明甫评曰:"归愚稍异渔洋例,可似桐城义法无?"③

  此外,倘若将沈德潜诗学与桐城诗学的关系置于明清诗学演变的大背景下来观照,还会呈现出独特的诗学意义。我们知道,明代诗学在发展过程中,先后出现过台阁体、茶陵派、前七子派、后七子派、唐宋派、公安派、竟陵派、虞山派、云间派等文人集团。为了彰显和阐扬自家诗学,他们往往会与对手针锋相对,矫枉过正,其间的调和、平衡并不顺畅。不过,到了清代,这种状况有所改观。从沈德潜诗学和桐城诗学的关系上,我们可以看出不同诗学力量之间,呈现出异中有同、沟通融汇的迹象。他们往往超越门户、地域之见,以开阔的历史视野和包容的胸襟识度,来灵活处理性情、性灵、格调、神韵等诗学命题,不仅创造性地拓展了传统诗论命题的审美内涵,还富有智慧地调协了不同诗学命题之间的复杂关系。沈德潜诗学和桐城诗学之间的离合关系,在一定程度上映照出清代诗学繁复交错、多元集成的面相与实相。他们在诗学史上留下的丰富的诗学命题,还有待于进一步深入研究。

(本文原载《文学遗产》2021年第6期)

---

① 《惜抱轩尺牍》卷七《与陈硕士书(九三)》,第120页。
② 王顺贵著:《清代格调论诗学研究》,中国社会科学出版社2010年版,第90页。
③ 光明甫:《桐城派略论——〈论文诗说〉节选》,《江淮论坛》1982年第2期。

遮抑的副调：清代文坛上的桐城骈文

汪孔丰

有清一代，论古文必推桐城。桐城古文之学，自方苞、刘大櫆、姚鼐相继兴起，薪火相传，文杰辈出，衍为宗派。三百年间，区区一邑，斯文一脉，绵延不绝，壮观异常，以至于前贤曾发出"天下文章其出桐城乎"①"天下高文归一县"②的礼赞。然而，这种交口称誉的耀眼光环，很容易遮掩或暗淡桐城其他文艺的成绩。比如桐城骈文，就一直冥暗于古文的赫赫声光之下，被世人所忽略。

清代道光年间太仓文人王宝仁曾说："国朝鸿儒辈出，几轶唐宋而跻三代之隆，工散体者嗣韩欧之嫡传，工骈体者涤齐梁之流弊。若夫一邑之近，先后以古文名家竝足雄视一世者，桐城为最。然而望溪、海峰、姬传工于散体，而骈体则未之著，将以为不此之尚，故能以古文名邪？是又近于胶柱之见矣。"③他的这番话，与常人独推桐城古文有所不同，颇有替桐城骈文鸣不平之意。其中，"是又近于胶柱之见矣"这句话，也并非空言。因为清代骈文复兴，流风所衍，桐城地区亦受薰煽，作手屡出，其中刘开堪称代表，步入骈文名家之列。

---

① 〔清〕姚鼐著，刘季高标校：《惜抱轩诗文集》卷八《刘海峰先生八十寿序》，上海古籍出版社1992年版，第114页。
② 〔清〕吴汝纶著，施培毅、徐寿凯校点：《马通伯出示所藏姚惜抱手迹属题一诗》，《吴汝纶全集》（一），黄山书社2002年版，第473页。
③ 〔清〕王宝仁：《括春轩骈体文集序》，〔清〕房聚五：《括春轩骈体文集》卷首，清道光二十三年拥书楼自刻本。

尽管如此,桐城骈文研究,仍非学界关注的热点和重点①。故而,桐城骈文的庐山面目,也就一直处于云遮雾绕的模糊状态。但是,在清代文坛骈散相争与互融的背景下,在桐城古文称雄南北的光辉下,桐城骈文真的就可以被忽视吗?

一、桐城骈文的脉延与波澜

骈文衍至清代,呈现复兴气象,其发展有起有伏。②顺康年间,骈文延续晚明复苏之势,蓬勃发展,渐趋兴盛;逮至乾嘉年间,骈文全面鼎兴,"其高者率驾唐宋而追齐梁,远为元明所不逮"③;鸦片战争以后,骈文发展由盛转衰,然余音犹存。作为清代骈文的重要版块之一,桐城骈文的演变,不可避免地受到了骈文发展的大环境影响,也呈现出潮起潮落的态势。兹亦以三个阶段论之。

明清易代之际,在江南骈文复苏的大背景下,桐城骈文创作也渐有起色。这当以方以智(1611—1671)、钱澄之(1612—1693)两位遗民为代表。方以智论文宗秦汉唐宋,尤致力古文,文风近秦汉;于骈文并不刻意为

---

① 目前,学界对桐城骈文的研究,主要是将其置于桐城派骈文研究视域下予以观照的,这在于景祥《中国骈文通史》(吉林人民出版社2002年版)、奚彤云《中国古代骈文批评史稿》(华东师范大学出版社2006年版)、颜建华《清代乾嘉骈文研究》(光明日报出版社2011年版)、莫山洪《骈散的对立与互融》(齐鲁书社2010年版)、杨旭辉《清代骈文史》(人民出版社2013年版)、路海洋《清代江南骈文发展研究》(中国社会科学出版社2016年版)、谭家健《中华古今骈文通史》(社会科学文献出版社2018年版)、吕双伟《清代骈文研究》(上海古籍出版社2018年版)等著作中有所体现,特别是桐城文人刘开的骈文思想与创作实践得到重点关注。此外,许结《桐城文学观的反省与变异——刘开文论特色探》(《烟台师院学报》(社科版)1987年第2期)、毛锐《刘开研究》(南京大学硕士2012年学位论文)、马秀娟《刘开研究》(福建师范大学2014年硕士学位论文)、郑婧《"桐城—别派"刘开及其散文研究》(兰州大学硕士2016年学位论文)、路海洋《桐城派古文名家刘开的骈文思想与骈文创作》(《骈文研究》第3辑,广西师范大学出版社2019年版)等论文,亦对刘开的骈文思想和创作情况有专门探讨。不过,总体来看,除了刘开外,桐城其他文人的骈文思想及创作,尚未引起足够重视,遑论对桐城骈文的整体关注和专门研究了。

② 按,此处分期参照谭家健先生对清代骈文发展三阶段的划分,见《中华古今骈文通史》(下册),社会科学文献出版社2018年版,第555页。

③ 谢无量著:《骈文指南》,《谢无量文集》(第七卷),中国人民大学出版社2011年版,第233页。

之,故其作品不多,且以启为主,有《复合邑公启》《答怀宁县绅缙住华严寺启》等。启作为公文文体,例用骈体,方以智的启文虽是应酬之作,但写得有特色,文辞雅驯,大多展现了他在亡国之后出家时的生活状态与思想倾向,如《答延陵吴山主公启》云:"学《易》多年,杂花独契。觑破虎铃系解,但悬义象纵横。点出圆∴,何必争如不必。中常两用,裁成即是生成。道场随分功功,时节实论曝曝。"①这表露出他"举一明三""两端用中"的哲学思想。钱澄之论文与方以智相近,亦肆力古文,然其文风近乎唐宋;其骈文虽不多作,但文体多元,质量较高,代表作有《征客南音集引》、《哭仲驭墓文》、《枞阳合祭方中丞贞述公文》、《吴门为澹归大师募净室疏》等。尤其是《哭仲驭墓文》,为悼念挚友钱棅(字仲驭)而作,开篇沉痛之感即扑面而来:"呜呼!吾兄之殁,距今二十七年矣,墓木已拱,宿草屡青,而徐孺之絮,远道始将;羊昙之泪,历久弥涌。呜呼!赋招魂于绝域,泣幽梦于故园,固不待望丘陇而兴悲,抚松楸而长恸也。……弟何哀焉?弟之哀,惟是述交好之始终,叙死事之本末,伸纸肠断,揽笔涕零。"②此文除了追忆崇祯年间他与钱棅订交的经过外,还浓墨重笔地叙述了明亡后他俩并肩在苏州太湖举兵抗清的风雨历程,堪称一篇血泪之文。由于方、钱二人在清初遗民文学中占有十分重要的地位,故而他们的骈文,在某种程度上也代表着清初遗民骈文作品的质量和水准。

到了康熙年间,在新朝统治下成长起来的桐城文人逐步登上文坛。他们没有背负沉重的政治包袱,不少人走上了科举仕宦之途,而且在文学创作上也表现出与遗民们不同的思想内涵。桐城的骈文书写由此翻开新的篇章。比钱澄之小二十余岁的张英(1637—1708),可谓当时桐城精英文人从事骈文书写的代表者。他在康熙六年中进士,累官至工部、礼部尚书,兼文华殿大学士。他长期侍奉内廷,一时典礼制作及庙堂制诰之文,皆由其手定。这其中就存在着较为可观的骈文作品。他的《笃素堂文集》卷一

---

① 〔明〕方以智著,张永义校注:《浮山文集》,华夏出版社2017年版,第542页。
② 〔明〕钱澄之著,彭君华点校:《田间文集》,黄山书社1998年版,第478页。

至卷三中的赋、颂、表类文章，大抵皆是骈体，如有《瀛台赐宴赏花赋》《赐金园赋》《圣武三临绝塞荡寇功成颂》《恭进易经参解表》等。它们虽是应制、应酬之作，但写得叙事明晰，辞达意畅，雅驯有度。与张英家族有姻亲关系的姚文燮也是文坛名家，偏爱四六，有《四六偶存》二卷①，这在清初桐城文坛较为罕见，惜今已不存。不过，姚文燮《无异堂文集》中尚有《祭杨母庄孺人文》《龙眠诗传征诗引》《募修挂车河桥疏》《黄鹦鹉赋》《追荐长山夫子》等骈俪之作，其中《追荐长山夫子》一文，陈维崧评曰："四六文字，如此流丽沉着，弄丸手也。"②邓元昭评曰："是一篇志传大文字，非仅以四六工丽见长，至使笔如剑，倪鸿宝后一人也。"③姚文燮的骈文成就，由此可见一斑。此外，方孝标（1617—1697）、方亨咸（1620—1681）、何采（1626—1700）等人的骈体启文也有一定的影响力，曾被辑入四六选本，如李渔辑《四六初徵》分别收方孝标《候相国启》，何采《贺行取新御史启》，方亨咸《迎赈济田侍郎临淮南启》④、《元宵请两台谯启》⑤等作品；黄始辑《听嘤堂四六新书八卷》亦收何采《贺行取新御史启》、《回文词谱序》等作品⑥。

需要指出的是，到了康熙中后期，桐城派先驱戴名世和方苞在文坛的影响力逐渐增强，他们力推古文，尊散而轻骈，甚至拒骈。如戴名世在《成周卜诗序》、《凌母严太安人寿序》⑦等文中表达了对"骈丽之体"的不满；方苞为了维护古文的雅正，甚至强调古文中不可入"魏晋、六朝人藻丽俳

---

① 〔清〕廖大闻修，金鼎寿纂：道光《续修桐城县志》卷二十一《艺文志》，《中国地方志集成》本，江苏古籍出版社1998年版，第737页。
② 〔清〕姚文燮撰：《无异堂文集》卷四，《四库未收书辑刊》第8辑23册，北京出版社2000年版，第112页。
③ 〔清〕姚文燮撰：《无异堂文集》卷四，《四库未收书辑刊》第8辑23册，第112页。
④ 〔清〕李渔辑：《四六初徵》卷一，《四库禁毁书丛刊》集部134册，北京出版社1997年版，第638、649、684页。
⑤ 〔清〕李渔辑：《四六初徵》卷九，《四库禁毁书丛刊》集部135册，北京出版社1997年版，第279页。
⑥ 〔清〕黄始辑：《听嘤堂四六新书》，《四库禁毁书丛刊》集部第135册，第558、651页。
⑦ 〔清〕戴名世著，王树民编校：《戴名世集》，中华书局1986年版，第40、152页。

语"①。当然，他们也无意于骈文创作，甚至在古文创作中也有意避免偶对、整饬之句。尤其是方苞，自从"《南山集》案"中脱险后，长期侍奉内廷，历经康、雍、乾三朝，声望日益隆起，成为文坛宗师，习古文者更是望风响应。桐城派先驱者的言与行，一定程度上影响了不少桐城文人的文学创作，问津骈文者由此寥落。

顺康年间桐城骈文的状况，在一定程度上反映了清初骈文的演变情况。清初骈文虽然延续了晚明四六兴起的余势，但"士人普遍轻视骈体，创作风气不浓，没有形成复兴的态势，也缺乏丰富多样的代表性成果"②。桐城骈文状况亦如此，虽然涌现出一些作手，但文学成就及影响远逊于江南的陆繁弨、吴绮、陈维崧等人，且其成果大体以表、启、疏等公文为主，抒发个人性情之作所占比重不大。即便如此，这股骈文潜流仍为以后的桐城骈文发展营造了良好环境。

乾嘉至鸦片战争之前，桐城骈文随着骈文繁盛的大环境而迎来发展的春天。就这一时期骈文中兴而言，主要表现在：作家众多，名家辈出；诸体繁盛，名篇如林；理论发达，集其大成；选本、笺注，屡出不歇。在推进清代骈文中兴的伟业中，桐城文人也做出了不俗的贡献。这主要表现在两个方面：

其一，骈文作家辈出，不乏名家。据现存文献，可知当时骈文作家有周大璋、姚范、周芬斗、张聪咸、左潢、方东树、姚柬之、许丽京、房聚五、房际昌等。其中，有些人还有骈文专集，如有左潢《瑞芝堂四六注释》（八卷）、方于穀《饲经堂骈体文》（一卷，已佚）、许丽京《兰园骈体文钞》（卷数不详）、刘开《孟涂骈体文》（二卷）、房聚五《括春轩骈体文集》（十卷）。尤其是刘开所为骈文，质量较高，"亦沉博绝丽，自成一体"③。他的挚友陈方海认为刘开

---

① 〔清〕沈廷芳：《隐拙轩集》卷四十一《书方望溪先生传后》，《清代诗文集汇编》第298册，上海古籍出版社2010年版，第539页。
② 吕双伟著：《清代骈文研究》，上海古籍出版社2018年版，第122页。
③ 张舜徽著：《清人文集别录》，华中师范大学出版社2004年版，第351页。

骈文能与汪中、洪亮吉、孔广森相角,而且"难分胜负"[①]。

其二,骈文体类多元化,不乏名篇。与顺康时期相比,此时桐城文人书写骈文,所用体类较为广泛,涉及序、跋、书、启、疏、表、记、赋、赞、传、诔、铭等。如赋颂类,有周芬斗《大龙山赋》、《小龙山赋》、《皖城江行赋》,姚范《圣驾南巡颂》、《皇太后七十万寿无疆颂》、方东树《孔雀赋》,等等;序跋类,有周捷英《过江诗册自叙》、许丽京《帝女花传奇序》、姚柬之《熊母田太孺人七十寿序》、《送饶啸渔序》、方东树《跋彭甘亭小谟觞馆文集》,等等;诔祭类,有周芬斗《张楞阿先生祭文》、《亦楼先生祭文》、刘开《张阮林孝廉诔》,等等;游记类,有刘开《雩都行记》、《孔城北游记》、房聚五《游浮山记》、《游慈济寺记》,等等。在这些多元化的骈文类苑中,不少作品堪称佳构。如刘开《游石钟山记》,王文濡被评为"刻画尽致,如入画境"[②],堪称苏轼《游石钟山记》后又一佳作。

不过,这一时期,桐城骈文在理论建树上并不突出。除了刘开《与阮芸台宫保论文书》、《与王子卿太守论骈体书》、《书〈文心雕龙〉后》,房聚五《许信庵前辈四六文钞叙》等文表达对骈散关系的见解外,桐城文人对骈体的理论心得总体上并不多。此外,桐城文人在骈文选本、骈文理论专著等方面乏善可陈,远逊于他们在古文选本、文论专著等方面的光辉业绩。

鸦片战争爆发以后,中国社会性质发生改变,内忧外患,变乱频仍。文章系乎世变,隶事藻丽之文渐趋难谐于时,骈文的命运由此而变,从姹紫嫣红转向白苇黄茅。桐城骈文自此以降,渐趋衰落,再也没有涌现像刘开那样的一代名家。不过,仍有一些作家从事骈文创作,如有许星翼《里乘序》,刘宅俊《祭族母方太恭人文》、《吊安徽阵亡官兵》,姚浚昌《拟赈饥告示》,等等。其中,《吊安徽阵亡官兵》一文,追祭咸丰年间因平广西之乱而阵亡的

---

① 〔清〕陈方海:《孟涂骈体文书后》,〔清〕刘开著,徐成志点校:《刘开集》,《桐城派名家文集》(第4册),安徽教育出版社2014年版,第495页。
② 王文濡编:《清代骈文评注读本》卷二,中华书局1941年版,第135页。

安徽官兵,抒发伤痛之情:"呜呼! 义胆忠肝,正气常留于天壤;雄心伟烈,余恩未被于朝堂。死疆场而无憾,名湮没而不彰。此行道所不忍,而尤仁人君子之所感慨而凄怆。"①通篇以骈为主,以散为辅,以散行之气运骈偶之文,文气流畅,文情摇曳。这样的吊文,在桐城其他作家文集中较为罕见。到民国时期,骈风犹存,如许复有《耦春山馆骈文》,存文32篇,"时人谬以为工,谓补桐城古文之缺"②。

综上,从明清之际到晚清两百余年间,桐城文坛除了占据主流的古文外,还存在着一股骈文书写的潜流。概括起来,这股文流大致呈现出以下几方面特征:其一,流变历程曲折多变,波澜起伏。清前期,初露峥嵘之态;乾嘉至鸦片战争之前,渐呈盛行之势;道咸以降,走向衰退。这样的盛衰历程,也基本上暗合于清代骈文的发展态势;其二,作家多出自世家望族。这些家族,有桂林方氏、麻溪姚氏、横埠左氏、清河张氏、鹞石周氏、黄华许氏等,这使得桐城骈文的流变呈现出较为明显的家族化印记;其三,彰显了"桐城文家多骈散兼工"③的特色。桐城是桐城派的故里,古文风气浓厚。但嘉道以后,刘开、方东树、左潢等在桐城派阵营内的作家,不仅擅长古文,还兼作骈文,这刷新了桐城派专擅古文的一面;其四,桐城骈文的体类较为丰富,涉及赋、颂、赞、传、诔、铭、序、跋、书、启、疏、表、记、祭文等,风格多元,或宗法六朝,藻丽高古;或推崇三唐,博富精工。它们的大量存在,充分表明了桐城骈文创作的繁盛。可以说,桐城这股不为人所关注的骈文书写传统,不仅深刻影响着桐城文章的格局与面相,还影响着桐城派以及清代骈文的发展。

---

① 〔清〕刘宅俊著:《刘悌堂文钞》,《南开大学图书馆藏稀见清人别集丛刊》(第24册),广西师范大学出版社2010年版,第471页。
② 许复撰:《耦春山馆骈文》卷首《自序》,民国二十四年(1935)铅印本。
③ 王葆心著:《古文辞通义》,王水照编:《历代文话》(第8册),复旦大学出版社2007年版,第7318页。

二、桐城文论中的骈散关系

清代骈文理论发达渊深，自成系统，集历代骈文理论之大成。这其间，也包含了桐城文人对骈文的一些理论思考和独特见解。他们往往将骈文置于与古文相对比的视域下来展开讨论，所关注的问题主要集中在骈散关系中的骈文地位，由此大抵上形成了两种不同的认识。

第一种认识是骈文地位次于古文，两者关系不等，这以方孝标、朱道文为代表。

方孝标是清初桐城较早对四六文的地位发表看法的文人。他给李渔《四六初徵》作序时说："四六，兆端于东汉，昌于六朝，炽于唐初，而滥觞于中晚。自韩愈氏出，变为古文，于是天下翕然知古文之是与四六之非。观昌黎之自言曰：'戛戛乎陈言之务去。'称者亦曰：'文起八代之衰。'夫所谓陈言与衰者何？四六也。宋以后专向经学，如王氏、欧阳氏、苏氏，可不谓古文之雄？而其集中未尝无四六。明以经义取士，本朝仍之。而制科之表，五品以上之诰命，以及士大夫守令、伏腊、赠送、庆吊之笺启，莫不取裁于四六。然则四六之于古文，岂不若稗官之于史、歌曲之于诗乎？谓之正体不可，谓之无益于正体亦不可。果能原本经术，力追大雅，四六岂无当于古文？若仅以夸靡斗博，而为襞积害道之词，虽古文犹非，而何有于四六！"[①]

在这段话中，方孝标考察了四六文从东汉至清初的演变情况，尤其是韩愈振起古文后，四六虽不敌古文之雄，但仍绵延不绝。由此，他肯定了四六存在的合理性和必要性。其实，他对四六文有两层看法：从"体"的层面来说，四六不能算"正体"，"正体"只能属于古文，四六不及古文，然四六又并非"无益于正体"；从"用"的层面来说，四六只要能"原本经术，力追大雅"，那与古文就相差无几；倘若文章偏离雅道，"仅以夸靡斗博，而为襞积

---

① 〔清〕方孝标撰，石钟扬、郭春萍校点：《钝斋文选》卷一，《方孝标文集》，黄山书社2007年版，第176—177页。

害道之词",即便是古文也无益无用。应该说,方孝标的四六观在当时还是有积极意义的,因为康熙初年骈文还不怎么受重视,给《四六初徵》作《凡例》的沈心友亦说:"时至于今,文人韵士,每因旧刻陈腐,遂视骈体为饾饤,略而不讲。虽其间不无名作辈出,亦缘风气所鄙,淹没不传,以致此道中衰,知音绝响,殊为可慨。"① 由此,在骈文"风气所鄙""此道中衰"的境况下,方孝标却认为四六文"有补于经术大雅",这在一定程度上抬升了骈文的地位,但还没提高到与古文平起平坐的位置。

到了嘉道年间,轻视骈文、骈文逊于古文的思想在桐城仍有余音。这可见于朱道文的《与舒生伯鲁书》。"舒生",即湖南溆浦人舒焘(字伯鲁),曾经受业于朱道文,后又获授古文法于梅曾亮,兼擅骈散,著有《绿绮轩文钞》《绿绮轩骈体文》。朱道文在信中称赞舒氏文章:"骈体文极清虚,而其趣天然,其情肫然,尤不易得。近复浸淫经史,所学必大进。散行文当更可观也。"② 不仅如此,他还对舒焘"所云俳优之体,雅不欲为"予以辨析,一方面,他认为"此其说固然",显示出对骈文的轻视;另一方面,他对骈文为"俳优之体",又有所怀疑,提出了个人的见解:"然文常以为文苟协于义、适于用、本于性情之不容遏而发于光华之不可掩,虽体格稍卑,近于六朝,然谓之俳优不可也。如其义谬用疏,稽之性情则伪,挹其光华则浮,虽自以为驾唐轶宋、追汉攀秦,甚且妄托古圣、僭拟六经,然不谓之俳优,不可也。即如陆宣公奏议,何尝不用骈体?然其经纬天地,弥纶古今,实万世不可磨灭。若扬子云之《太元》、《法言》,非不高古奥衍,而东坡诋其以艰深。文固陋,谓仍是子云之词赋,而变其体貌音节,其于俳优何如也。"③ 朱氏以"义""用""性情""光华"四个要素来衡量骈文,倘若骈文合乎这四要素的内在规范和审

---

① 〔清〕沈心友撰:《四六初征凡例》,〔清〕李渔辑:《四六初征》,《四库禁毁书丛刊》集部第134册,第622页。
② 〔清〕朱道文撰:《朱鲁岑先生遗集》卷一,《北京师范大学图书馆藏稀见清人别集丛刊》(第16册),广西师范大学出版社2007年版,第150页。
③ 〔清〕朱道文撰:《朱鲁岑先生遗集》卷一,《北京师范大学图书馆藏稀见清人别集丛刊》(第16册),第150—151页。

美要求，则不可谓"俳优"，反之，则不可不谓之"俳优"。其实，清人视骈文为俳优的认识，早已有之，道光年间梅曾亮亦说："盖因骈体之文，如俳优登场，非丝竹金鼓佐之，则手足无措，其周旋揖让，非无可观，然以之酬接，则非人情也。"①梅氏的观念可能影响到了舒焘，因为舒焘在京师以诗文谒见梅氏后，弃骈体而专攻古文。在《与舒生伯鲁书》中，朱道文对骈文的辨析与评判，说明他没有全盘否定骈文，而是认识到了骈文的积极功用和文学价值。只不过，这种认识，在当时文坛骈散调和成为主流的情况下，显得有些保守了。

第二种认识是骈散同源，两者关系对等。这以刘开、方东树、姚柬之、房聚五等人为代表。

刘开的骈散之论，主要见于《与王子卿太守论骈体书》中。他首先正视并肯定骈偶的存在，认为"夫道炳而有文章，辞立而生奇偶。爰自周末，以迄汉初"，这其间"骈体肇基，已兆其盛"，由此极力称赞汉魏六朝骈文："东京宏丽，渐骋珠玑；南朝轻艳，兼富花月。家珍匹锦，人宝寸金。奋鏋锽以竞声，积云霞而织色。因妍逞媚，嘘香为芳。名流各尽其长，偶体于焉大备。……至于宏文雅裁，精理密意，美包众有，华耀九光，则刘彦和之《文心雕龙》殆观止矣。"②刘开如此称扬骈文，其实意在抬高骈文地位。在他眼中，骈散本是同源，两者并存："夫文辞一术，体虽百变，道本同源。经纬错以成文，玄黄合而为采。故骈之与散，并派而争流，殊涂而合辙。千枝竞秀，乃独木之荣；九子异形，本一龙之产。故骈中无散，则气壅而难疏；散中无骈，则辞孤而易瘠。但可相成，不能偏废。"③基于这种观点，刘开还对世儒"宗散者""宗骈者"的偏见予以反驳："世儒执墟曲之见，腾坎井之波，宗散者鄙俪词为俳优，宗骈者以单行为薄弱，是犹恩甲

---

① 〔清〕梅曾亮著，彭国忠、胡晓明校点：《柏枧山房诗文集·文集》卷二《复陈伯游书》，上海古籍出版社2005年版，第20—21页。
② 〔清〕刘开著，徐成志点校：《刘开集》，第460页。
③ 〔清〕刘开著，徐成志点校：《刘开集》，第462页。

而仇乙,是夏而非冬也。"①他又指出:"夫骈散之分,非理有参差,实言殊浓淡,或为绘绣之饰,或为布帛之温,究其要归,终无异致。推厥所自,俱出圣经。……是则文有骈散,如树之有枝干,草之有花萼。初无彼此之别,所可言者一以理为宗,一以辞为主耳。夫理非不藉辞,辞亦未能外理。而偏胜之弊,遂至两歧。始则土石同生,终乃冰炭相格。求其合而一之者,其唯通方之识、绝特之才乎?"②他不仅道出骈散之分的表征差异,还指出它们实则同源,"俱出圣经",故而能够合而一之,不可偏胜。概言之,刘开应该是桐城文人中对骈散关系分析得最为透彻的一个。他尊崇骈体,有意抬高骈文地位,强调骈散同源,两者相成,不能偏废,这是桐城文论在嘉道时期的新突破和新发展。

除了刘开外,桐城方东树、姚柬之、房聚五等人也都对骈文发表过通达之论。方东树给彭兆荪《小谟觞馆文集》作跋,开篇直接表露自己的骈文态度:"骈体之文,运意遣词,与古文不异。椎轮既远,源派益歧。悼先秦之不复,则弊罪齐梁;陋骈格之无章,则首功萧李。自是而降,殊用异施;判若淄渑,辨同泾渭。"③不难看出,方东树认为骈文在"运意遣词"层面,与古文无甚差异;主张骈散同源、反对骈散"辨同泾渭"。姚柬之在《送饶啸渔序》中说:"夫文以载道,古岂易言,必风骨之具陈,始声情之并茂。有风无骨,如杇粪土之墙;有骨无风,似塑泥洹之像。若力除偶语,便诮宗风;一意单行,即称古制。是则瘖哑之人,奉孔子无言之教;裸身之国,焚周公制礼之书。惜翁曾无是言,硕公未必遽尔也。"④他认为文以载道,必须具备"风骨"和"声情"。基于此,他从语体层面,着力反对"力除偶语""一意单行",这实际上就是强调不分骈散。不仅如此,他还道出了姚鼐(即"惜翁")、陈用光(即"硕公")也有反对"力除偶语""一意单行"之意。房聚五在《许信庵前辈

---

① 〔清〕刘开著,徐成志点校:《刘开集》,第462页。
② 〔清〕刘开著,徐成志点校:《刘开集》,第462页。
③ 〔清〕方东树著,严云绶点校:《方东树集》卷十二《跋彭甘亭小谟觞馆文集》,《桐城派名家文集》第1册,安徽教育出版社2014年版,第468页。
④ 〔清〕姚柬之撰:《伯山文集》,《清代诗文集汇编》(第549册),上海古籍出版社2010年版,第111页。

四六文钞叙》中亦说:"夫锦绣文成,非仅抽乎独蠒;宫商调叶,断无取乎单絃。奇偶为对待之形,天地有生成之数。文章之道,何独不然?……盖骈体与散体,文虽异,致道本同,原要必胎息秦汉,囊括经史,撷无凡艳,熏有古香,方能佩实衔华,联珠合璧,饰羽仪于凤穴,挺栋干于邓林,如珊瑚玉树之交柯,与翡翠兰苕而斗色,而必谓徐庾之偶体不如穆张之平文,唐宋之大家远胜齐梁之作者,是犹以宫笑角、论甘忌辛矣。"① 在他看来:文章之道,奇偶互用,阴阳相成;骈散二体,致道本同;二体各有擅长,不可厚此薄彼。

此后,骈散融通的观念在桐城文人中仍有余绪,这以清末民初的姚永朴为代表。他在《国文学》卷一班固《汉书·艺文志·诗赋论》后评曰:"虽然,一阴一阳谓道,文之不能不有奇与偶,亦犹道之不能不有阴与阳,故主于奇之文亦用偶,主于偶之文亦用奇,不相用不可以文,此词赋类所以括于古文词之中,周秦先汉之文,亦未尝不为昭明所以甄录也。……是故文无论所主者为何,亦视其所为之工拙何如耳。是素非丹,窃所未喻。"② 他从道分阴阳、阴阳相成的哲学理念出发,认为文亦有奇偶,奇偶不可分割,主于奇之文亦用偶,主于偶之文亦用奇,奇偶"不相用不可以文"。后来,他在《文学研究法》的《派别》篇中亦说:"若夫偏于用奇之文与偏于用偶之文之发生,则用奇者必居乎先,观伏羲画卦先《乾》后《坤》可见。但有奇即当有偶,此亦顺乎自然而不可以已者。"③ 这显然是对《国文学》中奇偶相用的文学观念一以贯之。

总之,桐城文人在骈文理论方面的思索主要集中于骈散关系以及骈文的地位问题。吕双伟指出,文位论、文体论、文风论构成了清代骈文理论的主要三个方面,而文位论,也就是"在自然对偶现象、经典俪词和骈文功能中追求骈文文体的正常地位甚至文章正宗地位"④。桐城文人受文学思潮影

---

① 〔清〕房聚五撰:《括春轩骈体文集》卷三,清道光二十三年拥书楼自刻本,7a—7b。
② 姚永朴撰:《国文学》卷一,清宣统二年(1910)京师法政学堂铅印本,4a。
③ 姚永朴著,许结讲评:《文学研究法》卷二,凤凰出版社2009年版,第70页。
④ 吕双伟著:《清代骈文理论研究》,人民出版社2011年版,第308页。

响,在文位论方面的思考较为深入、全面,表现出以下特征:其一,在骈散之争的视域下思考骈文的地位。清代骈散之争激烈,时起时伏,而桐城又是古文重镇,声势浩大,不可避免地卷入这场论争之中。在此背景下,桐城文人往往受缚于强劲绵延的古文传统,自觉或不自觉地以古文为标尺来衡量骈文的地位与作用。其二,尽力提升骈文的地位。尽管桐城文人为骈文争正统、争正宗的意愿不强烈、不突出,但他们还是有意识地追求骈文文体的正常地位。方孝标、朱道文等人虽然未能将骈体与散体对等看待,但已认识到骈偶的功用与价值;而刘开、姚柬之、房聚五等人则表达出骈散不分、互用融通的意思,将骈体提升到与古文相侔的地位。可以说,他们对骈散关系的思考,深化了对骈散二体的认识,丰富了桐城文学思想的内涵,并且还成为桐城派文论的有益补充。不仅如此,他们的骈文理论认识,也有益于清代骈文学的建构。

三、桐城骈文与江南骈文的交流

江南是清代骈文的中心,深刻影响着骈文的发展走向和格局面貌。"清代江南骈文发展的规模、成就,代表了有清一代骈文发展的规模和成就,清代江南骈文的发展进程,即构成了整个清代骈文史的主体"[①]。不过,清代江南骈文的发展,"并不是一个孤立封闭、自成一统的体系,而是一个建立在与江南地区以外区域大范围、长时间、大规模充分交流、互动基础上的开放性体系",这种区域之间的骈文交流与互动,虽然或隐或显地存在着,"但它实际正是清代江南以至清代全域骈文复兴的重要推动力之一"[②]。在江南骈文发展的"开放性体系"中,桐城骈文占有一席之地。故而,对于清代桐城骈

---

① 路海洋著:《清代江南骈文发展研究》,中国社会科学出版社2016年版,第1页。此书所说"江南",作者限定为环太湖地区的苏州、松江、常州、镇江、杭州、嘉兴、湖州、太仓七府一州。
② 路海洋:《清代江南骈文发展研究》,第46—47页。此书所说"江南",作者限定为环太湖地区的苏州、松江、常州、镇江、杭州、嘉兴、湖州、太仓七府一州。

文的考察，不应忽略它与江南骈文的交流，因为桐城骈文也不是一个孤立封闭、自成一统的体系。考察两地骈文的交流，也有利于全面、客观地审视桐城骈文在清代骈文史上的地位与影响。

早在明末清初，桐城骈文的萌兴，即与江南骈文有着千丝万缕的联系。崇祯年间，方以智、方文、孙临、钱澄之、周岐等一批胸怀壮志的桐城英才，屡屡走出乡邑，沿江而下，广交江南文人，觅合同道君子。如方以智在杭州西湖邂逅陈子龙，"与论大雅而合"（《膝寓信笔》）①；方文赴松江访友，自谓"陈李彭宋辈（陈子龙、李待问、彭宾、宋存标），唱和多诗章"（《夏镇赠顾水部见山》）②；钱澄之与陈子龙、夏允彝交最善，"遂为云龙社以联吴淞，冀接武于东林"③。不仅如此，他们大多加入了复社，并积极参与社集活动，使士林为之侧目。在他们所交游的复社诸子中，张溥尝编纂《汉魏六朝百三家集》，赞称"两京风雅，光并日月，一字获留，寿且亿万；魏虽改元，承流未远；晋尚清微，宋矜新巧；南齐雅丽擅长，萧梁英华迈俗"④；陈子龙尝与几社同仁仿拟《文选》，撰成《壬申文选》，并称"齐梁之赡篇"，"偶有间出，无妨斐然"⑤；吴伟业秉承其师张溥之教，亦喜好六朝诗文，其古文甚至也"每参以俪偶，既异齐梁，又非唐宋，殊乖正格"⑥。这些人对六朝文风的推扬以及骈体实践，为江南在清代成为骈文中心奠定了坚实基础。与江南文士"同饮一江水"的方以智、钱澄之等人，借助于地利之便和交游之谊，比较容易领略到这股骈俪文风，从而带动桐城骈文的发展。

自康熙中期至嘉庆末期，游幕之风盛行，江南地区又成为文士游幕的主

---

① 〔明〕方以智著，张永义校注：《浮山文集》，第489页。
② 〔清〕方文著，胡金望、张则桐校点：《方嵞山诗集》，黄山书社2010年版，第432页。
③ 〔清〕方苞著，刘季高校点：《方苞集》卷十二《田间先生墓表》，上海古籍出版社1983年版，第337页。
④ 〔明〕张溥著，殷孟伦注：《汉魏六朝百三家集题辞注》原叙，人民文学出版社1963年版，第314页。
⑤ 〔明〕陈子龙著，王英志辑校：《壬申文选凡例》，《陈子龙全集》，人民文学出版社2011年版，第908页。
⑥ 〔清〕永瑢等撰：《四库全书总目》卷一百七十三，中华书局1965年版，第1520页。

要目的地①。当时，卢见曾、朱筠、谢启昆、曾燠、阮元等政要先后开府江南，提倡风雅，才人学士皆从之游。桐城刘开、姚椿之、方东树、胡虔等人都有游幕经历。比如，胡虔、刘开游于谢启昆幕府，姚椿之游于曾燠幕府，方东树游于胡克家幕府、阮元幕府、邓廷桢幕府，等等。他们不仅受赏于幕主，同时也交善于幕下的诸多江南文士。游幕生涯对他们的骈文观念及创作都有或隐或显的影响。以姚椿之入曾燠幕府为例。曾燠在乾隆五十八年到嘉庆十一年期间，担任两淮盐运使，署中辟题襟馆，"公余之暇，与宾从琴歌酒宴，无间寒暑，海内名流归之如流水之赴壑"②。这其中就有陆继辂、彭兆荪、刘嗣绾、王芑孙、吴鼒、吴锡祺、郭麐等一批江南文士，他们都是骈文作手。曾燠也喜好骈文，借助幕宾彭兆荪，辑选《国朝骈体正宗》十二卷，并撰序宣称骈散同源，强调"古文丧真，反逊骈体；骈体脱俗，即是古文。迹似两歧，道当一贯"③。曾燠的这个选本也让桐城姚椿之受益不浅。姚椿之向曾燠赠诗，称"诵公选文读公集"，"先生乃许分一席，穷途遇此意良得"④。姚椿之还在《上书曾宾谷先生》中以骈体形式追忆了自己结交曾氏的详情："揖我就座，言臭者兰；为我开筵，气温其玉。与林宗共乘，人望若仙；得退之到门，士矜此鬼。而有赐我文综，惠我诗集，飞云异色，玉皇香案；颁来贝叶，名经释迦。灵台颁出，奏南宜雅，祧骚祖风，百川趋流，万羽戢翼矣。"⑤此处既可见曾燠对姚椿之的厚爱与提携，又可见姚氏对曾燠的尊崇与感激。由此可知，曾燠当对姚椿之的骈文思想与文章创作有一定影响。

除了游幕外，桐城文人与江南文人在交往过程中，还在书信中就骈散问题产生过论争。如刘开与阮元之争。阮元虽曾宣称"(刘开)骈体独出机

---

① 尚小明著：《学人游幕与清代学术》（增订本），东方出版社2018年版，第37—40页。
② 〔清〕叶衍兰，叶恭绰编：《清代学者象传合集》（第1集），上海古籍出版社1989年版，第248页。
③ 〔清〕曾燠：《国朝骈体正宗》卷首《序》，《续修四库全书》（第1668册），上海古籍出版社2002年版，第1页。
④ 〔清〕姚椿之：《伯山诗集》卷五《赠曾宾谷中丞即题其赏雨茅屋诗后》，《清代诗文集汇编》第549册，上海古籍出版社2010年版，第206页。
⑤ 〔清〕姚椿之：《伯山文集》，《清代诗文集汇编》第549册，第79页。

杼,余甚重之"①,但当他訾议方苞之文以及唐宋八家文章问题时,刘开表示了异议。阮氏对方苞之文有所不取,可能鉴于方苞"以古文为时文,却以时文为古文"②;又认为唐宋八家"亦未必尽有当也"③(《与阮芸台宫保论文书》),可能鉴于八家取《文选》所不选者,"故其所著者,非经即子,非子即史,求其合于昭明《序》所谓文者,鲜矣;合于班孟坚《两都赋序》所谓文章者,更鲜矣"④。面对阮氏的异见,刘开不因阮的勋业和声闻而不争不辨,反倒认为方苞古文"大体雅正,可以楷模后学,要不得不推为一代之正宗也"⑤;又指出:"盖文章之变,至八家齐出而极盛;文章之道,至八家齐出而始衰。"⑥他尽力维护唐宋八家的文章地位及贡献,同时还指出韩愈起八代之衰,"非尽扫八代而去之也",而是去粗取精,化腐出奇,未尝不备有"八代之美"⑦。这些观点与阮元在嘉道年间极力排斥唐宋八家、推崇《文选》之论大相径庭,反映了刘开的卓荦见识和敢于挑战权威的勇气。

尤需指出的是,雍、乾年间,吴自高注释陆繁弨的《善卷堂四六》,可视为桐城对江南骈文的反哺与回馈,别具意义。吴自高(字若山)出自桐城麻溪吴氏之门,之所以注释《善卷堂四六》,是有缘由的。据《善卷堂四六注缘起》,他少时私喜涉猎群籍,博闻强识。雍正年间,在姚孔铁家坐馆,姚之四弟姚孔锹从京城省觐归里,集饮暗香斋,姚孔锹"偶检行笥《善卷堂文集》举集中一二事实相质,高聊即畴所记忆者应之"。由此,姚孔锹建议他"仿

---

① 〔清〕阮元著:《原刻广列女传叙》,〔清〕刘开辑:《广列女传》卷首,光绪十年皖城重刻本。按,此叙为刘文淇代作。参见刘文淇《清溪旧屋文集》卷五,光绪九年(1883)仪征刘良甫刻本,12b。
② 〔清〕钱大昕:《跋方望溪文》,《潜研堂文集》卷三十一,陈文和主编:《嘉定钱大昕全集》(第9册),江苏古籍出版社1997年版,第536—537页。
③ 〔清〕刘开著,徐成志点校:《刘开集》,第54页。
④ 〔清〕阮元著,邓经元点校:《揅经室集·三集》卷二《书梁昭明太子文选序后》,中华书局1993年版,第608页。
⑤ 〔清〕刘开著,徐成志点校:《刘开集》,第54页。
⑥ 〔清〕刘开著,徐成志点校:《刘开集》,第52页。
⑦ 〔清〕刘开著,徐成志点校:《刘开集》,第53页。

迦陵四六为斯集郑笺"①。于是,吴自高自雍正十二年夏始注,至乾隆七年秋始成,历经九年。《善卷堂四六》原为昆山徐炯所刻,凡四卷。吴氏作注时,对卷次有调整,终成十卷,"有逸篇为原刻所不载,高于他书抄录附之简末,名曰拾遗"②。《善卷堂四六注》在清代骈文评注系统里占有重要一席。清人评注骈文集,是一个较为常见的重要现象,体现了清人对骈文研究的探索。吴自高在《例言》中说:"近时注四六者,徐、庾则有吴氏,李义山则有徐氏,陈检讨则有程氏,称详赡焉,要不如思绮堂之自注为尽善,以其旁引曲证于作者本意,犹未尽吻合也。"③据其所云,在他注《善卷堂四六》之前,吴兆宜注过徐陵、庾信二集,有《徐萧穆集笺注》六卷、《庾开府集笺注》十卷;徐炯注过李商隐文集,有《李义山文集笺注》十集(徐树谷笺);程师恭注过陈维崧四六,有《陈检讨四六》二十六卷;章藻功自编自注,有《注释思绮堂文集》十卷。吴自高对前人注本之优劣处,有着清醒的认识,注释《善卷堂四六》时,他力图避免重蹈前人覆辙,尽力做到精详审慎。张廷玉对此书有较高评价,称它"俾观者如游名山胜水,望高深而识其经术也;如披珠林宝藏,阅斑斓而知其名器也;如登崇台复阁,曲榭回廊,而得其门户梯阶与向导也。盖非徒陆拒石之功臣,而亦伐山问津者之一助矣"④(《善卷堂四六注序》)。

在桐城骈文与外界交流的历史进程中,桐城骈文作家的影响与地位也逐渐凸显出来了。这可以通过一些骈文选本反映出来。在光绪七年刻印的《后八家四六文钞》中,编者张寿荣将刘开与武进张惠言、临川乐钧、秀水王昙、会稽王衍梅、阳湖董祐诚、李兆洛、仁和金应麟尊称为"后八家",以接续于吴鼒的《八家四六文钞》。除刘开、乐钧两人外,其他六家皆是江浙文人。同年,张寿荣又刊印姚燮编的《皇朝骈文类苑》,其中收录姚鼐文3篇、刘开文10篇,共占全部篇目的3%,而其他作家绝大多数为江浙人。在光绪十四

---

① 〔清〕陆繁弨著,〔清〕吴自高注:《善卷堂四六》,第375页。
② 〔清〕陆繁弨著,〔清〕吴自高注:《善卷堂四六》,第373页。
③ 〔清〕陆繁弨著,〔清〕吴自高注:《善卷堂四六》,第372页。
④ 〔清〕陆繁弨著,〔清〕吴自高注:《善卷堂四六》,第368页。

年刻印的《国朝骈体正宗续编》中,编者张鸣珂收录刘开文4篇,许丽京文1篇,共占全部篇目的3%,其他作家皆为江浙人。次年,王先谦刻印《国朝十家四六文钞》,将刘开与董基诚、董祐诚、方履篯、梅曾亮、傅桐、周寿昌、王闿运、赵铭、李慈铭九人,并尊为"十家"。从这些选本来看,刘开骈文的成就与地位得到了众人的公认,代表着清代桐城骈文的最高水准,即便是与江浙地区的骈文作家相比,也丝毫不逊色,自成一家,独树一帜。这意味着:桐城骈文在清代骈文史上占有不可或缺的一席。

概而言之,清代桐城骈文的发展,不是孤立、封闭的,极大地受到了江南骈文的辐射与影响,呈现出开放、包容的发展态势。桐城文人与江浙地区骈文作家的交往与交流,实际上对双方都有一定的影响。从骈文思想层面来看,在不同历史时期,桐城文人对江南的骈文思潮都有所呼应,特别是嘉道时期,方东树、姚椿之、刘开等人骈散兼融的观念,与江南文人保持同频共振,一定程度上改变了桐城重散轻骈的传统。不仅如此,桐城文人的骈文思想,也得到了江南文人的认同。如彭兆荪接受了方东树在《跋小谟觞馆文集》中的骈文主张,并将其跋文收录在文集中。从骈文作品层面来看,江南文人的骈文作品,得到了桐城文人的关注与赞赏,如方东树称赞彭兆荪骈文:"鸿序兼于众体,谥议美于碎金。诔掩安仁,书休曹植;论屈灵运,铭夺士衡。"① 浙江陆繁弨的《善卷堂四六》,还得到了吴自高的注释。相应地,以刘开为代表的桐城文人骈文作品,也得到了江南文人的肯定与称赞,屡屡进入骈文选本之中,刷新着世人对桐城文章的认识。总之,正是在这种交流与碰撞中,桐城骈文得到了发展,江南骈文也得以拓展了影响。

四、结　论

王汎森说:"我们书写历史,往往只着重当时的主调或主流之外,而忽略

---

① 〔清〕方东树著,严云绶点校:《方东树集》卷十二《跋彭甘亭小谟觞馆文集》,第468页。

了它还有一些副调、潜流,跟着主调同时并进、互相竞合、互相影响,像一束向前无限延伸的'纤维丛'。如果忽略了这些同时竞争的副调、潜流,我们并不能真正了解当时的主流。"[①]显然,作为清代文学史重要组成部分的桐城文章,其主调或主流是名扬天下的古文,其副调或潜流当是骈文。它们在同时并进、相互竞争、相互影响的过程中,不仅推动了桐城文章的演进,也激生了桐城派文章的嬗变,从而改变了清代文章的递嬗脉络。因此,世人书写文学史时,固然有必要对桐城古文大书特写,但也不能对桐城骈文置之不论。否则,很难全面呈现桐城古文发展的动力,也很难了解桐城文章的总体面貌。

故而,我们要真正全面了解桐城古文,深刻感知清代骈文复兴的影响力,以及深入理解发源于斯的桐城派之文,知晓桐城骈文的发展面相还是有必要的。从骈散之争层面看,骈文能够在底蕴深厚的古文重镇桐城开枝散叶,绵延持久,在一定程度上能够反映出清代骈文复兴的强大影响力和吸引力;从桐城派层面看,桐城骈文能够展现桐城派作家从尊散轻骈到骈散兼擅的转型历程。这些,正是桐城骈文的文学史意义之所在。

(本文原载《中国文学研究》2022年第2期)

[①] 王汎森著:《执拗的低音:一些历史思考方式的反思》,生活·读书·新知三联书店2014年版,第60页。

新见方苞、姚范、张裕钊《杜诗评点》考略

童岳敏

清代杜诗评点兴盛，周采泉《杜集书录》、郑庆笃《杜集书目提要》及张忠刚《杜集叙录》等著录甚多，但也有遗珠之憾。笔者近来赴安徽省图书馆查阅资料，觅见方苞、姚范及张裕钊的杜诗评点，甚为珍贵，现将其叙录如下，以补杜诗研究之阙[①]。

一、姚永概过录三家批杜本的概况

方苞、姚范、张裕钊杜诗评点为姚永概过录本，底本为郑沄所刻的《杜工部集》，二十卷，同治十一年壬申六月致一斋校椠，玉勾草堂本[②]。一函十册，书长25.3厘米，宽15.3厘米，板框半页高12.5厘米，宽9.1厘米。八行十七字，小字双行同，四周双边，版心上镌书名卷数，下署"玉勾草堂"四字。郑沄，字晴波，号枫人，江苏仪征人，乾隆二十七年举人，三十年召试授内阁中书，官至浙江督粮道。著《玉勾草堂诗集》二十卷、《玉勾草堂词》三卷、

---

① 方苞曾多次评点《杜诗》，乔亿《杜诗义法》批《北征》云："望溪先生删'其王愿助顺'十句，又删'祸转亡胡岁'二句，气脉似紧，但于公忧回纥终为国患之意泯矣，要义所在，何可删耶？"周采泉《杜集书录》卷九《辑评考订类二》据此推测方苞著《批杜诗》，但方氏批杜所据何本及其椠传情况则未详。又周氏该著《附录》提及北师大编《杜诗引及》中《别唐十五诫》、《茅屋为秋风所破歌》、《凤凰台》、《卫处士》各诗均引"张廉卿曰"，似为批本，但具体内容付之阙如。此外，高步瀛《唐宋诗举要》中杜甫评点有张裕钊批语，共十余条。经复核，与姚永概过录的张氏同题之评内容完全一致，可见两者应源出同一批本。但姚氏过录的张裕钊评点条目更多，内容也更丰富。

② 郑沄玉勾草堂本《杜工部集》最早的版本是乾隆乙巳年版，周采泉《杜集书录》卷五《全集校刊笺注类五》言其版本尚有日本文化九年、同治十三年、光绪十三年刻本及一九三四年的《四部备要》本。另可补充的还有嘉庆刻本，如莫友芝《邵亭知见传本书目》卷十二云："嘉庆中，玉勾草堂刻袖珍本《杜集》二十卷，无注。"

《梦余集》一卷、《鹠䴖集》一卷。郑沄少嗜杜诗,手钞口诵,所刻杜集,世人多有称誉。李斗《扬州画舫录》卷八云:"(枫人)生平论诗深于少陵,刻杜诗全集行于世。"阮元《淮海英灵集》论其云:"生平学杜诗最力,尝刻《杜少陵全集》,勘校精美。"郑沄翻刻杜诗,白文无注,自序云:"取旧本之善者,刊为袖珍版,劳人仆仆舟舆,便行箧也。笺注概从删削,以少陵一生,不为钩章棘句。以意逆志,论世知人,聚讼纷如,吾无取焉。"细核郑氏《杜工部集》二十卷,共计古诗八卷,四百一十五首,近体诗十卷,一千零九首,表赋记说赞述一卷,十五篇,策问文状表碑志一卷,十七篇,另卷首有诸家评及诗话。其目录卷次、诗题数量及顺序与钱谦益《杜工部集笺注》皆为一致,故"取旧本之善者,刊为袖珍版"应指钱注杜诗。

该过录本扉页粘贴纸条,上端题云:"墨笔,录方望溪评点。红笔,录先编修公评点。绿笔,幸孙公手过张廉卿圈点。"下端为"张刻杜集十册,三色笔过"(疑"张"为"郑"之误)。有印钤"慎宜轩"、"马其昶"、"通伯"、"桐城马抱润轩藏书"、"舒桐乡民"及"安徽省图书馆善本"等多枚。又卷一首页有姚永概题识:

> 吴先生藏有方望溪先生手批本,末有乾隆元年九月十三日点定毕,授兄子道永,真希世宝也。光绪癸巳十月初五借录毕,谨再识,墨笔是也。
> 红笔,先编修公圈点,沉士伯父代通伯录者,今本归予。
> 绿笔乃张廉卿先生圈点,光绪壬辰七月在保定借录。

其中吴先生为吴汝纶,先编修公为姚范,张廉卿为张裕钊,通伯为马其昶,幸孙公为姚永概。从其题识来看,姚范批本原为永概伯父沉士代马其昶所录,后归姚永概。

按:麻溪姚氏曾多人官至编修,如姚文焱孙姚孔锳,字范冶,号三崧。雍正癸丑进士,官编修,著《小安乐窝诗集》。姚文燮次子士藟,字绶仲,号华曾,康熙戊辰进士,康熙丙子湖广典试编修,著《有余斋咏园诗文集》。又姚范，字姜坞，乾隆七年进士，官编修，充《三礼》馆纂修官。著有《援鹑堂诗集》七卷、《文集》六卷、《笔记》五十卷，评点有《曝书亭诗评点》、《望溪文集评点》及《国朝山左诗抄评点》等。相对而言，世人多称姚范为姚编修，如马其昶《桐城耆旧传》卷九以"姚编修"为姚范名传，陈诗《静照轩笔记》中也以"编修"称姚范。① 又姚永概《慎宜轩日记》第十四册光绪壬辰十一月二十三日也云："先编修公有圈评东雅堂韩文，今归二兄珍藏，予取来，以今苏局翻本过录之。"② 虽然麻溪姚氏一族皆有血缘关系，但就亲疏关系来看，姚永概为孔鋠、士甗远裔，却是姚范嫡传后代（永概祖姚莹，姚莹曾祖即为姚范），所以姚永概称姚范为"先编修公"更为合理恰当。另外，武汉图书馆馆藏明刻本《集千家注杜工部诗集》，内有齐召南过录姚范评点及其跋语。《中国古籍善本书目》卷二十三及胡可先《杜甫诗学引论》附录二《杜集善本书目》著录方苞、姚范、张裕钊的《杜诗评点》，皆将其误作姚鼐，姚鼐《今体诗钞》有杜诗评点，但此本应非姚鼐所批。永概伯父指姚声，姚声号澂士，也称湛士、沉士，生于嘉庆甲戌十月，卒于光绪庚寅四月。善饮酒，嗜茶，作书爱王羲之。家贫，晚号寒人，与姚濬昌（号寒皋）、苏求庄（号寒知）并称"三寒"。姚联奎修、姚国祯纂《麻溪姚氏宗谱》（民国十年木活字本）有传，生平事迹详见姚永朴著《太学生姚君墓志铭》。③

有关姚永概过录《杜集评点》的过程，在其《慎宜轩日记》中有着更为详细地记载：

> （壬辰）七月十六日晴：写大字二张、白折一开。抄《尚书故》六页。吴先生为我圈点惜抱文集一过，交来。李玉度有张廉卿丈杜集评点，借来录之，汪经邦去。

---

① 陈诗编撰：《皖雅初集》卷四，民国十八年己巳二月聚珍版印，上海图书馆馆藏。
② 姚永概著，沈寂等标点：《慎宜轩日记》（国家清史编纂委员会·文献丛刊），黄山书社2010年版，第521页。
③ 姚永朴：《蜕私轩文集》卷五，北京共和印刷局民国六年铅印本。

十八日晴：写大字二张、白折半开。抄《尚书故》八页。过杜集评点。

二十日晴：写字二张、白折一开。抄《尚书故》五页。过杜集评点。

二十一日晴：写大字二张、白折半开。抄《尚书故》八页。过杜集评点毕。吴兰石、王卿云来。

（癸巳十月）初三日晴：未出城，亦未上学，过录杜诗评点，望溪手笔也，吴先生在京以数金购得之，真奇缘矣。

初五日晴：过杜集评点毕。往凯里斋谈武邑事。

据《日记》所言，光绪壬辰（1892）二月，姚永概辞家赴京，三月初参加会试，四月中旬落第，后经天津赴保定莲池书院，投奔吴汝纶。莲池书院创建于雍正十一年，李鸿章任直隶总督时聘黄子寿主讲书院，燕赵儒风，为之一变。后"张廉卿、吴挚甫两先生联镳接轸，皆以古文经济倡后学，数年以来，北地士风，蒸然日出，三辅英俊多出其中。"[①]张裕钊主持书院长达六年（1883—1889），因批评洋务外交与李鸿章相龃龉，愤而离职，接任者即吴汝纶。李玉度所持张裕钊《杜集评点》极有可能是张氏在莲池书院时所作。李玉度，湖北人，姚永概《日记》中曾四次提及李氏，相互间多有唱和宴游之举，其当时身份与姚永概大抵相似，但《日记》没交代李玉度是如何得到张裕钊的《杜集评点》，或许是书肆所购。[②]另姚氏光绪癸巳年十月在保定还曾过录方苞《杜诗评点》，据书中题识可知，方苞于乾隆元年九月批杜，时年六十九岁，充三礼义疏馆副总裁，其批杜应为道永所作。道永，方苞兄方舟子，己亥年过继于方苞弟方林。方舟，三十七岁卒，方林二十一岁卒，皆英年早逝，方苞对道永更为怜爱有加，勤加督学，此《杜集评点》应是示道永杜诗之技法关键。

---

① 刘春堂：《莲池书院碑铭》，吴闿生编：《吴门弟子集》，民国十九年莲池书院刻本。
② 如姚永概曾于书肆购得施国祁注《遯亭文集》。见《日记》壬辰八月十二日条，第511页。

二、三家圈点杜诗的内容与特色

圈点批评，宋以后渐趋成熟，一般来说，字旁加圈（〇）以示字眼或精华。《真德秀批点法》云："字眼圈点〇"①，《大明唐顺之批点法》也云："长圈〇〇〇〇〇〇〇 精华；短圈〇〇 字眼。"② 另程端礼《读书分年日程》卷二《批点韩文凡例》用红圈、红侧圈及黑侧圈等批点符号以示用字的转换呼应、用力、紧切全句及有韵之韵等内容。而点则有句读小点、短点、长点及圆点之分，句读小点为断句之需，短点及长点按《大明唐顺之批点法》所言也为字眼、精华，而圆点的情况则较为复杂些。翁方纲《王文简古诗平仄论》、赵执信《声调谱》及翟翚《声调谱拾遗》等声律论中平声用圈（〇），仄声用点（●）。程端礼《批点韩文凡例》又云："造语奇妙者：红侧点；补文义不足，反复提论德行，及推说虚叙，总述其所以然：黑侧点；譬喻：青侧点。"另外，《增批归方评点史记》还有丹点、蓝点之说，如《方望溪平点史记》卷一《殷本纪》中"殷道二句_{蓝点}"，《周本纪》中"此为秦取周之精者也句又非吾能教至百发尽息又不若今卒为周城以匦事端句_{俱丹点}"。③ 此批本为三色笔过录，方苞批点为黑笔，姚范评点为红笔，而张裕钊批点是绿笔。从内容上看，圈点三家皆有，较详细，但批语只有方、张二家，多以眉批为主。前九册皆有三家圈点，但每首诗歌的侧重各有不同。下面以《奉先刘少府新画山水障歌》、《醉时歌》、《奉赠韦左丞丈二十二韵》、《喜达行在所三首》为例，对其略加辨析，附表如下：

---

① 徐师曾著，罗根泽校点：《文体明辨序说》，人民文学出版社1998年版，第96页。
② 徐师曾著，罗根泽校点：《文体明辨序说》第97页。
③ 〔明〕归有光、〔清〕方苞著，张裕钊、刘炳燮、刘沆校：《增批归方评点史记》，乙卯年冬月上海同文图书馆印行。

序号	诗 题	方苞（黑）	姚范（红）	张裕钊（绿）
1	《奉先刘少府新画山水障歌》	圈（○）：诗题、入、湿。点（●）：堂上、枫树、下、猿、时、活、若、耶、此、始。	圈（○）：诗题（○○）、悄、猿、元、不、活。点（●）：岂、丹、反、入、沧、末、若、始。	圈（○）：堂、得、活、若、始。
2	《醉时歌》(赠广文馆博士郑虔)	圈（○）：诗题、用、汝、师、酌、落、神、犂。	圈（○）：诗题、德、用、但、犂、儒、埃。点（●）：清、落、先、苔、不、杯。	圈（○）：诸、足、德、用、清、杯。点（●）：杜、师。
3	《奉赠韦左丞丈二十二韵》	圈（○）：诗题、条、沦、厚、真、上、新、荡、驯。点（●）：死、身。	圈（○）：诗题（○○）、纨、身、甚、真、白、驯。点（●）：自	圈（○）：读、神、自、淳、残、辛、尚、驯。点（●）：纨、身。
4	《喜达行在所三首》（原注：自京窜至凤翔）	圈（○）：诗题、西忆、却回、日、灰、引、开、所亲、中来、夕、春、生还、时人、睹、新、喜心、沾巾、死去、自怜、雪、天、里、前、稷、年。	圈（○）：诗题（○○）、春、生、人、喜、巾、死、怜。点（●）：今、年	圈（○）：所、来、生、人、喜、巾、死、怜、影、年。

其一，诗题上端，方苞、姚范皆用圈点加以标识，其中《奉赠韦左丞丈二十二韵》、《喜达行在所三首》，姚范用双圈点（○○）的形式予以突显，视为佳作。另外，姚范还曾用"○○○"标于诗题上头表示极佳者。如《自京赴奉先咏怀五百字》、《大历三年春白帝城放船出瞿塘峡久居夔府将适……凡四十韵》等。

其二，从形式上看，三家圈点的字词多在每联的首尾两端，若以平仄关系加以考量，则明显不符合声律的特征。所以，他们的圈点更多指向诗歌技法的点睛之处，或行文章法之妙等内容。如《奉先刘少府新画山水障歌》首句"堂上不合生枫树，怪底江山起烟雾"，其中"堂上"、"枫树"，方苞皆标有圆侧点，表示该诗起句的奇妙逸宕。钟惺《唐诗归》论此二句云："唐突的妙。"又杨伦《杜诗镜铨》引张上若评此云："以画作真，落想甚奇。"可见，方苞与钟惺、杨伦等多有款通之处。又如《喜达行在所三首》之二"喜心翻倒极,呜咽泪沾巾",之三"死去凭谁报,归来始自怜",其中"喜"、"死"、"怜",三家都圈点,这三字皆为字眼,展现了杜甫悲喜交集而又微妙的心理体验。浦起龙《读杜心解》也云:"文章有对面敲击之法,如此三诗写'喜'字,反详言危苦情状是也。言言着痛,笔笔能飞,此方是欲歌欲哭之文。"鉴于圈点之外,未有详细的文字批点作进一步解释,其大概的意指内涵,我们只能作简略的阐述。

另外,方苞不仅对杜诗正文进行圈点,一些注文也有圈点,姚永概皆墨笔眉批以过录:

> 张溍注:正渡时,若天与水已(张本作连①),星在水面,已渡回望,乃知相隔。望溪句圈。(《水会渡》)
>
> 张溍注:因严有"漫向江头"句,故(张本作故杜)曰"幽楼真钓"。因严有"懒眠沙草"句,故(张本作故杜)曰"从来水竹"。因严有"驰马直到"句,故(张本作故杜)曰"无径欲锄",句句相映。望溪句点。(《奉酬严公寄题野亭之作》)
>
> 张溍注:生前则绝无援附,死后则备极痛伤。望溪先生句圈。(《哭严仆射归榇》)

从姚永概过录的圈点资料来看,方苞批杜应该是以张溍《读书堂杜工部诗集注解》为底本进行圈批的。据宋荦《序言》及张榕端《先大夫批注杜集卷末遗笔》中的记载,张溍注杜应始于顺治六年(1649),迄于康熙十二年(1673)。其中康熙戊申年十月张氏曾参阅顾宸、胡震亨及邵宝旧注,庚戌年闰二月参阅钱牧斋注,癸丑年十一月又兼采方拱乾及朱长孺的杜诗注解。康熙十七年,张溍卒,康熙三十七年张榕端视学江南时予以版刻,距张

---

① 〔唐〕杜甫撰,〔清〕张溍:《读书堂杜工部诗集注解》,康熙三十七年读书堂刻本。

潜离世已二十载了。张潜注杜，曾五易其稿，用功颇深，宋荦序云："是著能疏《千家》之踳驳，间亦佽以近代诸名人，庶几萃诸家之长，而擅其胜者。"又道光十一年重刻本中阎若璩也序云："先生灵心慧眼，标新抉异。"是书版刻后，仇兆鳌《杜诗详注》、沈德潜《杜诗偶平》及范辈云《岁寒堂读杜》颇多征引，可见其影响较大，方苞以此为训谕道永的批杜底本，也在情理之中。方苞不仅圈点张潜注语，对张潜转钱牧斋注也有圈点，如《洗兵马（收京后作）》"成王一段"，钱云："见收复两京皆元宗旧人，二三豪俊之力。于灵武诸人何与，斥之曰汝等贱而恶之之词。时李泌虽在肃宗左右，寔乃心上皇，以避祸还山。"又《太子张舍人遗织成褥段》对严武在蜀时恣志逞愿，好行猛政等皆有精彩评断，这些内容多为后世评家反复称引，方苞也予以圈点。尚需补充的是，方苞圈点有时也非精华关键，也可能为疑窦之处。如《短歌行，赠王郎司直》"徘徊"句、"西得"句，张潜注云："公语欲王早拔之。"方苞连圈，应是对张潜注文的质疑。姚永概附后释云："案前说似是，后说太谬。公何至乞拔于王郎乎？概盖公言翻风拔浪，望之尔辈少年，吾老矣，不能为矣，具有兀傲之意。"

三、方、张批杜的比较与辨析

姚永概除了过录三家圈点，还详细地转录了方苞、张裕钊的杜诗评语。这一则保留了弥足珍贵的文献资料，另则对方、张二人杜诗学乃至诗学思想的研究都大有裨益，下面对其批杜的内容进行相应的归类比较，并略作辨析。

方苞批杜共十八条，张裕钊批杜达七十余条。方、张批杜既重视源流，也论风格、气韵。从批评对象看，有综括全诗的旨意，也有对字句的辨析。就其内容而言，主要体现为以下几个方面：

其一，叙背景，论主旨大略。方、张批杜往往通过述本事背景来阐述杜诗的主旨，如《奉赠射洪李四丈（明甫）》，方云："子美梓州诸诗多率尔奔迫艰危,精气销亡之验也。"《咏怀二首》,张云:"子美诗每及时事,非若后人虚作感愤,语其泳心古谊,讦谟说论,直是名目奏议,所以高出古今。"《北征》,张云:"此一段叙到家以后情事,酣嬉淋漓,意境非诸家所有。忽入时事,笔力绝人。"

其二,辨风格,识韵味。杜甫诗体尽得古今之体势,风格多变,追求风神情韵之美,这些内容也成了方、张二人批杜的重点。方苞批杜主要突出杜诗语言的特点,如《三川观水涨二十韵》"清晨望高浪,忽谓阴崖踣"、"恐泥窜蛟龙,登危聚麋鹿"等句,方云:"所谓语不惊人死不休。"《闻官军收河南河北》云:"清空一气如话。"又《望岳》云:"语甚妙,但余过泰安州数里外即不见东岳。"张裕钊批杜时,则更侧重于气格、韵味,如《醉诗歌》(赠广文馆博士郑虔):"满纸郁律从宕之气。"《赠卫八处士》:"此等诗纯任自然,纯是清气往来。然其造句及通体接换处固极精彩。"《遣兴五首》:"五首纯是郁律不平之气,而妙有含蕴。"《将适吴楚,留别章使君留后,兼幕府诸公,得柳字》:"奇气横溢。"《除草》:"直吐胸臆,令人想其磊落之气。"《古柏行》:"淋漓变动,开合排阖而气尤雄劲。"《雨》:"孤苦之思,磊落之气,飒沓并集,使人读之不厌。"张氏多以郁律不平之气、磊落之气、清气及奇气等突显杜诗的情感力量,而在艺术表现的审美层面,则从境界、趣味及兴象角度寄语,如《发秦州(乾元二年自秦州赴同谷县纪行)》:"极苍凉惨淡之境,写来却有无穷兴象,洵奇绝也。"《铁堂峡》:"诸诗锤幽凿险,独辟异境。"《北征》:"此与夜深经战场数语,就途中所见,随平生出波绉,兴象最佳,玩其风神,萧飒闲淡之妙。"《冬狩行(时梓州刺史章彝兼侍御史留后东川)》:"微恉以文外曲致,出之故亦妙远。"《四松》:"自负语,妙在寄托深远,含蕴不尽。"《水槛》:"语淡而趣远。"

另外,方苞论杜诗重其雅洁醇正,如《徐司空诗集序》云:"唐之作者众矣,独杜甫氏为之宗。其于君臣、父子、夫妇、昆弟、朋友之间,流连悱恻,有读之使人气厚者。其于诗之本义,盖合矣乎?"[1]对杜诗中一些清新闲适之

---

[1] 〔清〕方苞著,刘季高校点:《方苞集》,上海古籍出版社2008年版,第605页。

作，方苞则批其为浅义之作，如《遣兴五首》："五章皆直率少意味。"《冬狩行》："义味亦浅。"《自阆州领妻子却赴蜀山行三首》之一："此首未见佳致。"又《观公孙大娘弟子舞剑器行》："叹逝赋：'苟性命之不殊，岂同波而异澜'，辨其由来知波澜，此雅□篇而意味实浅。"

其三，重源流，辨用典。杜甫诗歌法乳先哲，绍古求变，影响甚巨。方、张批杜时往往会辨析杜诗的诗法取径，只是方苞的批点稍显简略，仅注重杜诗诗句的用典出处，如《秋日荆南述怀三十韵》中"休为贫士叹，任受众人咍"，方云："《楚辞》'又众兆之所咍也'。"《秋日夔府咏怀奉寄郑监李宾客一百韵》中"风流俱善价，愜当久忘筌"，方云："'愜心'、'贵当'，陆机语。"而张裕钊则更加关注杜甫诗歌的意格风神甚至体貌对前贤的承袭。譬如得风骚之遗，如《自京赴奉先县咏怀五百字》："此等实足上嗣风雅。"《佳人》："按此诗公以自况也，意格从楚骚中化出。"《有怀台州郑十八司户（虔）》："此与《梦李白》二首皆骚人之遗。"《枯椶》："从小雅脱胎。"《遣遇》："孔子曰：'诗可以怨'，又曰：'不可学诗'，似此庶几风雅之遗耳。"另外，张裕钊也指出杜诗脱胎汉魏以及陶渊明、谢灵运、谢朓等，如《示从孙济》："此等直是汉魏人诗。"《夏日李公见访》："纯是陶公。"《西枝村寻置草堂地，夜宿赞公土室二首》："杜公中此诗尤不免规橅大谢。"《通泉驿南去通泉县十五里山水作》："绝似小谢。"《草堂》："数语全仿《木兰辞》，故知规橅古人大家亦往往有之，要能与之同工耳。"与张裕钊推崇杜诗的转益多师相比，方苞似乎更苛责杜诗，如《奉赠萧十二使君》："取譬古人太多，亦格律衰飒处。"对杜诗中的晚唐格调也同样有所不满，如《风雨看舟前落花，戏为新句》："此诗性情风格颇不似杜公，岂李商隐辈所为窜入耶。"又《覆舟二首》："李义山意绪格调所自出。"

其四，论诗法，析用字。杜甫写诗惨淡经营，反复推敲，用词造句、谋篇布局皆出神入化，这也颇得张裕钊的称誉。如《自京赴奉先县咏怀五百字》"生常免租税，名不隶征伐。抚迹犹酸辛，平人固骚屑"句："数语回斡无迹。"《遣兴五首》之一："收句高奇，非常音所维。"《扬旗》"虹霓就掌握，舒卷随人轻"句:"十字摹写精妙,足达难显之情。"《秋兴八首(瞿塘峡口曲江头)》:"收句雄远奇妙,它人不能到。"《奉赠韦左丞丈二十二韵》"读书破万卷,下笔如有神"句:"二语沉雄。杜诗专以沉雄扛长,然此二语乃自道所得,乃其所以沉雄之由也。"《观公孙大娘弟子舞剑器行》:"瞿塘一语收入笔力,超绝著语。不即不离,尤极浑妙,它手为之,便不免钝滞。"张氏甚至以《史记》笔法论杜诗诗脉之妙,如《玉华宫》:"横插不知而二语最妙,史公文往往如此。"《韦讽录事宅观曹将军画马图》:"放恣纵横,离合变化,不主故常,惟史公文有此耳。"又《兵车行》:"杜公歌行妙处与汉魏古诗异曲同工,如此篇可谓诣绝矣。熙父谓太史公文如平地忽起高山,读杜诗亦宜以此意求之。"方苞虽曾批杜云"语不惊人死不休",但认为杜诗用字时有拼凑之嫌疑,如《苏端薛复筵简薛华醉歌》"何刘沈谢力未工,才兼鲍照愁绝倒"的"愁绝倒"三字,方苞划以黑侧线,并云:"三字凑。"又《义鹘》,方云:"'死亦垂千年'句凑。"

此外,方苞批杜,有时也援引知己之论以求同声相应,如康熙四十五年,方苞与王源交谊,多文字往来。① 方在批杜时也引王源语。如《严中丞枉驾见过》:"王昆绳云:'非咨谋军国事,亦非存问故人。"《咏怀古迹五首》之一:"昆绳云:'通篇皆言庾信事'。"又《奉寄高常侍》:"王或庵每有此感。"可见,方苞为道永批杜之前,曾与王源一起探究过杜诗。

总体而言,方苞杜诗评点,重在圈点,其眉批之作,要言不烦,多有精辟之语。如上文的"愁绝倒",历代注家鲜有解释,钱谦益、朱鹤龄及杨伦等皆付之阙如。汪师韩《诗学纂闻》第四十一《世俗语入诗》云:"唐人每以唐时语入诗,亦犹先儒注《经》有文莫、相人耦、晓知、一孔之类也。……'愁绝倒',绝倒,笑也,而愁亦可言,杜诗'才兼鲍照愁绝倒',又《别苏徯》诗'绝倒为惊吁'。"又《杜诗字句之疵》云:"诗至少陵,谓之集大成,然不必无一

---

① 王源,字昆绳,号或庵,直隶大兴人,康熙二十三年举人,有《或庵文集》,徐世昌《晚晴簃诗汇·诗话》论其云:"(昆绳)诗不多作,而沈雄激越,勃勃有生气,刚主所谓寒丰正采,犹可概见。"方苞与王源的交往,可参见方氏:《祭王昆绳文》,《方苞集》卷十六,第469—470页。

字一句之可议也。读其全集,求痕觅瑕,亦何可悉数。……'才兼鲍照愁绝倒'(《简薛华》),绝倒说愁,要是凑韵,后人曲解,不必。"由此看来,方苞批其曰"三字凑"是颇为中肯的。另方苞批杜浅义之作,与其倡导的"义法"说则是一脉相承,在《评点柳文》中,方苞也重义蕴,如《说车赠杨诲之》"非众车之说也",旁批:"其义何居?"《吊苌弘文》:"而义蕴亦浅。"《涂山铭》:"绝无义蕴,词亦浅。"《舜禹之事》:"谤誉咸宜,蕴义虽浅,而气尚清明。"①可见,方苞的义法论在诗文评点中也得到了彻底地贯彻。张裕钊批杜,从内容上看,更为具体细致,对杜诗风格、诗法技艺的评析也较全面翔实,其中以气论杜诗,不仅精彩绝妙,也与张氏重雄健刚阳之气的文论观点相契合。桐城派文气说,早期姚鼐、刘大櫆等师承曾巩,文章气势失之柔缓,后曾国藩、张裕钊等以诸子、汉赋及韩柳文矫桐城一脉文风阴柔之弊。张氏为文"以柔笔运刚气,旋折顿挫,自达其深湛之思"②,论文主张应声求气,如其评吴汝纶文"诚辨博英伟,气逸发不可衔控"③,评范当世文"辞气诚盛昌不可御"④。故其批杜言磊落之气、清气及奇气,也在情理之中。

评点是我国古代重要的文学批评形态之一,就其功能而言,既是对文本解释的发覆探隐,又能充分地展现批注者的阅读深度与文学理念。清代评点兴盛,桐城一脉也通过评点圈批的形式来彰显其义法、辞章之学。方苞曾云"文之义蕴深微法律变化者,必于总批旁批揭出,乃可使学者知所取法。"⑤姚鼐也言:"圈点足以启发人意,有愈于解说者矣。"⑥据孙琴安先生的统计,桐城派的评点著述达到二百余种⑦,可见风气之盛行。诚然,方、姚、

---

① 徐天祥、陈蕾校点:《方望溪遗集》,黄山书社1990年版,第142—145页。
② 〔清〕施补华:《复张廉卿书》,《泽雅堂文集》卷二,《续修四库全书》第1560册,上海古籍出版社1995年版,第304页。
③ 〔清〕张裕钊:《吴育泉先生暨马太宜人六十寿序》,王达敏校点:《张裕钊诗文集》,上海古籍出版社2007年版,第70页。
④ 〔清〕张裕钊:《赠范生当世序》,王达敏校点:《张裕钊诗文集》,上海古籍出版社2007年版,第31页。
⑤ 〔清〕方苞:《进四书文选表·凡例》,刘季高校点:《方苞集》,第582页。
⑥ 〔清〕姚鼐:《答徐季雅书》,《惜抱先生尺牍》卷二,《丛书集成续编》第130册,上海书店出版社1994年版,第905页。
⑦ 孙琴安著:《中国评点文学史》,上海社会科学院出版社1999年版,第266—268页。

张所批的《杜工部集》也集中地体现了他们的诗学经验及对杜诗的理解，是建构桐城派杜诗学体系的重要组成部分，虽然圈点抹识的批评形态尚存争议①，但在一定程度彰显着当时的学术生态，为我们进一步探析桐城诗学的传衍提供有迹可循的线索。此外，姚永概对杜诗评点的过录传抄，应是师友、姻亲之间书籍的内部流通，具有家族性、师承性以及地域性的文化特征，这也从一个侧面反映了桐城派的生成机制与文学特质。

（本文原载《文献》2017年第4期）

---

① 章学诚《文史通义·文理》中认为桐城派的圈点"反复审读，不解所谓，有穿凿过求之嫌，反拘人之性情，曾国藩、俞樾也曾赞同此论。但方东树驳斥了章氏之言，其《考槃集文录》卷五《书归震川史记圈点评例后》云："识精者为之圈点，抹识批评，此所以筌蹄也。"后林纾《春觉斋论文·述旨》也认为震川评骘之本，颇识文中三昧。两派争执不休，今天看来，各有偏宕，桐城派传承的标识评点，以时文手法窥古诗文脉络，有精妙之处，但自矜正宗秘钥，忽视法度之外尚有活法创新，有蹈袭古人之嫌疑，自然会招致非议。

《问斋杜意》与清初桐城派的杜诗批评

童岳敏

考察清初的杜诗笺评,流传广泛的多为钱谦益、王士禛及朱彝尊等名家大著,而大量遗民布衣的评点辑注则散坠较多。如潘柽章《杜诗博议》因庄廷龙《明史》案发而禁废,桐城桂林方氏家族中方文、方拱乾及方贞观等皆曾批注杜诗,但因顺治江南科场案及《南山集》案,均在文禁之列,陈式与方文、方拱乾及方孝标多交谊,《问斋杜意》也遭受波及。[①] 如果以"朝"、"野"的类型厘定清初杜诗评点的阶层归属,那么,钱、王、朱等在朝名宦的评述,因其处于话语体系的权力中心为士人称引瞩目,体现为清廷的文治引导与政治约束。而身世卑寒的遗民布衣之士的批注,更侧重于杜诗风云激荡的心灵历程,有着鲜明的时代氛围与地域诗学背景。对其整理与研究,就清初诗坛的发展及杜诗学研究而言,极具理论价值。基于这一诗学价值的判断,本文旨在分析陈式《问斋杜意》文本特点及其阐释方式,探究批点的群体构成与乡邦诗学的关联,并进一步寻绎桐城派杜诗批评与其诗论演进的内在逻辑。

一、《问斋杜意》:遗民心态下杜诗典范的确立

《问斋杜意》,清陈式撰,徐秉义《培林堂书目》卷三载《陈式杜意》二十卷,又孙殿起《贩书偶记》卷十三载:"《问斋杜意》二十卷,《温述》一卷,桐山陈式撰。""温述"应"漫述"之误,有康熙二十一年侧怀堂刻本,六册,国

[①] 如周采泉著《杜集书录》卷四《全集校刊笺注类四》云:"方孝标以《戴南山集》文字狱剉尸,此书或因方孝标之忌讳,故其书韬光匿彩,以迄于今。"

家图书馆馆藏。书名页题为《陈问斋先生杜诗说意》，此书板框高19.5厘米，宽13.5厘米，白口，单鱼尾，左右双边，半页十一行，行二十五字，小字双行同。前有徐秉义、邵以发、张英、方畿、方孝标、潘江、姚文焱、陈焯、吴子云序及其自序，另附《读杜漫述》凡四十八则。扉页钤有马氏所藏、定砚山房藏印章两枚，又卷一右下有味吾味马氏珍藏及国家图书馆珍藏朱文方印。

桐山陈氏，源远流长，奕世清华，吟咏不坠。张英《陈氏续修宗谱序》云："至明，则陈氏之源流愈衍愈大，其系出自江州，自友德公为元进士，官安庆，遂卜居桐城。祖若宗世，有隐德，至子和公以文章友天下士，与余最善，即今交游中最称硕德雅望必曰子和公。"子和公陈焯，世称文洁先生。著《涤岑诗文前后集》，辑有《古今赋会》《宋元诗会》等，马其昶《桐城耆旧传》卷七誉其清操高节，雅癖于文，另陈昉、陈度及陈式等皆擅诗文。陈式，字二如、质生，号问斋，万历四十一年生。弱冠负文望，潘江《龙眠凤雅续集》卷十七云："美须髯，善谈论，质貌魁杰，有大人之风。方坦庵（拱乾）、姚戊生（孙棐）两先生最爱重之，因执经门下，欣然以公辅自期。"崇祯初，粤东辜朝荐授知桐城，雅相汲引，以为金马玉堂中人物。崇祯七年，流贼袭桐城，"桐人苦兵之扰也，纷纷渡江而南"①。陈式与潘江、方孝标、姚文然等寓居白门，有"潜园十五子"之会。顺治二年，与宋其武、唐五叙及董蛟门交于溧阳，气胜一时。康熙元年曾因恩贡入太学，陈式《问斋杜意自序》云："时年已五十，聊侯癸卯闱试放，然后归。归而焚笔冢研，既尽弃从前举子业，亦决口不言仕进。"此后退居乡里，也曾入闽、粤、中州署，多以著述授徒为娱。陈式工诗，"其为诗，明艳如花，温润如璧。而抚时触事，又多凄清激楚之音，如秋隼摩空，岭猿啼夜，境事既极，亦复不尽于和平。"②撰有《问斋集》《〈毛诗注〉注》《〈四书注〉注》《唐诗选意》及《问斋杜意》，诗文集已佚，《龙眠凤雅续集》录诗八十一首。

陈式注杜诗，始于康熙三年，时汉中郡丞方畿（还山）解官旋里。"还山

---

① 〔清〕戴名世撰：《子遗录》，王树民编校：《戴名世集》卷十二，中华书局1986年版，第326页。
② 〔清〕潘江辑：《龙眠凤雅续集》，《四库禁毁书丛刊》集部第98册，北京出版社1997年版。

癖杜,与予同,两相过从,往往资为谈麈。一日茗集还山宅,令嗣子将、孙受斯及其甥姚窦占、嵩少皆在,还山廧予说杜,因举律诗绝句数首以应。……是年苦淫雨,六月、七月,经两月不住,而子将、受斯又巧促之以墨,遂乘两月闲,注迄一二三三卷,则甲辰事也,《杜意》之成也。"[①]次年访姚文燮于(福建)建宁,延为西席,为姚尧元、绥仲讲授杜诗,或作或辍,又与方孝标游闽地,多麈论杜诗。此书久沉箧底,同人姚文勋及涵雅、天池及我诚等曾手录一本,以妨散失。康熙十六年,姚文燕膺荐内补,携《问斋杜意》副本以行,张英初见此书,击节叹绝。康熙二十一年,潘江、姚注若及吴五崖等有敛金之约,是书才得以刊刻,行于海内。

　　据周采泉《杜集书录》和张忠纲《杜集书目提要》的统计,清初各种注杜、选杜之作,数量惊人,达到一百三十余种,此外,尚有大量的集杜、和杜之作。从诗史演进的逻辑进程和发展的内在动力来看,清初实证学风下杜诗学的兴盛,是对明七子、公安及竟陵"法杜而赝"肤廓空疏的批判,也是对明人注杜时所呈现出穿凿附会的反拨。若考虑到朝代更替所带来朝、野离立之势,杜诗典范的确立又与清初遗民气节所体现出来的时代精神相契合,杜诗之忠义气节、故国之悲及忧时托志的情怀往往成了亡国孑遗之士的精神旨归。特别是处于困厄存亡之时,讽诵杜诗,即纪儒冠窜逋以抒哀情,又标其行结以故操守。如傅山《读杜诗偶书》云:"有恨赋不尽,颇异江生肠",释函可《读杜诗》也言:"一读一哽咽,双眼血横披。公诗化作血,予血化作诗。"此外,诸多明遗民的杜诗笺评,也借"少陵之幽郁"抒家国沦亡之痛。邵长蘅《杜诗臆评序》云:"(王维坤)及弃官之后,系怀君父,眷念乡邦,以致拾橡随狙,饥寒奔走之困,亦略相同。故其评杜也,不摭拾,不凿空,情境偶会,辄随手笺注,久之成帙。"又朱鹤龄《愚庵小集》附《传家质言》云:"《杜工部集辑注》《李义山诗集笺注》盛行海内已久,然余不欲以此自见也。当变革时,惟手录杜诗过日,每兴感灵武回辕之举,故为之笺解,遂至终帙。"

---

① 〔清〕陈式撰:《问斋杜意序》,《问斋杜意》,康熙二十一年刻本,国家图书馆藏。

陈式少际寇乱，播迁白下，长而授经四方，多羁旅离别之苦，其性格孤洁伉直又不谐与俗，注杜时也借少陵之作抒己之感发。"遭逢乱世，蹭蹬放废以老，老而手一少陵诗，必为笺释至尽，何关作述，藉概平生，只因莫可诉之穷愁，遂有不肯辞之依傍。"①潘江《问斋杜意序》也云："秦冠围桐，予夜缒妻孥，取间道趋枞阳而获免。陈子亦窜身江干附予舟以南，一时感遇忧乱，辄于逢窓柂楼间扣舷诵杜诗，为之疏解其意，实获我心。"如《收京三首》，论及明皇幸蜀及"君死社稷"之理时，陈式云："余读是诗而有恨于旧注称引之失实焉。"并进而感慨："明兴，定鼎金陵。封燕王于燕，成祖定鼎于燕，设百官于金陵，故犹周公圣人之意也。古来无论并建与否，更无终一姓之王，而守一旧都不改者也。然何以又有于忠肃之说，处忠肃之时。正统去二祖未远，合天下全盛之势以制一隅，宜忠肃持论之坚，呜呼，时势二字，尽之矣。"此论颇有为南明迁都张势之意，故姚小山释言："是古今一篇不肯说破大文字，陡然拈出，便可传语后人。"

除了讽笺杜诗外，在流徙转辗、行吟山野之中，陈式的诗歌创作也呈现出"少陵气局"，如《感怀》五首，其一云："桓桓铁骑取秦塞，黯黯飞尘接戍楼。上将自称都校尉，三军坐拥大长秋，凶荒已告粗粮竭，郡邑那堪供億愁。最是逃亡归未得，深山夜苦徧鸺鹠。"借古讽今，叹息明亡之恨，又《纪变》三十韵：

> 异变逢今日，伤心肯戴天。乍闻难遽信，阅实不虚传。太祖营丰镐，文皇宅涧瀍。论功超百代，卜历合千年。……西北边为守，东南急可迁。死生为社稷，劝沮尽拘牵。云出苍梧远，花开素柰偏。天心宜未厌，重耳倘能全。深恨难衷诉，遗言尚血鲜。……人事宜分咎，天诛肯再延。玺詹须有属，鞭著定谁先。分到诸生贱，仇看率土坚。杜鹃声里月，凄绝未曾眠。

---

① 〔清〕陈式撰：《读杜漫述》第四十八则，《问斋杜意》。

《礼记·曲礼》下云:"国君死社稷,大夫死众,士死制。"明成祖以此为训,有"天子守国门,君王死社稷"之说,顾炎武则有"亡国"与"亡天下"之辨。陈式此诗多言死节,叙述凄楚蕴结,可补明史之阙。徐璈释此诗言:"顾亭林尝谓'国君死社稷',此自指诸侯有封土者言。若天子以四海为家,出居于郑,帝在房州,不分南北也。明臣之阻南迁者,见不及此诗中死生二句,乃已勘破。'要津'联括尽明神、熹以后末局。问斋以诸生而痛切国步,沉郁悲凉,气格苍健,真能得杜陵之意者,当与余德邻之《佩韦》、谢皋羽之《晞发》两集并传。又惜抱先生论诗云:'长律惟义山犹欲学杜,然但摹其句格,不得其一气。'喷薄顿挫,精神纵横变化处,若问斋此篇学杜,非但摹杜句格矣。"① 此外,陈式《金陵怀古》五首、《秦淮渡》二首、《西施咏》、《榴艾吟》及《瓜藤兴戏示二子》诸诗,或咏史伤物,或家居闲情,清新萧散之处也得杜陵夔州之后的闲适情趣。

二、《读杜漫述》:方法论与诗题说

杜诗批评,就其内容而言,主要体现为对诗体本事及其意蕴的探究,故张英《问斋杜意序》中将读杜分为"注"与"意"二脉:

> 注者,征引事实,考究掌故,上至经史,以下逮于稗官杂说,靡不旁搜博取,以备注脚,使作者之一字一句皆有根据,是之为注。意者,古人作诗之微旨,有时隐见于诗之中,有时侧出于诗之外。古人不能自言其意,而以诗言之;古人之诗,亦不能自言其意,而说诗者言之。是必积数十年之心思,微气深息,以与古人相遇,时而晤言一室,时而游历名山大川,晦明风雨,寝处食息,无一非古人,而后可言其意也。

---

① 〔清〕徐璈辑录:《桐旧集》卷八,民国十六年刻本。

其"注"者,以文本为中心,以史证诗,多有发明,但弊者也多穿凿支离、牵合附会之处。方畿云:"今夫杜老之诗之弊也,其注为之乎!鲁訔、黄鹤、蔡梦弼、王洙之徒,勉强撷拾,牵合附会。宋元间承袭訛舛,取其漫不经意,偶然落笔之诗,尽以为比身稷契、一饭不忘君国。相沿至弘、正,而摹仿其粗疏排纂,以为逼真少陵,曾未免涪翁习气,而作者之意不存焉。"①考察明人注杜,凿窃尤多,四库馆臣评唐元竑《杜诗捃》云:"至每篇仿《诗传》之,兴也、比也、赋也字,尤多牵合矣。"又批林兆珂《杜诗抄述注》云:"至注中援引事实,多不注出典,此又明代著述之通病,非独兆珂一人矣。"②此外,赵志《杜诗注解》、杨德周《杜诗解》、单复《读杜诗愚得》、邵宝《刻少陵先生诗分类集注》等,或烦琐拖沓、望文生义;或考辨失实,兼有剽窃之嫌。而注"意"者以意逆志,以我之意,上合杜老之意。颇能通其性情。故明末王嗣奭《杜臆原始》云:"臆者,意也。以意逆志,孟子读书法也。诵其诗,论其世,而逆以意,向来积弊,多所披豁,前人谬迷,多所驳正。"问斋于杜意,也称"以意逆志"为"千古以来读诗之第一妙法也","以己之意还为杜之意,几几乎为得矣"③。但却不执于己见,主张持法可以得意,意法相兼,互为表里:

> 一情之所生,人无言情之作,不有浅深缓急,即为诗法。……顾向主言情,而注杜独主言意。主于言意者,情动而意静,情涣而意专,情率而意曲,情昵而意庄,意已兼乎法矣。
>
> 杜一诗必有一诗主意,主意既定,或有时先开后合,亦或有时先合后开,或有时起手留前一半不言,亦或有时收处藏后一半不说。……无意不成诗,无用意之意,即不能达意,故曰意兼乎法。

---

① 〔清〕陈式撰:《问斋杜意序》,《问斋杜意》。
② 〔清〕永瑢等撰:《四库全书总目》,中华书局1960年版,第1532页。
③ 〔清〕陈式撰:《读杜漫述》第一则,《问斋杜意》。

受金人瑞批杜时阐意不尚笺释的影响，明清之际读杜、说杜一扫宋元以来饤饾陈腐之气，多言性情与意趣。如卢元昌《杜诗阐》、张羽《杜还》、王维坤《杜诗臆评》及陈远新《杜诗言志》等，但"以意逆志"往往有文心难明，本事不清的地方，朱克敬《瞑庵杂识》卷二云："夫以同时之人，至契之友，尚不能知其意之所在，而谓千载之下，悬拟臆断，能得古人之心，不亦诬乎？"朱鹤龄《辑注杜工部诗集序》也明确指出："且子亦知诗有可解、有不可解乎？指事陈情，意含风喻，此可解也；托物假象，兴会适然，此不可解也。不可解而强解之，日星动成比拟，草木亦涉瑕疵，譬之图罔象而刻空虚也。"① 为了避免杜诗说意时的臆测与牵强，陈式《读杜漫述》中拈出"意法"论，以诗法解子美作诗之性情。问斋认为，情意可通，互为表里。意有静、专、曲、庄之态；情者则显得动、涣、率及昵，有浅深缓急之别，故言情之法也即为诗法。主题立意已定，句法、章法的起承转合自然而生。如杜诗诗法风格，举起大端为沉郁顿挫。陈氏也多以诗句的顿挫诠绎杜诗沉郁的精神风貌，如《漫述》第七则云："公稷契自命之才，年四十，自叙文章，即已归沉郁顿挫，毋亦性与怨近矣。天故穷之，使尽怨之极致乎？文章不怨不奇，屈原、司马迁其明征也。予于公诗，总主于寻味'沉郁顿挫'四字。"又《登高》，《问斋杜意》卷十七释云："此诗读者亦谓五、六备极顿挫，不知此诗一句有一句之顿挫；合看两句，有两句之顿挫；合看通篇，有通篇之顿挫。顿挫为公独得之妙，此诗政当于字字顿挫求之。"

陈式不仅意法释杜，还以《易》说杜。方孝标《问斋杜意序》云："(陈式)尝自云：'读杜如读《易》，日新月异，变动不居。于其咏物感怀。不可不举其大；而伤时切事，亦不必强求其通'，可不谓善说少陵者乎？"《读杜漫述》第十四则也云：《大易》言理，诗主言情，无情不原于理，无理不发而为情。《中庸》，《大易》注脚，其言君子之道，独有取于诗人鸢飞鱼跃二语。"问斋以鸢飞鱼跃之义为喻，认为事物虽不相知、不相能，但其道则一，故能

---

① 〔清〕朱鹤龄撰：《愚庵小集》卷七，清康熙十年刻本。

推之各知其知。陈式释杜,审命题之旨归,也研字句的精义;既参之舆图、方俗、官爵、制度,以通其故;又核之鸟兽草木虫鱼,以穷其变。而就风格旨趣而言,陈式也从易理变化不居的角度阐释杜诗雄肆排闾、庸散闲适兼具的特征。如《漫述》第八则云"《易》奇而法,《诗》正而葩,予于少陵诗,每每叹为奇绝。……独少陵兼平奇浅深而有之,至不能举平奇浅深而分之,故人所谓奇者不必平,而有时出之极平者,又未尝不为奇之至,则寓奇于平也。"陈式以《易》说杜,应是受到桐城《易》学的影响。姚文然曾言:"吾乡以经学名天下三百余年,而《易》为尤盛。"[①]其中方氏家族中方学渐著《易蠡》,方大镇著《易意》,方鲲著《易荡》,方孔炤著《周易时论》,方以智著《图象几表》《易余》,方孝标著《易论》等,另王宣有《风姬易溯》,钱尔卓有《易见》《周易火传》,钱澄之著《田间易学》。桐城易学,易理、象数兼具,既深究性命,核物研理,也通经致用,探求其故,反对空言性道。陈式与方孝标、钱澄之等多交谊,也曾有名实义理之辨,故其释杜不拘于名物,更侧重通变达情的言外求意。这种以《易》说杜对后世杜诗学还是有一定的影响,如方潜为赵星海《杜解传薪》作序时认为杜诗之通于《易》,并言:"君试予解杜之余,即杜之律法上而溯之,旁而通之,精而研之,默而会之,密而藏之,将必因诗见《易》,且深乎《易》而化乎诗。"准言之,以《易》说杜,重在诗意的触类旁通及内容指向的辩证梳理,而非字句的落实。这种诠释方法既伸衍了"以意逆志"论,也是对晚明以来模拟杜诗的批判。

  诗题说,是杜诗学讨论的重点。自古以来,学者论诗重诗题,明陈懋仁《藕居士诗话》卷下引谭元春云:"作题是诗家要紧事,故屡屡点出。"若就命题立意、章法技艺而言,扣题解意应是做诗之关键,早在唐人诗格《二南密旨》《文苑诗格》中就有"论题目所由"及"解题入意"之说。此后元方回《瀛奎律髓》尚有"着题论",主张诗题应赋而有比,批评"不切题,又落汗漫"之弊。具体至杜诗制题,除了乐府诗是"即事名篇。无复倚傍"的自

---

① 〔清〕方鲲撰:《易荡序》,《四库全书存目丛书》经部第35册,齐鲁书社1997年版,第463—464页。

制新题外，杜甫也多摘自诗句或袭用前人诗赋为题，顾炎武《日知录》、仇兆鳌《杜诗详注》及张远《杜诗会稡》等释之甚详。但就诗中题与诗，孰为先后，尚有疑窦。陈之壎《杜律陈注·凡例》云："诗咏物及和，则若先有题，他无题也。古人诗成不得已而有题，皆相诗为之。至或诗外或诗内，有意无意署二字，或编集者摘篇首二字及纽合，非一时作为几首皆不得已也，非题也。"而仇兆鳌《杜诗详注·杜诗凡例》"杜诗分章"条则云："古诗先有诗而后有题，朱子作《集传》，每篇各标诗柄，乃酌小序而为之。杜诗先有题而后有诗，即不需再标诗柄矣。"又黄生《杜诗说》卷六《元日寄韦氏妹》云："唐人欲制诗先制题"，与诗、题孰为先后的辨析相比，陈式并没有简单的扬榷判断，如《读杜漫述》第十八则云：

  故犹是题成诗前，乃有看题未及终题即是诗，如《同诸公登慈恩寺塔》《九日诸人集于林》之类。亦犹是诗出题表，乃有读诗如不属，无语非题，如《远游》《夜》之类。又或意尚含蓄，题自题，以待诗成，如《向夕》及《大历三年九月三十日》之类。兼之气咽终篇，诗自诗，而后题出，如《草阁》《一室》之类。诸如此类，既已标出本题，疏明各自诗注下。

清初顾炎武《日知录》卷二十一"诗题"曾云："有诗而后有题者，其诗本于性情；有题而后有诗者，其诗循乎物。"从诗意与题目的关系来看，问斋肯定了诸如《草阁》之类的篇目承续了《诗经》诗、题并称之说。如其认为诗三百，无题不在诗中，《笙》诗有题无辞，《酌》《桓》《赉》《般》四诗有题，诗未尝不在题中。[①]这在一定程度上迎合"诗本性情"的说法。与顾炎武对"诗循乎物"的批判不同，考虑到唐人诗律细的科场文化背景及杜甫诗律严谨的创作法度，问斋也同样认可杜甫因事立题，缘题求诗之作，如《向夕》

---

① 〔清〕陈式撰：《读杜漫述》第十八则，《问斋杜意》。

等,并进而分析杜诗制题之法与章法之妙。此外,陈式也从言意主情的角度阐述诗、题辩证的关系,这与叶燮《原诗·内篇下》所云"因遇得题,因题达意,因情敷句,皆因甫胸襟以为基"的说法相吻合。总体来看,陈式关于杜甫诗题制义的辨析既注意到推源溯流的事实依据,将其上溯至《诗经》诗、题并称历史维度,又从诗歌发生学即"诗言情"的角度肯定了诗先于题的创作取径,而对"缘题求诗"与"命题审句"的维护也有现实因素的考量与诗歌格律化的审美判断。再者,陈式以诗题论为诗学阐述的逻辑起点,将意法说杜与性情论诗统摄起来,张扬少陵气局的典范意义,这在清初学术环境与诗学路向上,有着导夫先路的理论价值。

三、批注的群体构成与乡邦诗学旨趣

若从整体上考量,明清时期文学的重心是下移的。文学创作的基地呈地方化的趋势,特别是人文蕴盛的江南地区,底层文学活动业趋频繁,这种文学景观表现为大众化的集体参与,在文体创作、乡邦文献整理版刻及诗文批评等层面形成多维支撑的文学形态,而随着文学地域共同体形成,往往会产生强而有力的地方话语,并建构起本地的文学谱系。[①]总体来看,学界对基层诗学的关注,多侧重于地域诗歌选本及其诗文结社的研究。前者"以诗存人"或"以人存诗",不仅网络了大量的乡邦文献,其序跋、凡例及其评点流露出选家的批评意识和诗学倾向,是地域诗风传统建构的重要载体,而诗文社团,以其大众化的写作展现地方文学景观和创作生态,业已成了地方诗学研究的热点。相对而言,作为底层文学批评的重要形态,诗文选本集注合批的动态过程和群体构成的网络场域,以及由此呈现出来的话语体系和理论价值,也应引起我们的进一步注意。仅就桐城地区而言,我们若以《问

---

① 罗时进先生在明清诗文研究中提出地域社群差序混层、众层化创作的特点及"文在布衣"等概念,启发了本文的相关论述,谨此感谢。内容详见《文学社会学——明清诗文研究的问题与视角》,中华书局2017年版。

斋杜意》为考察对象的话，这不仅仅是桐城诗学的网络节点与互动呈现，其地域性及家族化的特征也体现为基层诗学批评中的地缘、血缘与师缘关系，在一定程度上展现出区域人格的建构和乡邦诗学旨趣。

如果将陈式等人的笺注杜诗视为一种地方公共的文学事件，那么它实际上就是一个众层化参与的重要场域，其广度、深度及其影响力与衍生性是巨大的。问斋注杜，对于当时的桐城文化圈来讲，是诗学热点而备受关注。如《读杜漫述》第四十三云：

> 乙卯春，（陈式）偶同朱厚庵入省，一客逾月。里门流寓诸公方绣山楼冈、邵村、与三、何辨斋、省斋，一一得遂良晤。诸公素知予《杜意》成，彼此相为慕说，中间过从杯酒，有泥予说杜者，予亦忻然应之，随所举似，弗固却也。容庵先生自少留风雅，劳而不倦，今八十矣。于是辨斋、省斋二公，有时以所闻席间者，转闻堂上，先生无闻不为拊掌击节，而二公亦有时间向予道之。传之海内，自凑成是篇一段佳话。

早在崇祯末，陈式与潘江等寓居白门，即已讽诵杜诗。此时旧地重游，不仅故交倾慕其说，就连耆老宿儒也转闻拊掌，为之击节赞叹，传之海内，足见其士林影响。此外，里门挚友中尚有方尔止、左夏子、方怀山、邵村、何道岑、姚驾侯小山、吴炎牧等，皆曾起其注杜，或助为刊刻。① 因此，陈式注杜，不是个人短檠书卷前冥思苦想，而是集体大众的批评参与。故而《问斋杜意》大量援引转录了同人乡贤的杜诗批注，据初步统计，人数多达七十余人。这几乎囊括了清初桐城的精英文士，从某种意义上讲，笺注杜诗成了当时桐城文人群体交集的重要节点。就其主体性而言，这些批注者"分层化"与"混层性"的状态同时存在，其中，既有张英、姚文然等馆阁名臣、朝廷显要，也有方楼冈、张杰、左子厚及姚注若等府州僚臣、廪膳教谕，此外，尚

---

① 〔清〕陈式撰：《读杜漫述》第四十四则，《问斋杜意》。

有大量的乡绅布衣及遗民野老,如潘江、江在湄、方东来等。这些不同阶层的文士,在诗文雅聚之时,或依韵奉酬,或评笺杜诗,形成混层共生的在场状态。陈式美须髯,善谈论,往往成了聚会在场的焦点人物,"群处稠人中眉目轩出其上,予时才舞象,望其肤神标格,若天人然,不可梯接"①。席谈杜诗时,"掀髯时一谈,高言灿霞绮"②。"注杜千万言,坐久谈锋骋。"③吴子云《问斋杜意序》也云:"每酒半客酣,任拈一篇,丐其诠解,问斋则掀髯高吟,且吟且解,停顿抗坠,悉中节族。歌如有声,哭如有泪,俾闻之者始而思,既而乐,久而怡然以顺,涣然以释。"可以想象,问斋吟解杜诗时,泉涌风发,目光如电,宾主四座如痴如醉,这是一幅多么生动的论诗景观图!在这场精彩纷呈的诗学诠解过程中,衣冠士子,已无阶层归属的差序尊卑,更多的是同声相引的诗心共鸣。

此外,《问斋杜意》批杜的群体构成在地域性方面也呈现出家族性与师承性的特点。家族不仅是基层社会的组织形态,更是建构地方知识体系和文化类型的根基。陈式注杜,桐城重要的文化世家皆参与其事。陈式为姚孙棐弟子,又曾馆于姚经三家,与姚氏家族交谊深厚,故载录姚氏批注最多,如姚文然、姚注若、姚庭若、姚绥仲、姚履若、姚佩若、姚丹枫、姚小山、姚龙怀等。问斋与方氏家族也多故交,陈式注杜始于方畿西席,康熙四年,陈式又与方孝标同游闽,多唱和,方孝标《与陈二如共晨夕者半年情深绪多且小巫气索不克成诗舟中言别忽成四首》云:"注杜稿成犹在笥,救时书就欲忘筌。"陈式也作《次韵答方楼冈建宁赠别》予以酬答。故《问斋杜意》也大量转载方拱乾、方孝标、方文、方邵村、方畿、方育盛及方膏茂等论杜之语,另张氏家族(张英、张杰、张潜之、张子藝)、何氏家族(何省斋、何辨斋、何文熊)、左氏家族(左子厚、左子忠、左橘亭)及潘江、钱饮光及李芥须等桐城耆宿皆与陈式互动批杜。这种家族化的参与在一定程度上蕴含着师承关系及

---

① 〔清〕潘江撰:《陈问斋七十序》,《木厓文集》,《清代诗文集汇编》,上海古籍出版社2010年版。
② 〔清〕张英撰:《陈问斋注杜成赠之》,《存诚堂诗集》,《清代诗文集汇编》,上海古籍出版社2010年版。
③ 〔清〕潘江撰:《重阳后一日左橘亭邀同陈问斋陈越楼刘西麓赵湛斋看菊,拈天影二字二首》,《木厓续集》,《清代诗文集汇编》。

姻娅网络，如陈式为方拱乾、姚孙棐弟子，而姚经三及姚尧元、绥仲则执经问字于问斋；张英为姚孙森女婿，左子厚为方文妻兄，等等。总之，桐城世家正是通过师承、交游、姻亲关系，联袂汲引，相互扶持，在杜诗批评领域，同声相应，彼此扬诩，形成一个地域共同体，展现出乡邦诗学旨趣。

一般而言，乡邦诗学的取向，既受到地域文化、人文秉性的影响，也激荡时代风云之特色。前者涵水土之性，系乡邦之情，是其精神内核，后者因历史际遇而展现出乡邦诗学的时代属性。桐城山辉水秀，钟灵毓秀，"士生期间，必有不为功利嗜欲所蔽，而以气概风节显于天下。"[1]陈焯《龙眠凤雅序》云："禀山川苍迥沉郁之气，尚实学，不竞浮名。尚实学则涵英咀华，先求根柢，风骚乐府。户习家传，虽闺阁童孺之言必无贫俚寒俭之态；不竞浮名，则适性缘情，各据才致，外诱莫夺，世趋莫移。"故龙眠诗论多以理学为根基，重性情之学，如钱澄之云："诗以道性情。而世有离情与性而二之，是乌足与语情乎？诗也者，发乎情，止乎礼义，准礼义以为情，则情必本诸性。"[2]方孝标也说道："使性情之有不仁，则诗必不厚；性情之有不洁，则诗必不清。"[3]陈式服膺程朱理学，曾撰《〈毛诗注〉注》《〈四书注〉注》，论诗本于道与理，"诗主言情，无情不原于理，无理不发而为情"[4]，"公于诗见道，何注公诗者不本道以注诗？"[5]主张应将杜诗视为本经，颁于学宫，"以忠君爱国如子美，所为诗歌发乎情，止于礼义，是岂不足以羽翼圣道？"因此，杜诗的性情忠义与托物忧时成了桐城士子批注时的主要取径，如《同诸公登慈恩寺塔》，方绣山、姚小山等赞叹此诗融情于情，寄慨遥远；又《得舍弟消息二首》，问斋笺注时，批"谓公自恨不死者"之说迂阔不近情，强调离乱时期"骨肉之情"是伦理亲情的流露。此外《雨叹二首》《哀王孙》《遣怀》诸诗，潘江、朱厚庵等论其比兴要义，将时世盛衰与道德得失联系起来。

[1] 〔清〕刘开撰：《孟涂文集》卷九，民国四年归叶山房刻本。
[2] 〔明〕钱澄之撰，彭君华校点：《田间文集》，黄山书社1998年版，第258—259页。
[3] 〔清〕方孝标撰，石钟扬、郭春萍校点：《方孝标文集》，黄山书社2007年版，第201页。
[4] 〔清〕陈式：《读杜漫述》第十四则，《问斋杜意》。
[5] 〔清〕陈式：《读杜漫述》第十六则，《问斋杜意》。

性情论诗，节制于礼义，力主温柔敦厚。但物以达情，悲忧恬愉，皆发于性情，故有沉郁悲愤之说。明清易鼎，桐城多兵燹之灾，"贼势炽，围城岁以为常"①，"田土荒芜，庐舍飘毁，尸骸遍布；入其邑，室颓垣倾，污秽崇积，人不满千，皆扶病颠连"②。士子乡绅流离失所，避祸窜逃犹如杜甫曲江潜行。故其讽咏杜诗，既抒哀情，也展现了遗民的气节与操守。钱澄之论杜诗也言："慷慨悲壮，指陈当世之得失，眷怀宗国之安危，一篇之中，三致意云。"③又如陈式批《奉赠韦左丞丈二十二韵》时，指出"纨绔不饿死，儒冠多误身"为一篇之领袖，悲愤具见，末段去激之作，迂回婉转，无限深情。另问斋挚友方文，批《悲陈陶》《龙门镇（龙门镇在成县东后改府城镇）》时所言"民情向背"、"关中夜泣"则显然也寄寓着方文的亡国之悲。

四、杜诗学与清初桐城诗论的演进形态

正如前文所揭，《问斋杜意》不仅是陈式个人的笺注杜诗，也囊括了清初桐城诸子的杜诗批评与诗学理解，此外，方文另著《杜诗评点》，方拱乾也批点过《杜诗论文》。如果我们将关注的视野延伸至清中期及其以后，桐城一脉的杜诗批评依旧繁盛一时，如刘大櫆有《刘海峰圈点杜诗》、《杜工部五七言古选》，方贞观著《批杜诗辑注》，姚永概曾过录方苞、姚范、张裕钊《杜诗评点》等，目前学界对桐城诗学的关注，多从文章学及其与宋诗学的关系切入，略显笼统而缺乏历史感④，若我们以杜诗学为节点，进一步考察桐城派诗学批评的演进形态，或许对一些诗学现象能作出更生动的解释与梳理。

一、龙眠遗民诗界的"少陵气局"及其对"诗史"说的批判。韩诗序田茂遇《水西近咏》云："海内崇尚诗学有三派，曰宣城，曰华亭，曰桐城。"⑤桐

---

① 张楷纂修：《地方志人物传记资料丛刊·华东卷》第125册，北京图书馆出版社2007年版，第511页。
② 〔清〕王雯耀撰：《全桐纪略》，《四库未收书辑刊》第2辑第21册，北京出版社2000年版，第338页。
③ 〔明〕钱澄之撰，彭君华校点：《田间文集》，黄山书社1998年版，第259页。
④ 蒋寅：《方氏诗论与桐城诗学的发展》，《安徽师范大学学报》2014年第6期。
⑤ 〔清〕田茂遇撰：《水西近咏》，《四库未收书辑刊》第7辑第23册，第311页。

城诗派,肇事始于明季,后经姚鼐、刘大櫆等发扬光大。若探究桐城诗派的渊源,则要溯及当时的钱澄之、方文、方以智及陈式等人,方苞《田间先生墓表》:"当是时,几社、复社始兴,比郡中主坛坫与相望着,宣城则沈眉生,池阳则吴次尾,吾邑则先生于吾宗涂山及密之、职之,而先生于陈卧字、夏彝仲交最善,遂为云龙社以联吴淞,冀接武于东林。"① 以钱澄之、方文及"龙眠三子"(方以智、周岐、孙临)为代表的桐城遗民诗界于泽园结社,又广聚金陵,与云间诸子桴鼓相应。而续踵"泽园永社"的"潜园十五子"也寓居白门,声气相引。从其创作来看,多师宗少陵,如钱澄之,诗风沉雄劲健,沉郁悲凉,《生还集自序》云:"唐则唯杜陵耳",刘城《南徙百韵序》也云:"其人与文得于少陵为多,夫岂人与文而已,遭时则然。"《秋兴六首》诸诗可谓是杜律遗响。又方文,诗宗老杜,曾作《四壬子图》以明其志,龚鼎孳、宋琬及邢昉皆有称誉。钱谦益《送方尔止序》谓方文诗"得少陵之风骨,深知其(杜甫)阡陌者,一人而已"②。另潘江、陈式等创作也多"少陵气局",而就杜诗批评来看,龙眠诸子,多性情论诗,如钱澄之《陈二如杜意序》云:"世之誉杜者,徒以其语不忘君,有合乎风雅之旨,遂以为有唐诗人来一人而已。吾谓诗本性情,无情不可以为诗。凡感物造端,眷怀君父,一情至之人能之,不独子美为然。"田间性情论杜主张"不唯其词,唯其意",与陈式"意法"的诠释方式可谓声气相同。如陈式《读杜漫述》第十七则云:"予与公诗,遇比还比,遇兴还兴,所不同朱子胪列,恐涉训诂,注杜注经,本非一体。"在这里,也涉及对钱谦益《钱注杜诗》方法论的评价问题。陈式虽认同钱注杜诗订正舛讹,廓清依傍,在杜注中最称善本,但"近来虞山笺杜,间一注意,所不谋而合者二条,已载在本诗注下。所见略同,不讳同,实亦不敢苟同。天下惟同碍道,不止注诗"③。进而批判了一些注杜者恣臆逞博,汗漫支离,仅关注山川隔属、草木名异之辨,如与人争物产;叙事叙时,必举《通鉴》以证

---

① 〔清〕方苞撰,刘季高校点:《方苞集》,上海古籍出版社2008年版,第337页。
② 〔清〕钱谦益著,〔清〕钱曾笺注,钱仲联标校:《牧斋有学集》,上海古籍出版社1996年版,第905页。
③ 〔清〕陈式撰:《读杜漫述》第二十四则,《问斋杜意》。

之,如与人争氏族、争日记。考证虽确,已失作者之旨与读者之趣了。同样,陈式也质疑"诗史"之说,《读杜漫述》第二十三则云:

> 甚矣,"诗史"二字之不可为据也。一雨晴之不能不以地异也,不胜记也。少陵在蜀,忧旱愁雨而作,解释者动引唐史所载长安某年某月雨、某年某月旱,亦曾闻秦蜀连千余里雨旱耶?不当蜀自蜀、长安自长安耶?一酒价有贵贱也,于时于地有凶丰彼此早晚异也。宋章圣问唐时酒价,丁谓以公《偪侧行》证之,即令作诗之时斗酒值钱三百钱,其能定得唐一代如是、唐一代诸州如是耶?问出可笑,而对者之为口给面欺,可斥也。甚矣!诗史之不可为据类是也,予故不敢比而同也。

宋元以来诗史之说极为盛行,明人谢肇淛、杨慎力主诗、史异途,以史为诗,非风雅本色。王世贞及许学夷等则认为少陵赋诗叙事可谓诗之苗裔。明清易代,杜诗"诗史"之说再兴波澜,黄宗羲"补史之阙"、王夫之"史外传心之史"及钱谦益自诩凿开鸿蒙、手洗日月的"以史证诗""诗史互证",极大拓展的杜诗阐释的历史空间,但也时有穿凿牵强之弊。方拱乾《手录杜少陵诗序》云:"近见有以唐史所载,逐年月、逐事、逐人、逐地以附会少陵诗,略大取小,略神取肤,支离不相被肖,此无他,总起于'诗史'及'一饭不忘君'两语耳。诗与史之截然不可合为一也明矣。史何待诗?诗何必史!史即华,终是史;诗即确,终是诗。"又方孝标《问斋杜意序》云:"乃说之者曰'诗史'也,曰'一饭不忘君'也,于其稍涉隐见者,必强指之,以为某章讥宫廷,某章刺藩镇,某句怨征车之不至,某句望利禄之不来,殆若郑五之歇后、殷浩之空书,岂少陵哉!"这其实就是对钱谦益"谓杜诗字字皆有根据"之逐字说的批判。此外,钱澄之《与方尔止论虞山说杜诗》一文也同样批判钱氏注杜非得杜诗之精髓。总之,问斋意法说杜及桐城诸子反对穿凿附会,质疑"诗史",不仅是对当时杜诗学重义疏、名实之辨的反拨,也伸衍了"以意逆志"的诠释方法,在一定程度上体现出地方诗学话语的理论价值,这对清初拨乱反正的诗坛来说,是弥足珍贵的。

二、清初桐城诗学的演进与方氏家族的杜诗评点。受明七子及地缘传统因素的影响,明季桐城诗学重性情,力主雅致,如周岐《泽园永社十体诗引》中"以大雅为宗",认为赋诗应兴观群怨,事父事君,多识鸟兽草木之名,这显然是儒家教的温习。方以智《永社十体诗序》中也主张复古调。钱澄之《汪翼三诗引》也云:"夫性情之事,盖难言之,难于真耳。譬如优孟登场,摹写忠孝节义之事,一笑一啼,无不酷肖,而人知其言之皆妄,以其皆沿袭之言,而非自己出之言。自己出之言,有诸己而后出,所谓真性情也。"清兵南渡后,桐城遗民诗界呈现出对悲愉感愤、真情淋漓的审美追求,但随着顺康时期文网紧密,桐城世家备受打击,诗歌创作已无牢骚幽愤之语,在诗学取径上,多热衷于对诗法技巧的辨析。这种诗学观念的演变,也深深地体现在方氏家族的杜诗批评上。桂林方氏,精通杜诗学,其中方文、方拱乾、方苞、方贞观等皆批注过杜诗。方世举《丛兰诗话序》云:"余家传诗法多宗老杜。明初,先断事公殉建文之难,有绝命词五律二首,所谓'死岂论官卑'者,已是杜《初达行在》之沉痛。至先太仆公好为七律,全得《秋兴八首》之鸿音壮采。先宫詹公又集学杜之大成,晚而批杜,章法、句法、字法皆有指授。"如果说方文杜诗批评重在精神与气脉。那么,方拱乾父子的批点更侧重于律诗体格、写诗作法等具体问题,如批《陪郑广文游何将军山林十首》云:"一首一首看去,便见其次第多寡,一毫不可凌替,此所谓绪也。"又《端午日赐衣》批云:"看绪看法,绪与法是一是二,不和绪,不可言法。'终身'二字应七句,又应二句,天然之绪,妙不可言。"以绪、法论杜,颇为精妙。至方贞观批杜时,杜诗经典化的时代热潮已经过去,他虽然肯定杜甫"思深力大,气古才雄",但认为"后人信之太笃,奉之太过,比之太高,求之太深"[①],进而批评杜诗出词卑鄙、用意牵凑、气韵甜俗、意象叫号之弊,这观点虽有过激之嫌,可也从一个侧面反映了清初诗坛风云激荡的心灵历程的落幕。

---

① 〔清〕方贞观批:《题识》,《杜工部诗集辑注》,康熙间叶永茹万卷楼刻本。

康乾以后，桐城派诸子也多举杜诗来阐述其诗文观点。如方苞义法说杜与张裕钊的以气论杜①。以文论诗，是桐城诗学的精髓，早在陈式《问斋杜意》时，也即以文论杜，《读杜漫述》第二十一条将杜诗与史记并称，"二家体裁不同，章法未尝不一"，"至少陵主于诗，而诗之章法，往往争奇于史纪之章法"。如《佳人》，陈式注云："此诗正如《史记》叙事论断之法，开首两句，叙事发端。……一诗而《史记》之法备具。"又《北征》，问斋引吴子云注："全诗备左、国、史、汉之法。"方苞不仅以文论杜，更重义法，对杜诗闲适之作，则批其为浅义，如《遣兴五首》："五章皆直率少意味。"《冬狩行》："义味亦浅。"《自阆州领妻子却赴蜀山行三首》之一："此首未见佳致。"又《观公孙大娘弟子舞剑器行》："叹逝赋：'苟性命之不殊，岂同波而异澜'，辨其由来知波澜，此雅□篇而意味实浅。"张裕钊论文追求雄健刚阳之气，故批杜时，则侧重于气格、韵味。如《醉诗歌》(赠广文馆博士郑虔)："满纸郁律从宕之气。"《赠卫八处士》："此等诗纯任自然，纯是清气往来。然其造句及通体接换处固极精彩。"《古柏行》："淋漓变动，开合夐而气尤雄劲。"《雨》："孤苦之思，磊落之气，飒沓并集，使人读之不厌。"可见，张氏多以郁律不平之气、磊落之气、清气及奇气等突显杜诗的情感力量。

总之，清初桐城派杜诗学的兴盛，有着遗民诗界的生态背景，杜诗经典化的过程也是桐城派唐宋兼取、诗文互论的抉择。作为基层诗学景观，批注杜诗群体化及家族化的特点，不仅展现了乡邦诗学的旨趣及其流变形态，也彰显出地域诗学中"差序混层"与"众层化批评"的文学样态，这一方面应引起我们进一步关注。

(本文原载《苏州大学学报》2018年第5期)

---

① 方苞、张裕钊杜诗评点为姚永概过录本，底本为郑沄所刻的《杜工部集》，现藏安徽省图书馆。

桐城楚辞学的地域文化特征

谢模楷

桐城地处皖西南,长江北岸,西北环山,东南滨水,自古有"七省通衢"之称。桐城既是经学昌明之地,又是天下文章渊薮。背山临水的地理特征,既封闭又开放的人文环境,加之累世不绝的著姓望族,都有利于桐城地域文化的形成。自南朝宋何偃著《删王逸楚辞注》以来,桐城楚辞学历经千年而不衰,到清代而发展更盛,并体现出鲜明的地域文化的特征。

首先,桐城地域若张、姚、马、左、方五大家族,均繁衍数十代,村庄血缘维系,宗堂辈分严密。这样一种格局,容易形成桐城稳定的宗亲文化。如桂林方氏家族,"自宋末籍桐,历世十三,历年三百有五十"(《桐城桂林方氏家谱》)。到清代方苞家族再次中兴。方苞深念宗亲,方氏家族由于"南山案"而遭受打击,方苞深表痛心,其文章屡言"吾宗""宗祸"。"既家居,建宗祠,定祭礼,设义田。"(《清史稿》)方苞重视家族的传承和延续,定立宗法,强调"宗子"的地位与权威,救济宗族孤老贫困,辅助宗族后人上进,惩戒不肖子孙。它们代表了桐城地域的宗亲文化,桐城楚辞学突出强调屈原"宗臣"身份,就体现了这种宗亲文化的特征。

屈原"宗臣"说并非起于桐城,但桐城却是屈原"宗臣"说最集中的地方。如钱澄之《屈诂·离骚》诂曰:"开章诉陈氏族,见已为国宗臣,谊无可去。"《橘颂》诂曰:"自伤为楚宗臣,不能去国,与橘同命。"钱澄之阐释宗臣不能去国,开启桐城地域屈原"宗臣"说的先河,影响了桐城楚辞学的发展。如方苞《离骚正义》开篇即论:"首推所自出,见同姓亲臣义当与国同命也。"中间反复论述"不能忘情于宗国",至结尾处又论述:"则帝高阳以来之宗绪,将至此而卒斩矣。"方苞的"宗亲"意识贯穿《离骚正义》的始终。

吴世尚《楚辞疏》曰:"首原远祖,以见宗臣无可去之义;次本天亲,以见忠孝乃一致之理。"吴世尚在"宗臣"说的基础上,又升华出"忠孝一致"的观点。梅冲《离骚经解》曰:"其所以不可他去不能退隐者,则以国之宗族恩深义重,世同休戚,己又曾柄用,见国之破君之亡,同草野未仕之臣萧然高蹈哉?"马其昶《屈赋微》曰:"宗国者,人之祖气也,宗国倾危,或乃鄙夷其先故,而潜之他族,冀绵须臾之喘息。吾见千古之贼臣篡子,不旋踵而即于亡者,其祖气既绝,斯无能独存也。"从钱澄之到马其昶,屈原"宗臣"说贯穿了桐城楚辞学的始终,可见桐城宗亲文化对楚辞学产生的影响。

其次,桐城地域崇尚儒学价值文化,学而优则仕,重官而抑商。桐城无论乡镇农村,读书进取功名之风盛行,官宦辈出,在内为重臣,在外为贤令,对清代政治产生重要影响。桐城大家族更多官宦世家,"张、姚二姓占半部缙绅"(《清史稿》)。张氏家族,"父子宰相""六代翰林";姚氏家族,"一门之内,三秉节钺"(《桐城耆旧传》)。程朱理学和儒风的盛行,成为桐城地域文化的显要特征,也给桐城仕宦者提供了从政事君的思想源泉。如张英为官清廉勤勉,康熙赞许:"张英终始继慎,有古大臣遗风。"(《桐城耆旧传》)张英谨守的是儒家的"事君之道",它集中反映了桐城地域的儒学价值文化。桐城楚辞学大谈"人臣事君"之义,也是这种地域文化特征的体现。

王逸《楚辞章句》首论屈原"人臣之义",其《离骚》叙曰:"人臣之义,以忠正为高,以伏节为贤,故有危言以存国,杀身以成仁。"桐城楚辞学论"人臣之义"内涵丰富,如钱澄之《屈诂·离骚》诂曰:"巫咸之言,犹是人臣守正之道,原之本志也。""咸以为臣之道,惟尽其所得为者,则原守其道不变可也。""守正"即恪守正道,司马迁曰:"循法守正者,见侮于世;奢溢僭差者,谓之显荣。"(《史记·礼书第一》)钱澄之引入"守正"观念,阐释屈原坚持的是"人臣守正"之道。方苞《离骚正义》论"为官之道"是其突出表现,方苞阐明为官之道在于"清洁",同时又强调"守正""守忠""持义"等;方苞又论述"人臣之道"在于"以道事君",辅助君王以成"善治"。前者重在修,后者重在治,为官以德,施政益民,皆为人臣事君之道。梅冲《离骚经解》阐释事君之道，为孟子的"大人格君"之学。梅冲认为，屈原对君王的诤谏，就是"大人格君"。"正君心植人才，得古圣事君之大端矣。"梅冲还进一步论述了"大人格君"而"圣听不开"的情况，臣子仍然要以"直道事君"；如果终不能"达道"于君，最后只能"以死事君而殉道也"。梅冲论述了屈子守道、达道及殉道的全过程，完整阐释了臣子"以道事君"的内涵。桐城楚辞学深入阐释屈原的"人臣之道"，既源于楚辞学发展的内部规律，也是桐城地域文化影响的结果。

第三，桐城派作为清代散文影响最大的流派，孕育于文化氛围浓厚的桐城。桐城派古文是桐城地域文化的显性表现，其创作纲领为义理、考据和词章，桐城楚辞学的研究，也遵循了桐城派古文的创作纲领。

桐城楚辞学与桐城派大有关系，从产生的楚辞学文献即可以看出这一点。桐城派中的重要人物，几乎都有楚辞学著作，如钱澄之《庄屈合诂》、方苞《离骚正义》、方绩《屈子正音》、马其昶《屈赋微》等；或者是相关的楚辞学评点，如姚鼐《古文辞类纂》、梅曾亮《古文辞略》、方东树《昭昧詹言》、吴汝纶《古文辞类纂评点》等。其中钱澄之为桐城派先驱，方苞、姚鼐为"桐城三祖"之二，梅曾亮是继姚鼐之后的桐城派领袖，吴汝纶是桐城派晚期的古文大家，马其昶则是桐城派殿军。他们既代表了桐城派古文的最高水平，也代表了桐城楚辞学的重要成就。因此，桐城楚辞学不可避免受到桐城派古文的影响。

以吴汝纶《古文辞类纂评点》为例，吴汝纶评点楚辞，主要从义理、考据、辞章等方面入手。吴汝纶从"义理"方面评点楚辞，多与怀、襄二王结合，且哀怀王之不幸，怒襄王之不争，如评《招魂》"幸而得脱，其外旷宇些"曰："幸而得脱，殆怀王走赵，复为秦得之后所为欤？"评《东君》"举长矢兮射天狼"曰："此文则望顷襄之振国威也。"这种评点明显体现出吴汝纶的情感倾向。吴汝纶从"考据"方面评点楚辞，借用典型史料或经典文献的记载，以前后"比对"的方法，用逻辑推理来判定楚辞作品创作时间及作者归宿，如评《惜往日》曰："《怀沙》乃投汨罗时绝笔也。若此篇已自明言沉渊，则《怀沙》可不作矣。彼又云'舒忧娱哀,限之以大故',下文'不举辞而赴渊',则似更作于《怀沙》后者,史公何为弃此录彼邪?"由于楚辞研究的特殊性,吴汝纶评点并不能真正解决问题,但其考据的方法与结论,亦堪为一家之言。吴汝纶以"词章"评点楚辞,借用桐城派古文评点的方法,分析楚辞的行文脉络和修辞艺术等,如评《抽思》"望孟夏之短夜兮"曰:"遭夜方长、秋风动容,屈子作此篇之时令也。孟夏短夜,则代设怀王梦归之幻境也。"吴汝纶评点解决了《抽思》篇的创作时间问题,"秋风"为作者创作的时节,"孟夏"是作者虚设的幻境;前者为实写,后者为虚写。这正是楚辞中常用的艺术手法。以上吴汝纶从三个方面评点楚辞,遵循桐城派古文创作的理论,体现出桐城派古文评点的特色。桐城楚辞学的研究,基本上都具备吴汝纶评点楚辞的上述特征。

总之,桐城楚辞学所呈现的地域文化特征,主要在于儒学和文学两端。在这个过程中,一些重要的学者和作家,起到了引领和促进作用。儒学方面,主要为钱澄之发其源,方苞导其流,其他楚辞学者接其绪,共同形成了桐城楚辞学的儒学特征;文学方面,姚鼐古文创作的理论及实践,《古文辞类纂》的编订和评点,为桐城楚辞学的研究提供了重要的借鉴。因此,桐城楚辞学以其鲜明的地域文化特征,在中国楚辞学史上占据一席之地。

(本文原载《光明日报》2022年11月7日)

桐城派与经史

明代桐城方氏学派易学研究

李 波

自明代中叶以后，随着商品生产和贸易的活跃，士大夫的传统价值观念受到了很大的冲击，加之朝纲日坏，政治动荡，统治阶级对意识形态领域的控制越来越力不从心，这就为思想的活跃创造了有利的条件。随着王阳明心学的兴起，一场声势浩大的心学运动风靡天下，长久被压抑的人性得以解放，个性化解放思潮席卷大江南北，但心学经过一百多年的发展，其末学却流于空谈，"束书不观，游谈无根"，使得学风浮躁，不切实用。同时明末社会的腐败以及内忧外患的政治局面也进一步加深了心学的社会危机。于是当时一些有识之士纷纷起来对之进行批判。他们重新拿起传统的经学武器，依经释道，主张经道合一，明经见道，强调通经致用，倡导内圣外王之学。桐城学术正是在这种背景之下兴起的。桐城学者从一开始就没有抱残守缺，而是与时俱进，响应时代要求，自觉承担了重振学风、匡救时弊的任务。他们崇实黜虚，内外兼修，体用结合，将经学作为安身立命之本。姚文然曰："吾乡以经学名天下三百余年，而《易》为尤盛。以予所知，方中丞公有《周易时论》，王虚舟先生有《风岐易溯》，钱尔卓先生有《易见》，有《周易火传》。今《时论》既行，而两先生书世或未见，则安得有心如吾弟者，悉为表章，使天下经生，尽被吾乡之《易》教乎。"[1] 由于作为六经之一的《易经》有着"观天之道，察时之变，尽人之事，备物之情"[2]的经世意义，因此桐城学者把它作为了重要的理论武器，他们通过吸收古人和时人的易学研究成果，

---

[1] 〔明〕方鲲：《易荡·序》，《四库全书存目丛书》经35册，齐鲁书社1997年版，第463—464页。
[2] 〔明〕方鲲：《时论序》，〔明〕方孔炤：《周易时论合编》，《四库全书存目丛书》经21册，齐鲁书社1997年版，第131页。

借以发挥自己的学术思想，累世通修，代代相传，从而形成了桐城学界几乎人人研《易》谈《易》的局面，桐城俨然成为明末易学研究的一大重镇，易文化也成为桐城最具有代表性的文化之一。晚明时期桐城易学研究不仅人数众多，而且著作也颇为丰富。如方学渐有《易蠡》，方大镇有《易意》、《野同录》，方鲲有《易荡》，吴观我有《学易斋集》，王宣有《风姬易溯》，方孔炤有《周易时论》，方以智有《图象几表》、《易余》，钱尔卓有《易见》、《周易火传》，钱澄之有《田间易学》，其他如张翰如著有《周易疏》、吴国琦著有《周占》、童鋐远著有《易学管窥》、陈朝栋著有《三易露笺》，等等[1]。其中方氏学派的易学无疑是桐城易学的代表，他们累世研《易》，到方以智时集前人之大成，建立一个宏大的以《易》为主的哲学体系，创造了桐城易学的辉煌，也为中国易学留下了浓墨重彩的一笔。

一

桐城易学的创始人是方学渐。作为桐城理学的开创者，他崇实黜虚，排斥佛老，反对王学末流的空谈，自觉肩负起了补救时弊的任务。故他特别用心于经学，注重依经释道。方大镇说："先大父居崇实居近五十年，《易》、《诗》、《书》、《孝经》、箴铭、叙解、古文辞无不斫斫爝有成说。"[2]方学渐尤擅长《易》，其所著《易蠡》是桐城方氏学派第一部《易》学著作，惜今已散佚。但从方孔炤的《周易时论合编》所选录的其中部分资料以及方学渐的相关著作中，我们仍能大体窥见其易学特色。

方学渐的易学思想主要是继承了宋易义理学传统，注重微言大义，重在阐发理学家的性命之学，表现了其作为纯儒的一贯本色。《东游记》中记载

---

[1] 〔清〕廖大闻等修，金鼎寿纂：《道光续修桐城县志》卷第二十一，《中国地方志集成》第12册，江苏古籍出版社1998年版，第729页。
[2] 〔明〕方大镇撰：《宁澹语·后记》，〔明〕方学渐撰：《东游记》，方昌翰辑：《桐城方氏七代遗书》，清光绪十四年刻本。

了他论《易》的一段对话：

> 问《易》，方子曰："易道莫大乎乾，乾者圣人之道也。易学莫善于复，复者，圣门之学也。"问乾，方子曰："乾之为道，刚健中正，纯粹以精，析而四之，为元亨利贞，时而出之，为潜、为见、为跃、为惕、为飞、为亢，其德皆圣德，时有不同耳。元亨利贞，性分固有，人人具之。……"问复，方子曰："天不剥则不复，一阳来复乃见天心。人心不静则善端不见。善端来复，乃见性真。《易》之诸卦，惟复曰心、曰仁。不远之复是最初即复，非有失而后复，颜子之学也。"①

在他看来，《易》是阐释圣人之道的，其中最重要的是乾和复，因为乾代表的是圣人刚健中正之道，性分中有，"元亨利贞，性分固有，人人具之"。复代表的是人之本心，也即天地之心，"善端来复，乃见性真"。故"学莫要于复"，"复是圣门之学"。方学渐为学倡导"性至善"说，其易学思想无疑是这一学说的进一步发挥。②方学渐还通过发挥变易的易学思想来探讨社会人生问题。"莫刚如乾用九则吉，莫柔如坤用六则利，岂非善变乎？学莫贵于自信，亦莫善于自反，反则变，变则通，神化之妙未易窥测，则知变难也。"③"六龙御天，随时变易，人人能之。"④故陈嘉猷评曰："（先生）以乾用九，坤用六，善变而归之通理。"⑤方学渐也并不完全排斥象数理论。如《时论·密衍》引其语曰："大氐浑而四分，不过以一二三四为四象，而或以合十之余配之，或以相得之数配之，亦何不可通？皆自然也。"⑥认为象数亦有其自然道理。要之，方学渐的易学主要是重在阐发人伦性命之学，比较质朴。

---

① 〔明〕方学渐撰：《东游记》，方昌翰辑：《桐城方氏七代遗书》，清光绪十四年刻本。
② 丁成际、李波：《明代桐城理学》，《中国哲学史》2010年第4期，第104页。
③ 〔明〕方学渐撰：《东游记·东林别语》，方昌翰辑：《桐城方氏七代遗书》，清光绪十四年刻本。
④ 〔明〕方学渐撰：《东游记·取斯堂会言》，方昌翰辑：《桐城方氏七代遗书》，清光绪十四年刻本。
⑤ 〔明〕方学渐撰：《东游记·序》，方昌翰辑：《桐城方氏七代遗书》，清光绪十四年刻本。
⑥ 〔明〕方孔炤撰：《周易时论合编》卷一，《四库全书存目丛书》经21册，齐鲁书社1997年版，第156页。

在方学渐的影响之下，桐城易学迅速繁荣起来。方孔炤说："王虚舟、曹白笴、钱尔卓皆事先祖。虚舟晚穷河洛，白笴、尔卓善析名理。家羽南氏，采兼山之近道者，启蒙之学彰彰矣。"[1] 方学渐无疑是明代桐城易学的开山人物。

受其父影响，方大镇也用心于易学，其子方孔炤曰："家大人居宁澹居近二十年，《易》、《诗》、《书》、古文辞无不浏览。"[2] 方大镇为官受挫，因筮得"同人于野"，故自号野同翁，归乡后继承家学，潜心研《易》，晚年完成了易学著作《易意》与《野同录》，可惜皆已失传。幸运的是，《周易时论合编》与《物理小识》，以及清人胡煦的《周易函书约注》等引其中部分资料，从中我们仍可窥其学术一貌，今择其要而述之。其一，方大镇解《易》与其父可谓一脉相承，倡导性善之学，以《易》来阐释儒家伦理秩序和社会理想。如《图象几表》卷三引其《野同录》曰："《易》为天下人不知天然秩序而作，岂为天下人不茫茫混混而作乎？孔子于卦象首明父母君臣，又特以一章明其称焉谓焉？正名盖凛凛哉。"[3] 以《易》之天然秩序会通社会伦理秩序，认为"《易》为天下人不知天然秩序而作"，故他注重用卦爻之变来解释人事变化和社会兴乱，突出《周易》的实用性。如《周易时论合编》引其解"乾"卦时说："先卿《易意》曰：君子通昼夜而知不越一心，乾乾而已，见群而无者，用姤复用同师，……故曰：初上无位，此以乾爻例之，元会亦然，岁运亦然，日夜亦然，呼吸亦然，六人可论，一人可论，六事可论，一事可论，六十四卦各具，而不必具论者也。"[4] 通过灵活地运用各种卦爻辞的变化来说明"君子日夕行事，在乎辩定而已"的处事准则，把《周易》当作了处理社会生活、人事变化的教科书。其二，方大镇解《易》开始较多地吸收易学象数派的理论。如他在《野同录》中曰："气为阴阳，象为天地，数为奇偶，而贯者与之

---

① 〔明〕方孔炤撰：《周易时论合编·凡例》，《四库全书存目丛书》经21册，第140页。
② 〔明〕方孔炤撰：《宁澹语·后记》，〔明〕方学渐撰：《东游记》，方昌翰辑：《桐城方氏七代遗书》，清光绪十四年刻本。
③ 〔明〕方孔炤撰：《周易时论合编》，《四库全书存目丛书》经21册，第188页。
④ 〔明〕方孔炤撰：《周易时论合编》卷一，《四库全书存目丛书》经21册，第319页。

同时同体，故孔子尝言往来，以用二者即一也。"①解"乾元亨利贞"曰："一必用四，邵子阐之，四用三而不用者一，即以一用三。此贞之所以终始也。北水属智，而以贞表之，以乾知统之齗度位信于北，可豁然知行之一，诚明之一矣。"②方大镇虽引入了象和数来释《易》，但并没有真正走向易学象数一派，还是以其家学为主。其三，重视对《周易》哲理的阐释，提出了很多哲学命题，具有一定的理论价值。如他对太极的阐释，《野同录》曰："不可以有无言，故曰太极。太极何可画乎？姑以图象画之，非可执图象为太极也。《中庸》曰：'于穆不已，天之所以为天也。'善哉，子思之画太极乎！所以然者，伦序于卦爻时位，宜民日用谓之当然，当然即所以然，然不耸之于对待之上，而泯之于对待之中，能免日用不知耶？"③太极并不是虚无的，它寓于日用生活，"不耸之于对待之上，而泯之于对待之中"，表达了其家学体用合一的哲学观。另外，他对先天之学进行了改造，提出了先天为体、后天为用，二者互为一体的理论，有其进步意义。如他在释"乾"卦时说："大人心通天地之先，而用必后天，事起天地之后，而智必先天。非可衔一先天之名于后天之上，别立一宗也。深彻几先，则无先后矣。"④又如在释"坤"卦曰："君子体天地之道不容歇足，故申言利贞者，明后天即先天之用也，一落气质，必用迷以醒迷，安于得主而得丧皆安矣。乾不表吉，而用九为乾之坤，则表之，坤，安无首之贞，故以彖著大终之吉。"⑤先天与后天是体与用的关系，二者互为表里，这比邵雍的说法更富有生命力。总之，方大镇的易学思想发挥了其家学经世致用的精神，重在阐释人伦秩序和社会理想，又开始尝试着吸收了一些象数理论，加强了哲学命题，使方氏易学向着更高的层次迈进。

---

① 〔明〕方孔炤撰：《周易时论合编》卷一，《四库全书存目丛书》经21册，第304页。
② 〔明〕方孔炤撰：《周易时论合编》卷一，《四库全书存目丛书》经21册，第306页。
③ 〔明〕方孔炤撰：《周易时论合编·图象几表》卷一，《四库全书存目丛书》经21册，第145页。
④ 〔明〕方大镇撰：《易意》，〔明〕方孔炤撰：《周易时论合编》卷一，《四库全书存目丛书》经21册，第318页。
⑤ 〔明〕方大镇撰：《易意》，〔明〕方孔炤撰：《周易时论合编》卷一，《四库全书存目丛书》经21册，第322页。

二

　　王宣是桐城易学史上一位重要人物，他潜心研究象数易学，开启了桐城易学的新篇章，对桐城易学的发展做出了很大的贡献。其易学著作为《风姬易溯(遡)》，惜已佚，但部分资料保存在《周易时论合编》中。《四库提要》亦有著录："其书止上、下经卦爻辞。前有《自序》曰'风，伏羲姓。溯风者，溯卦。姬，文周姓。溯姬者，溯象爻。独不溯孔者，余观象家，非举业家也。'……所言多主于象，亦破碎支离，不尽合于《经》义。"四库馆臣的说法显然有失偏颇。关于王宣的易学特点，方以智在《虚舟先生传》一文中作了较详细的阐释：

　　　　桐自先曾王父讲学，先廷尉公倡之，先外祖吴观我先生好参究，合三教而一之，先生往来坛坫间，无不微言解颐也。米公友石，闻而交之。中年学道，屏绝室家，以易为终始之学，寝处其中。米公曾为序其《风姬易遡》行世，世尚功令，趣干时之业，未有好其书者，后老于桐。智十七八，即闻先生绪论，旷观千世，尝诗书歌咏间，引人闻道，深者征之象数，其所杂著，多言物理，是时先生年七十，益深于河洛，扬、京、关、邵，无有能出其宗者。……近百岁乃即世，有遗书在桐之下乡左氏处，一日翛然告众而化，自非深于环中，乌能徜徉此抢囊而全其龙德乎？其言无之而非道也，不以道为名，道不出于通昼夜而知，而不以知为门庭，发明微言，旁通指远，不局局紫阳之枉范，而恒以紫阳之好学劝人。[①]

　　王宣中年开始师从方学渐学《易》，但又没有拘于方氏易学，而是另辟蹊径，征之象数，晚年穷河洛之学，"发明微言，旁通指远"。从《周易时论合编》所引其资料我们更能清楚地看到，王宣易学的最大特点就是发挥象数易学派

---

① 〔明〕方以智撰：《浮山文集后编》卷一，《四库禁毁书丛刊》集113册，北京出版社1997年版，第659页。

的《河图》、《洛书》之学，认为天下万物之理皆出于《河》、《洛》。"律历礼乐即河洛之秩序，不容思虑者也。物皆数也，数皆理也，圣人不违物理，故天不能违圣人，极数知来，如屈其指。然圣人至此罕言，因数付数，犹因物付物耳，一切物数，信其理自如此，岂遍数毛孔而知之乎？河洛百点，周公九章，实天之节度也。"① 理在数中，一切物理皆寓于数，数即理。因此他从算术的角度来衍《易》，"理寓象数，衍而历之"②。

> 天下之数始于一，终于十，而五为中。言五而兼六者，五为生数之终，而六为成数之始也，言五与十者，合两生成之终数也。故五十者数之统也，五与十为数十五，以一五而合二五也，参伍也。故河洛为十五者十二，原其始则五行之生数，十五已足。用九用六，用十五也。即以此作十圆图，而五在中，已尽其妙。大衍以十乘五，以五乘十，而是矣。河图五十五，虚其中宫之五者，亦适合也。③

可见，王宣的河图洛书之学主要是阴阳五行之数衍化而成，其提出的"河洛中五"说反映了其"用实者虚，用虚者实，虚实本一致也"④的哲学观点。正是在其易学指导思想之下，王宣以数来求理，在科学的道路上迈出了一大步，其所著《物理所》，吹响了桐城科学研究的号角。王宣的河洛象数易学对桐城学界特别是方氏易学产生了重要影响。方大镇在与其学术辩论中，开始接受了象数易学。方大铋对其很是服膺，命儿辈们向他学习。方以智年轻时受父命师从王宣学《易》，后来更将其理论吸收进了自己的学术体系中。"《河图》变《洛书》之演，使人豁然，则自虚舟王子始，今从而广之。"⑤王宣的象数易学为桐城易学注入了新的活力，影响了方氏几代人，为桐城易

---

① 〔明〕方孔炤撰：《周易时论合编·极数概》卷八，《四库全书存目丛书》经21册，第288页。
② 〔明〕方孔炤撰：《周易时论合编·图象几表》卷一，《四库全书存目丛书》经21册，第153页。
③ 〔明〕方孔炤撰：《周易时论合编·图象几表》，《四库全书存目丛书》经21册，第154页。
④ 〔明〕方以智撰：《通雅》卷首二，文渊阁四库全书本。
⑤ 〔明〕方孔炤撰：《周易时论合编·图象几表》卷一，《四库全书存目丛书》经21册，第154页。

学的繁荣和发展打下了坚实的基础。

桐城象数易学的另一位倡导者是方鲲。方鲲，方孔炤从父，字羽南，号梦明，又号石门易隐。受方学渐影响，他穷其毕生研《易》，《易荡》是其代表作。是书《四库提要》有著录。方鲲主要是师从叶兼山学习先天图学，其易学思想属于典型的象数易学派。《桐城耆旧传》曰："方先生讳鲲，字羽南。少为诸生，以才颖发名。后益耽思经籍，谓文艺非儒者所急也。会豫章叶兼山讲《易》桐城，与之语，叹其夙慧，尽以授之。由是冥契开解。著《易荡》二卷，推《河》、《洛》纵横之图，以测古人制乐用兵之法，往往悉合。黄石斋先生叹为前古未有。"①姚文然《易荡序》曰："其生平专精湛思，惟大《易》一书已。得叶兼山先生传授先天图学，先生即弃诸家易说，专讲图学。"②可见，方鲲主张河洛之学，借推衍河洛图式，来测古人"制乐用兵之法"。他在《时论序》中更明确地表明了自己的易学思想："《河洛》既兆，《九图》用彰，卦画已陈，象变斯备，时至事起，数极变生，圣人有徵权焉。周文志在明夷，道在小畜，其当殷周之际乎？宣尼服膺斯文，龙潜畏匡，乃志在《春秋》，行在《孝经》，岂先后之殊途哉？两圣人之时为之也。《易》之言时者，莫备于乾。而假年学《易》，庶无大过，乃始喟然于变通趋时。嗟乎，化而裁之存乎变，推而行之存乎通。"③先天与后天并非殊途，数与理也不相悖，学易重在变通趋时，符于方氏家学易学思想。故方孔炤为其《易荡》作序曰："从父梦名先生读《易》有得于心，门人受学益广，因而著《易荡》之文。……从父怀大道于伐邑，而翼予于荆棘刀砧中若而年，非第说《易》而已也。伦常彝极、日用饮食，有洁净精微之修名焉。从父存乎德行，而文字其续馀乎？"④方鲲的易学虽然是以图学为主，但"著图以该其义，设卦以广其象，别爻以尽其变"，包含"伦常彝极、日用饮食"，具有一定的经世意义。因此，对桐城后人

---

① 〔清〕马其昶著：《桐城耆旧传》，黄山书社1990年版，第221页。
② 〔明〕方鲲著：《易荡》，《四库全书存目丛书》经35册，第462页。
③ 〔明〕方鲲著：《时论序》，〔明〕方孔炤著：《周易时论合编》，《四库全书存目丛书》经21册，第131页。
④ 〔明〕方孔炤撰：《易荡序》，〔明〕方鲲：《易荡》，《四库全书存目丛书》经35册，第458页。

产生了一定的影响,方孔炤《周易时论合编》中多采其说。

三

桐城易学经过长时间的发展,到方孔炤时,迎来了一个新的发展时期。方孔炤生活在风雨飘摇的晚明时期,其生存环境比父辈更为恶劣,这也为其施展才华提供了一个好的机会。他崇尚事功,颇通兵法,文武兼备,素有抱负,本想力挽狂澜于既倒,有所作为,怎奈几次触怒当权者,险遭不测。但他始终保持着桐城学人不媚权贵和"以学问为茶饭"的书生本色,手不释书,笔耕不辍,又秉承家学经世致用的精神,反对空谈,致力于对经学的研究。方孔炤的易学成就更为显著,方中通说:"(先祖中丞潜夫公)五经皆有述,独精于《易》。"[①]其易学著作为《周易时论》。方以智在《时论·后跋》中对其父易学经历以及《时论》的编著作了详细的论述:

> 家君子自辛未庐墓白鹿三年,广先鲁王父《易蠡》,先王父《易意》而阐之,名曰《时论》,以六虚之归环中者,时也。又八年抚楚,以议剿縠城,忤楚相,被逮。时石斋先生亦拜杖下理,同处白云库中,阅岁有八月,两先生脩然相得,盖无不讲易朝夕也。肆赦之后,家君子特蒙召对,此两年中又会扬、京、关、邵,以推见四圣,发挥旁通,论诸《图说》。自晋以后,右王左郑,而李鼎祚集之,依然皮传钩鈲也。至康节乃明河洛之原,考亭表之。学易家,或凿象数以言占,或废象数而言理,岂观其通而知时义者哉? 一有天地无非象数也,大无外,细无间,以此为微,不者洸洋矣。观玩环中,原其始终,古今一呼吸也,杂而不越,旁行而不流,此时论所以折中诸家者乎?家君子之于学也,不迹于坛坫,不靡于文辞,通籍数十年,职方忤珰,几罹不测。武陵一中幸感天恩,皆怡然处

---

① 〔明〕方以智撰:《物理小识·总论》,文渊阁四库全书本。

之,安往而不逍遥环中耶?余小子少受《河洛》于王虚舟先生,符我家学,犹恨为词章所废,周章好博,且日谨守父师之说,以晚学《易》,梼昧而文过耳。时乎,时乎,犹恐不及。崇祯癸未冬日不肖男以智百拜谨跋于上江小馆。①

方孔炤离世后,方以智父子将其前后稿作了重新编录,命名《周易时论合编》(包括《图象几表》八卷)。此书后来收入《续修四库全书》与《四库存目丛书》,可谓是桐城易学的扛鼎之作,成就显著。书中不但收录了桐城多代学者尤其是方学渐的《易蠡》、方大镇的《易意》、《野同录》、王宣的《风姬易溯》等较为珍贵的文献资料,而且收录了从汉代到明代著名易学家的学说,可谓一部集大成之作。方孔炤在书中亦每每阐释了自己的哲学观点,发挥了自己的哲学思想,具有较高的成就。方以智说:"老父在鹿湖环中堂十年,《周易时论》凡三成矣。甲午之冬,寄示竹关,穷子展而读之,公因反因,真发千古所未发。万物各不相知,各互为用,大人成位乎中,而时出之,统天乘御,从类各正,而物论本齐。"②其易学思想主要表现出了几个特点。

第一,借鉴前人的河洛图式,深研图象,主张河洛即象数,发展了传统的象数易学。方孔炤充分吸收了宋代和明代著名象数易学家的思想,特别是朱熹、邵雍、黄道周等人的河图洛书,以各种图式解说《易》理。他在《图象几表》序中曰:"朱子《启蒙》以图书、卦画、蓍策、变占四者约之,序曰:自本而干而支,自不能已,分合进退,纵横逆顺,无往不相值,是岂圣人心思智虑之所得为哉?张子所以叹秩序之天也。嗟乎,一在万中,至动颐也。泯有无而约言太极则冒耳。极深研几,惟此图象,为格通万一之约,本无言语无文字。而天下理得,秩序历然,随时随位,开物成务,而于穆其中,此邵子所以终日言而不离乎?谨因杨本,推广诸家,俟人引触会通,神而明之,命儿侄辈

---

① 〔明〕方孔炤撰:《周易时论合编》,《四库全书存目丛书》经21册,第139页。
② 〔明〕方以智撰:《药地炮庄·齐物论》卷二,《四库全书存目丛书》子257册,第245页。

编录,题曰《几表》,谓费隐交轮之几,难以指示,不得不于时位旁罗之象数,表其端耳。"① 充分肯定了图象在认识万物中的重要性,进而他提出了"虚空皆象数"的理论。在《时论·凡例》中,他说:"非胶辞之名字,则溺洸洋之巧言,告之曰:虚空皆象数也。"② 在此基础上他进一步认为理在象数中,河洛即象数,万事万物皆具河洛。"图书一理,皆易道也。九畴应书,九宫又何尝非图之中五四运乎!理藏于象,象历为数,易以睹闻传不睹闻,非待马龟而具,特因马龟而触其徵耳。……《系传》举五十有五,人以为河图也。岂知除十为洛书,何尝不具洛书之用乎?乘除圆方,不出一二三四五六七八九十而已矣。"③ 图、书即易道,河图为体,洛书为用,体不离用,用不离体,二者是二而一的关系。因此他认为万事万物皆河洛,都是象数,"两间物物皆河洛也,人人具全卦爻,而时时事事有当然之卦爻,无非象数也。卦爻命词所取之象,此小象也。虚舟最精,向令儿辈受之"④。故他喜欢用阴阳五行说、卦气说等来推衍天地之数变化的运行法则:

一用于二,必分阴阳,中五四旋,必分太少,四正为象之主,四偏从之,阳仪乾离顺数得一二,而阴仪坤坎回数得六七,图布四方,则乾坤坎离四正卦,当南北之极,巽震二长在东,艮兑二少在西,则四隅卦当日月出入之腰轮焉。表以四时,春夏秋正用而冬为不用之用,故乾坤主于北而坎离济于南,坎水济于七火而先天位西对三,故以七予后天之兑离,用二火一热天一之水。而先天位东,故以八连后天之震,中明本于中刚,故后天乾以一予坎而坤以六奉乾,乾藏用九于六,而以九予用二之离,离既居九,而以二奉坤养矣。……凡此皆足以穷朱子所谓阴阳互根之理,自不必执一诎一也。⑤

---

① 〔明〕方孔炤撰:《周易时论合编·图象几表》卷一,《四库全书存目丛书》经21册,第144页。
② 〔明〕方孔炤撰:《周易时论合编·凡例》,《四库全书存目丛书》经21册,第140页。
③ 〔明〕方孔炤撰:《周易时论合编·图象几表》卷一,《四库全书存目丛书》经21册,第147—148页。
④ 〔明〕方孔炤撰:《周易时论合编·凡例》,《四库全书存目丛书》经21册,第141页。
⑤ 〔明〕方孔炤撰:《周易时论合编·图象几表》卷一,《四库全书存目丛书》经21册,第158页。

不仅如此,他命儿孙辈汇编成的《图象几表》,将象数易学推向了一个新的高度。故余飏评之曰:"先生之学《易》也,以统有无之中为极,以《河》、《洛》为端几,而要归于时用。先生之言曰:自天地未分而今时矣,今时之天地即未分时之天地也。人人全具卦爻,而时时事事有当然之卦爻。"① 是为确论。

第二,提出了太极不落有无而理以气为主的太极观。方氏家学的最高哲学范畴是"太极",方学渐、方大镇已有所论述,方孔炤则在家学的基础上,又吸收前人成果不断将之完善。首先他提出了"太极不落有无"之说。在《图象几表·太极图》中他说:"不得不形之卦画,号曰有极,而推其未始有形,号曰无极,因贯一不落有无者,号曰太极","自有而推之于无,自无而归之于有,此不得不然之示也","不落有无之太极,即在无极有极中,而无极即在有极中。人值此生为不落有无之有,犹时值日中为不落日夜之日。圣教惟在善用其当有者,有物有则,即无声臭,何容作有无之见乎!故深表两间之所以然曰太极,而太极之所以然,原自历然"②。太极不落有无,又在有无之中,却不能简单地以有无来看待。他认为太极不是虚无的,而是一个物质实体,因此,他引入了"气"这一哲学概念来说明。"充两间之虚,贯两间之实,皆气也。所以为气者,不得已而理之,则御气者理也,泯气者理也,泯理气者即理也。以泯理气之气而专言气,则人任其气而失理矣;提出泯理气之理而详证之,则人善用于气中而中节矣。"③ 理在气中,不能离开气谈理谈太极,对太极进行了更为辩证的阐释,表现出了较为唯物的一面。

第三,提出了《易》是一大物理的唯物论断。方孔炤虽然治象数易学,但并不是离开社会人事谈理谈数,而是通过象数来格通义理,将义理与象数

---

① 〔明〕余飏撰:《时序论》,〔明〕方孔炤撰:《周易时论合编·图象几表》,《四库全书存目丛书》经21册,第132页。
②③ 〔明〕方孔炤撰:《周易时论合编》卷一,《四库全书存目丛书》经21册,第145页。

较好地结合在了一起。"费而象数,隐而条理,亦二而一也。合费隐而言之,分费隐而言之,亦二而一也。自非神明,难析至理。"① 因此他认为《易》是一大物理,开物成务,正是为治世服务的。"《易》是一部大物理也,以道观天地,天地一物也,以天地观道,道一物也。以物观物,又安有我于其间哉?"② 天地一物,道亦是物,《易》是一大物理,象数是为格物服务的,充分表现了其经世致用的思想。"言义理,言经济,言文章,言律历,言性命,言物理,各各专科,然物理在一切中,而《易》以象数端几格通之,即性命、生死、鬼神祇一大物理也。"③ 方孔炤自觉以《易》为指导,用"象数端几"会通各种学问,不断向科学迈进。正是在其易学思想指导下,他完成了《崇祯历书约》一书。"易无体而寓卦策象数以为体而用之,圣人惟言天地日月四时而于穆其中矣。故致理以象数为征,而历律几征,正盈虚消息之表也。"④ 是对桐城科学思想的一大发展。

方孔炤的哲学思想十分丰富,不但对一些具体的哲学问题展开了深入的探讨,而且提出了一些富有思辨色彩的哲学命题,初步建立了一套较为完整的哲学体系。故方以智总结说:"我父晚径十五霜,公因反因开天荒;中五旋四县天纲,准不乱亨神无方,昼夜生死归大常,层楼奥堂阳为堂,井瓢灶火传灯光;生生本无生,代明而错行。"⑤ 方孔炤的易学思想无疑大大推进了桐城方氏学派的易学发展,更为方以智学术思想的辉煌创造了有利的条件。

四

方以智幼承家学,淹贯经史,博综子集,后经历亡国之痛,痛恨晚明空

---

① 〔明〕方孔炤撰:《周易时论合编·图象几表》,《四库全书存目丛书》经21册,第286页。
② 〔明〕方孔炤撰:《周易时论合编·图象几表》,《四库全书存目丛书》经21册,第287页。
③ 〔明〕方以智撰:《物理小识·总论》,文渊阁四库全书本。
④ 〔明〕方孔炤撰:《周易时论合编·图象几表》,《四库全书存目丛书》经21册,第273页。
⑤ 〔明〕方以智撰:《冬灰录·二月二十三设潜夫府君位前上供》,《青原愚者智禅师语录》卷四,《禅宗全书》语录部三十,台北文殊文化有限公司影印1990年版,第656页。

谈心性的学风，自觉回归经典，主张"藏理学于经学"①，强调依经释道，经道合一。他自幼学习《周易》，后在其家学基础上兼收并蓄，将方氏易学发扬光大，成为一代易学大师，影响深远。其易学代表作是《图象几表》与《易余》（一部分文字还保存在《周易时论合编》、《东西均》等著作中）。方以智在家学的基础上，吸收了王宣与黄道周等人的易学思想，形成了自己的易学体系。他说："少受河洛于王虚舟先生，又侍中丞于法司，闻黄石斋先生之《易》，别有折中论说。此天人大原，象数律历之微，尽本诸此。"②其中王宣对其影响最为突出。"智十七八，即闻先生绪论，旷观千世，尝诗书歌咏间，引人闻道，深者征之象数，其所杂著，多言物理，是时先生年七十，益深于河洛，扬、京、关、邵，无有能出其宗者。智方溺于词章，得先生之秘传，心重之，自以为晚当发明。"③王宣的河洛之学深为方以智敬重。"余小子少受河洛于王虚舟先生，符我家学。"④方以智《图象几表》中衍诸图时就是在邵雍小衍的基础上，以王宣河洛演图书之法进行的。总之，方以智的易学集前人之大成，折中各家，承汉宋以来扬雄、关朗、京房、邵雍、朱熹等人的象数易学，又不废义理，从而在家学的基础上构建了其独特的易学理论体系。

第一，在肯定先天图学的基础上，提出了"虚空皆象数"、"倚数穷理"的理论。方以智承父命与儿辈完成的《图象几表》一书，是集前人象数易学之大成的著作。今人郭彧评曰："采录杨时乔（止庵）《周易古今文全书》'易学启蒙'五卷之图为主，旁及京房、刘歆、扬雄、关朗、一行、邵雍、司马光、周敦颐、郑樵、蔡沈、丁易东、胡一桂、萧汉中、朱升、蔡清、来知德、邓潜谷、沈全昌、倪元璐、黄道周、王宣等诸家易说或易图，分图书（卷一）、卦画（卷二）、八卦（卷三）、卦变（卷三）、蓍策（卷四）、卦序（卷四）、旁征（卷五至卷八）七部分，凡集图二百一十二幅。是书大体本朱熹《易学启蒙》体例而增衍。"⑤

---

① 〔清〕释笑峰等撰，施闰章补辑：《青原志略·发凡》，《四库全书存目丛书》史245册，第537页。
② 〔明〕方以智撰：《通雅·凡例》，文渊阁四库全书本。
③ 〔明〕方以智撰：《虚舟先生传》，《浮山文集后编》卷一，《四库禁毁书丛刊》集113册，第659页。
④ 〔明〕方孔炤撰：《周易时论合编·后跋》，《四库全书存目丛书》经21册，第139页。
⑤ 郭彧：《方以智的〈图象几表〉》，《易图讲座》第44讲，华夏出版社2007年版，第196页。

此书在其父"虚空皆象数"的哲学命题基础上,进行了进一步的发挥和完善。他说:"一有天地,无非象数也。"①每叹"虚空无非卦爻象数,圣人格通,处处表法"②。其子方中通说:"老父会通之曰:虚空皆象数,象数即虚空。"③这一思想成为方以智易学思想的重要支柱,贯穿其思想始终,"混沌之先,先有图书象数"④象数随天地而生,寓于万事万物之中,天地间没有绝对的虚空,虚空即象数。方以智极为反对那种离开物理而谈象数的做法,"为物不二之至理,隐不可见,质皆气也,征其端几,不离象数。彼扫器言道,离费穷隐者,偏权也。日月星辰,天县象数如此。官肢经络,天之表人身也如此。图书卦策,圣人之冒准约几如此。无非物也,无非心也,犹二之乎?"⑤象数如同"历数律度",是秩序变化之原,是为人世服务的。因此不能把象数变成术数,而抛弃其中的真质。故他进一步提出了"倚数穷理"之说,"立卦生爻,依数而理寓焉。尽性至命,则超于一切而依然一切也。此节序森列之理数,分毫不坏也。示人研极,则倚数穷理,即逆是顺。圣人开成,则倚数穷理,是饮食耳。故会通者,以为象数,一切是象数;以为道理,一切是道理"⑥。理与数是相互依存的,数中寄理,"世有泥象数而不知通者,固矣;专言理而扫象数者,亦固也"⑦。他强调要善于会通象数与义理,反对割裂二者的关系。在此哲学思想指导下,他将桐城实学推向了一个新的高度,其《物理小识》与《通雅》二书,博通今古,多有发明,至今为学者所重。

第二,进一步完善了其父提出的"不落有无"的太极观。方以智的太极观与其父是一脉相承的,认为太极是超越天地万物之外的一种实体,是最高范畴的哲学概念。他说:"太极者,先天地万物,后天地万物,终之始之,

---

① 〔明〕方以智撰:《时论后跋》,〔明〕方孔炤撰:《周易时论合编》,《四库全书存目丛书》经21册,第139页。
② 〔明〕方以智撰:《周易时论合编·系辞上》卷十,《四库全书存目丛书》经21册,第691页。
③ 〔明〕方中通撰:《时论序》,〔明〕方孔炤:《周易时论合编》,《四库全书存目丛书》经21册,第135页。
④ 〔明〕方以智著,李学勤点校:《东西均·象数》,中华书局1962年版,第105页。
⑤ 〔明〕方以智撰:《物理小识》卷一《天类》,文渊阁四库全书本。
⑥ 〔明〕方孔炤撰:《周易时论合编·说卦》卷十三,《四库全书存目丛书》经21册,第707页。
⑦ 〔明〕方以智著,李学勤点校:《东西均·象数》,第105页。

而实泯天地万物，不分先后，终始者也。生两而四八，盖一时具足者也。自古及今，无时不存，无处不有，即天也，即性也，即命也，即心也。一有一画，即有三百八十四。皆变易，皆不易，皆动皆静，即贯寂、感而超动、静。此三百八十四实有者之中，皆有虚无者存焉。孔子辟天荒而创其号曰'太极'。'太极'者，犹言'太无'也，'太无'者，言不落有、无也。"①太极超越时空，不分先后，是天地万物之本，但又寓于天地万物之中，不离有无但又不落有无。他认为太极自身又具有体与用的关系，是一种"无对待"中的"对待"。"无对待在对待中，然不可不亲见此无对待者也。翻之曰：有不落有、无之无，岂无不落有、无之有乎？曰：先统后、后亦先，体统用、用即体矣。以故新其号曰'太极'，愚醒之曰'太无'，而实之曰'所以'。"②像其父一样，方以智还引入了"气"的概念来说明太极的特点。他说："两间皆气也，而所以为气者在其中，即万物共一太极，而物物各一太极也。儒者不得已而以理呼之，所谓至理统一切事理者也。有精言其理御气者，有冒言其统理气者，故老父分宰理、物理、至理以醒之。"③天地间皆气，太极存于气中，万物都是由太极派生出来的，都由气构成，因此"物物各一太极"，太极超越万物又存于万物中。此外，方以智还将太极与河图联系起来，认为太极即藏河洛中，二者是二而一的关系。"本以太极为体，图书为用，究以图书立体，而以太极为用，止有善用，即用此图书卦爻伦常时位之体用也。"④表明了其体用一致的易学思想。方以智的"太极观"在其父基础上进一步完善起来，方氏家学的"太极观"在方以智时已经形成了一个稳定而成熟的体系。

第三，发扬了其父的"公因反因"说，使之成为其易学思想中最重要的哲学思想。方以智曾说："老父在鹿湖环中堂十年，《周易时论》凡三成矣。甲午之冬，寄示竹关，穷子展而读之，公因反因，真发千古所未发。"⑤ "公因

---

① 〔明〕方以智著，李学勤点校：《东西均·三徵》，第19页。
② 〔明〕方以智著，李学勤点校：《东西均·反因》，第41页。
③ 〔明〕方孔炤撰：《周易时论合编·系辞》卷十，《四库全书存目丛书》经21册，第673页。
④ 〔明〕方孔炤撰：《周易时论合编·图象几表》卷一，《四库全书存目丛书》经21册，第150页。
⑤ 〔明〕方以智撰：《药地炮庄·齐物论》卷二，《四库全书存目丛书》子257册，第245页。

反因"是方孔炤《周易时论合编》中提出的观点,但并不成熟,方以智大力予以阐扬和丰富。在他看来,所谓"公因",是指一切事物所遵循的永恒不变的秩序和法则,具有本体的意义;所谓"反因",则是指既相反又相成,即矛盾的双方既互相对立又互相依存的意思。在方以智看来,天地间的一切事理,"凡相因者皆极相反"①,"参即是两,举一明三,用中一贯。千万尽于奇偶,而对待圆于流行。夫对待者,即相反者也"②。"公因"与"反因"相反相成,"公因"即在"反因"中,"公因"既统御万物,又依于万物、寓于万物,这正反映了《易经》八卦和六十四卦的基本秩序,而所讲相反相成的"反因"则体现了阴阳卦象既互相对立又互相依存的基本原则。方以智还借用佛教说法以"圆∴"图来表示。"∴"读作"伊",上一点代表"公因",下面两点代表"反因",认为上一点贯于下两点中,使之相交而上下轮转,而下面两点的交互运动则又是上一点显现永恒至理的必要凭借,因此三点相互联系而不可分割,由是构成了"公因"与"反因"的圆融无碍关系。"公因反因"说贯穿于方以智的哲学思想中,是其哲学体系中的一个重要理论基石。

方以智以象数端几格通一切学问,建立了以《易》为主的哲学思想体系。他虽谈象数易学,但始终没有背离易学重在人事的家学传统。他以河洛图式推衍天地自然的运行规则,无非是用之说明"秩序变化、寂历同时"的道理,用天道以示人事。正像他对其子方中通所说的那样:"有法则而无情识,故曰格物之则即天之则,即心之则,故倚此秩序变化、寂历同时之符,处处皆然,欲忿一平发皆中节矣。《易》其可不学哉?所以破有无之说曰天无先后,中有条理,舍后穷先,所以引人入胜地而变化之也。"③"格物之则即天之则,即心之则",以心沟通天人,达到认识世界的目的。他以"惟《易》统之以费知隐,以隐行费,即无费隐矣"④的认识世界的方法,通过现象达到本质,由表及里,假象数推知物理,会通天下一切学问。因此,他以《庄》

①② 〔明〕方以智著,李学勤点校:《东西均·反因》,第38页。
③ 〔明〕方以智撰:《示侍子中通兴磬》,《青原愚者智禅师语录》卷三,《禅宗全书》语录部三十,第647页。
④ 〔明〕方以智撰:《示萧虎符学易》,《青原愚者智禅师语录》卷三,《禅宗全书》语录部三十,第646页。

归《易》、以《老》归《易》、以《诗》归《易》，最终将儒、释、道三教皆归于《易》，将中国传统文化融汇成一个整体，形成了以《易》为中心的哲学思想体系，在中国学术思想史上独树一帜。

易学是明代桐城方氏学派的一面旗帜，也是其主要理论武器之一，因此易学研究贯穿此学派始终，从方学渐开始，到方以智父子为止，历经五代人，其研究队伍除了以上几位外，还有吴应宾（方以智外祖父）、方以智的三个儿子中德、中通、中履等人。纵观明代桐城方氏学派的易学研究，主要表现出了以下几个特点：第一，学派与家学密切结合。明代桐城方氏学派主要是以桐城桂林方氏家族为中心的一个学派，兼及师友，其学派成员大都是桐城人，或长期生活于桐城。故此学派的易学研究也主要是以方氏家族为中心，其领袖人物始终以方氏家族成员为主，学术精神与方氏家学一致，表现出了较强烈的家学性质。方氏家族是一个典型的理学世家，恪守心学，深究性命，主"性善"说，为学主张依经释道，贯通有无，强调事功。因此，此学派易学研究自觉以理学思想为指导，强调经道合一，重视发挥易中之理，表现出了鲜明的家族性与地域特色，在易学研究史上显得较为独特。第二，兼容并包、富有创新。明代桐城方氏学派易学研究虽然具有学派与家学的双重性质，但并不囿于家学与师学，没有门户之见，而是兼容并包，以其开放的心态吸纳了前人与时人的优秀成果，不断创新。此学派的易学研究历经多代，经历了一个不断发展不断完善的过程。这主要表现为其易学从宋易义理学发展为后来的象数易学，主象数又不废义理，在易学研究史上独树一帜。方学渐与方大镇父子主张宋易义理学，但也不反对象数；王宣与方鲲则走上了象数易学，为桐城易学注入了活力；到方孔炤一代，充分吸收了前辈象数易学的成果，变其家学的宋易义理学为象数易学，初步创立了一个以象数格通一切学问的哲学体系；方以智则以更为开放的心态，集前人及其家学之大成，提出了虚空皆象数、倚数穷理的理论，以象数会通一切学问，建立了一套以《易》为主会通儒释道三教的完整哲学体系，创造了桐城易学的辉煌。第三，通经致用。方氏学派从一开始就没有抱残守缺，而是积极承担了补救时弊的社会责任，其学风质朴，注重现实，强调通经致用。这种学术品格也突出地反映在了他们的易学研究中。方氏学派的易学研究主要是为了阐释社会治乱、人事得失的道理，故他们治易反对空言性道，重视日用伦常、社会秩序，体现出了鲜明的通经致用的思想。此派后来发展了象数易学，开拓出了一条新的道路，也无非是为了探索大自然中各种事物的规律，倚数穷理，假象数而通物理，以此来更好地格物致知，达到改造世界的目的。正是在这种易学思想之下，他们将哲学与科学结合起来，大大推进了桐城科学的发展，为中国近代文明谱写了光辉的一页。

（本文原载《周易研究》2011年第5期）

姚莹边疆史地著述的文献来源与特点

沈志富

姚莹是一位典型的桐城派文人,同时也是近代最早一批"开眼看世界"并从事边疆史地研究的代表人物。在近代第一次边疆危机中,他敏锐地观察到重新发现中国边疆、放眼域外地理的重要性。作为桐城经世派的先驱[①],他在传统学术框架的边缘地带发扬先贤史地之学以及桐城文人的文献编纂传统[②],选择以边疆地理作为其治学救亡的突破口。此后其一生主要经历都倾注在边疆事业上,治边、研边、记边合一,留下了多部具有划时代意义的边疆史地佳作,将中国传统沿革地理的视域范围从内地扩大转移到遥远边疆,并以其一人之识力同时关注了西北与西南陆疆、东南海疆和域外地理。

姚莹边疆史地著作的成书,既受到了其作为学者型官员的个人从政与亲历边疆的经历以及桐城派作家擅长为文叙事论理的写作技法等因素的影响[③],也与他对各类文献史料的悉心发掘和娴熟运用密切相关。

一、边疆史地"三部曲"的成书与刊刻

(一)西北陆疆史地专论:《识小录》

《识小录》虽是姚莹晚年于蓬州任上始着手整理,后复委托鄱阳陈方海代为编校,实此书于三部中写作最早。嘉庆戊辰(1808)姚莹初中进士,客

---

① 施立业:《姚莹与桐城经世派的兴起》,《清史研究》2004年第2期。
② 参见〔清〕朱书《游历记》、〔清〕姚鼐《新修江宁府志》,许结《〈桐旧集〉与桐城诗学》,程章灿《中国古代文学文献学国际学术研讨会论文集》,凤凰出版社2006年版、许结《从〈桐旧集〉到〈耆旧传〉》,《文献》2011年第3期。
③ 参见章永俊著:《鸦片战争前后中国边疆史地学思潮研究》,黄山书社2009年版。

两广总督百龄幕府。当时两广为沿海夷务最繁之区，姚莹在此目睹和接触了大量夷人夷事和域外情势，这成为姚莹撰述《识小录》的重要缘起。他在后来成书的《康輶纪行》中忆及这段经历时提到："莹自嘉庆中，每闻外夷桀骜，窃深忧愤，颇留心兹事，尝考其大略，著论于《识小录》矣。"[1]

《识小录》于道光十三年（1833）编校成书，道光二十九年（1849）始行刊印。全书共八卷，其卷四为西北史地专论，有《内旗外旗之别》、《喀尔喀内附始末》、《卡伦形势》、《新疆两路形势》等9篇，为"姚莹研究边疆史地和敌情外事的第一部著作"[2]。

（二）东南海疆史地专著：《东槎纪略》

《东槎纪略》系姚莹首次台湾任上所著。在姚莹一生不算复杂的履历上有过三度赴台的经历，分别是嘉庆二十四年至道光二年（1819—1822）、道光三年至五年（1823—1825）和道光十八年至二十三年（1838—1843），这在有清一代任职台湾的官员中实不多见。更重要的是他将在台之观察经历与治理方略行诸文字，汇为一编，撰成《东槎纪略》五卷，卷一主论民政军政，卷二、卷三主论噶玛兰地情、开发与治理，卷四议台湾兵事，卷五谈民变与平乱事，主题明确，体例清晰，从台湾的战略地位、历史地理到军政民情、治台方略靡所不究。

按其自序，《东槎纪略》单行本当最终编定于道光九年（1829），又按吴序，当刻印于道光十二年（1832）；此后又有道光二十九年（1849）《中复堂全集》本及同治六年（1867）《中复堂全集》增补重刻本印行。此外该著还有沈楙惪辑一卷本道光二十九年《昭代丛书》壬集本行世[3]，部分重要篇章则被收入丁曰健增辑、同治六年刊印的《治台必告录》中。如果说《识小录》关于边疆和域外史地的认识尚较浅显的话，《东槎纪略》已可称得上是

---

① 〔清〕姚莹著：《康輶纪行·东槎纪略》，黄山书社1990年版，第1页。
② 陈进忠：《姚莹和他的历史地理著作》，《文史杂志》1989年第1期。
③ 〔清〕丁立中编：《八千卷楼书目》卷八，北京图书馆出版社2009年版。

一部真正意义上的边疆史地专著。作为一部以台湾为叙事中心的边疆史地研究的代表作,《东槎纪略》"恰好是世人所称许的姚莹两大成就的结合"①。

(三)西南陆疆史地与域外地理专著:《康輶纪行》

《康輶纪行》是姚莹因抗英保台获罪、贬官四川时期,两次奉使乍雅途中写就的有关西藏史地和域外地理的专著,也是姚莹影响最大、声誉最高、研究最多的一部边疆史地著作。自道光二十四年(1844)十月至二十六年二月历时一年又五个月间,姚莹两次"藏差"往返"冰山雪窖"万余里,"逐日杂记"沿途见闻。凡所经行程、途中崎岖艰险、地方道里远近、藏地风俗人情、康卫山川形势、语言制度及所访西洋情事、诸教源流皆详考博证,备录不遗,撰成《康輶纪行》这部旷世杰作。

来新夏先生称:"清代中期,学界颇多留心边疆史地,但注重西北者较多,其能全面研究西北、西南者,当推姚莹。"②而最能直接反映姚莹"全面研究西北、西南"的著作莫过于《识小录》及《康輶纪行》。《康輶纪行》是一部日记体著作,初稿撰成于姚莹奉使西藏归来的道光二十六年(1846)。后姚莹辞官归里,重加缮写,邀同里方宗诚参与校订,叶棠绘制所附地图并跋,订为十六卷单独刻印,此后又编入《中复堂全集》本刊行。太平天国战争期间,桐城沦为太平军与清军反复争夺之地,原书藏版被毁。同治六年(1867),其子姚濬昌在安福县署整理重刻。

二、姚莹边疆史地著作的文献来源

姚莹史地著作注重对史料的遴选以及对史实的考证求索,同时不拘篇幅保存了大量有关边疆治理和域外史地的第一手资料,因而颇具史实与文献价值。细考之可见,其边疆史地著作的文献来源类型多样,既有官修史志

---

① 程仁桃:《〈东槎纪略〉与姚莹》,《中国地方志》2013年第6期。
② 来新夏:《姚莹的边疆史地研究》,《津图学刊》1995年第2期。

典章、政府文书档案,也有个人诗赋文集、私人往来书信乃至踏雪卧冰、访诸野老的实地考察资料。

(一) 地志舆图类史地文献

姚莹虽为博闻广见之传统桐城派文人,但受多年仕宦经历影响,每到一地他必十分关注并勤加搜集地方史乘与地志舆图。这从其史地著作时常征引前人论著,特别是各类方志资料,搜集各家、博采众长、论析考辨中可以看见。一些方志资料是姚莹公署案头必备,一些则在差旅途中随身携带不时览阅。这些志书是姚莹考察边疆风俗民情与山川情势的最初依据,也是其思考治理对策与书写心得的基本史料及考订对象。

具体而言,姚莹边疆史地著作三种频繁引述或介绍的史地文献多达数十种,主要有以下几类:其一为地理总志、方志和舆图,如《大清一统志》、《皇舆全览图》、《太平寰宇记》、《四川通志》、《卫藏图识》、《西藏志》、《八旗通志》、《台湾府志》、《诸罗县志》、《凤山县志》等;其二为正史地理志和列传,如《尚书·禹贡》、新旧《唐书·吐蕃传》、《资治通鉴(胡三省注)》、《明史·乌斯藏传》等;其三为水文山川类专志,有《水经注》、《水道提纲》等;其四为私家志书及行记,如《益州记》、《大唐西域记》、《藏炉总记》、《徐霞客游记》、《西域闻见录》、《北征纪行》、《西招纪行诗》、《绥服纪略图诗》、《台海使槎录·番俗六考》、《蛤仔难纪略》等;其五为域外地理图籍,包括多种海外地图文献,既有历代中国学者所著之《佛国记》、《真腊风土记》、《海国闻见录》、《海岛逸志》、《四洲志》、《海国图志》等,也有来华西方传教士所著之《万国图志》、《职方外纪》、《坤舆全图》、《坤舆图说》等。

(二) 会典通志类典章文献

典章文献是了解边疆政治、经济制度与民族、宗教状况的基本工具书,当代政书对于处理边疆事务、改进边疆治理更有直接的指导和参考功用。姚莹在边疆史地著作中有效利用了清中叶以来编修的几部重要典章文献。

其一是《清会典》。清代共修过五部会典，分别是康熙、雍正、乾隆、嘉庆、光绪五个朝代，合称《五朝会典》，距姚莹关注边疆事务时代最近的一部是《嘉庆会典》，辑录于嘉庆六年（1801），告成于二十三年（1818），由大学士托津、曹振镛任总裁。

其二是《清朝通志》。乾隆年间嵇璜、刘墉等奉敕撰《续通志》，是为十通之一，书中纪传自唐初至元末止，二十略自五代至明末止。随后又撰《皇朝通志》，所载典章制度自清初至乾隆五十年止。在写作《康輶纪行》过程中，如卷一《乍雅两呼图克图缘起》，姚莹除援引《四川通志》、《卫藏图识》等介绍康卫及乍雅地理外，还大量征引参酌了《清会典》、《清朝通志》等史料对两藏僧相争的宗教背景及西藏地方政治源流作了详细交代。这既有助于处理双方纠纷时做到胸有权衡、有理有据，也有意识地摘录保存了一批涉藏制度史料及相关制度在藏区实施状况的案例记录。

（三）奏议公牍类文书文献

姚莹于地方治理向有心得，对地方官吏的职责使命也有着清晰把握。他既勤于政务，善理纷争，又十分注意在处置或协理政务过程中观察思考，用心总结，撰写了大量涉及边疆治理、海防建设、抚夷之策的奏议公文及往来书信，为主政者及后来者提供参考和鉴戒。此类文献多被他系统收录在相关文集中，其最具特点的一部当属《东槎纪略》。

该著五卷25篇，其中16篇专门论述治台保台方略，即卷一《复建凤山县城》、《改设台北营制》、《改配台北班兵》、《筹给艋舺营兵米》、《筹议商运台谷》、《筹建鹿耳门炮台》、《埔里社纪略》，卷二《筹议噶玛兰定制》，卷四《台湾班兵议》（上、下）、《复笛楼师言台湾兵事书》、《复笛楼师台湾兵事第二书》、《答李信斋论台湾治事书》、《与鹿春如论料匠事》等。此外首尾两篇《平定许、杨二逆》、《陈周全案纪事》，虽为平乱纪事，实亦攸关地方稳定与治理。此类文字收录集中，既彰显了姚莹提倡经世之学的高度热忱，又展现了其"不为詹詹小言"、所论诸事"切实详备，凿凿可见之施行"①的远见卓识。姚莹曾反复强调一个合格的守令要做到"审其势而察其机",反对那种"或习近闾阎而闇于制度,或锐意兴革而昧于事情,逐末者忘本,务名者乖实,言之娓娓而无所用"②的庸吏。而他初次赴台短短三年时间即形成了上述对台湾形势全面把握及全台方略周详赞画的深刻见地,可见其从政之积极有为。故姚莹因《东槎纪略》中提出的众多施政方略与具体建议得以在十几年后又获道光皇帝赞许"熟悉情形,才守兼优"③并再授台湾兵备道当非偶然,而此后其政见与治术在鸦片战争抗英保台中一一收到了成功实践更属必然。此亦正见姚氏选择保存这类文献于治世之有益。

(四)口述史料与官府档案

在姚莹看来,但凡有用于世的文字皆当辑录保存。即便编纂个人文集,他也毫不吝啬笔墨篇章为他深感危机重重的清朝边疆治理与研究主题专篇载录他人著述以资旁参。其《识小录》卷四"西北史地"九篇采自口述史料,而《东槎纪略》卷二《筹议噶玛兰定制》一篇录自官府档案,两者皆充分体现了姚莹善待史料的文献留存意识。

嘉庆十六年(1811)姚莹在两广总督松筠幕府。松筠曾两任伊犁将军,前后居西北塞外近二十年,熟谙西北史地,著有《西招纪行诗》、《绥服纪略图诗》等,详载西域疆域地制。姚莹对边疆史地和域外地理的兴趣或是源自这一时期与松筠的交往。施立业先生在梳理姚莹此段经历后即明确认为"《识小录》中有关西北史地者均曾咨询松筠或经其审核"④。从文本分析来看,姚莹于《内旗外旗之别》开篇即清楚无误地提到与松筠的往来,当时松筠"以与惜抱先生有旧,颇相接待"⑤。论及西北地志,姚莹认为其时官私载记已不下三十多种,其中大部分都是"各记所闻,或考诸传志,互有异同",

---

① 〔清〕姚莹著:《康輶纪行·东槎纪略》,第527页。
② 〔清〕姚莹著:《康輶纪行·东槎纪略》,第528页。
③ 〔清〕姚濬昌撰:《姚莹年谱》,《中复堂全集(附录)》,同治六年安福县署刻本。
④ 施立业著:《姚莹年谱》,黄山书社2004年版,第52页。
⑤ 〔清〕姚濬昌撰:《姚莹年谱》,《中复堂全集(附录)》,同治六年安福县署刻本。

惟松筠所著两种最为详确。经对比诸书,发现"间有不合者",于是"从容以请,公又为剖其是非"①。除了篇首的交代,姚莹在《俄罗斯通市始末》、《卡伦形势》、《西藏》诸篇中也都多次提及松筠;数十年后,姚莹还曾在《康輶纪行》卷十六"夷酋颠林绘图进呈说"条中追忆松筠。以上均可见松筠对于姚莹此后专注留心边情及中外交往之事影响至深。而姚莹也不没故人之谊,原原本本将当初请益松筠所得之言悉加整理,载于个人集中,确为西北史地研究留下了一笔珍贵史料。

《筹议噶玛兰定制》也是一篇非姚莹本人撰著而被收入姚氏集中的往来公文档案。道光二年(1822)姚莹在噶玛兰通判任上因别案遭劾去职内渡,次年适同里旧交方传穟调任台湾,复渡台入其幕参赞政务一年有余。方传穟和时任闽浙总督赵慎畛就台湾治理、兵防与开发事务多有征询姚莹意见,此后一些重要治台决策如商运台米定额制度、台北营制改设方案、台湾兵营治理办法等均在姚莹直接参与下相继出台。这段时间姚莹无官在身,加之此前对台湾大略已有较深入调查,得以撰写系列政略文章,后大都编入《东槎纪略》。特别是在姚莹倾注心力的噶玛兰开发问题上,因他在任上去职,许多筹备已久的事务未及施行。恰方传穟署台湾府,吕志恒补噶玛兰通判,在赵慎畛的直接过问下,要求新入籍的噶玛兰各项地方制度尽速筹议,"往竣其事"②。由此在厅府之间产生了大量往来公文,所谓"志恒条列应造册者十事,议行及停罢者二十事,传穟覆核,上之院司,悉如所议奏咨",至此,"兰制始定"③。姚莹对这批关涉噶玛兰赋税田亩核定、城垣衙署建造、仓谷储备、设隘防守等制度性条款的往来公文极为重视,逐条加附"志恒议曰"、"传穟复核曰"等提示语,备载照录,独立成卷。事实上,在噶玛兰定制的筹议过程中,姚莹正在方传穟幕中,且因他熟稔兰地事务,必预事其中,协助参定。噶玛兰定制的形成,姚莹的个人贡献自不可忽视。要者,姚莹在本人文

---

① 〔清〕姚莹著:《识小录·寸阴丛录》,黄山书社1991年版,第99页。
② 〔清〕姚莹著:《康輶纪行·东槎纪略》,第567页。
③ 〔清〕姚莹著:《康輶纪行·东槎纪略》,第567页。

集中还如此长篇累牍摘录有关公文档案,足见其对于保存边疆开发与地方治理文献"俾后来者考镜"①的真挚情怀。这些文献亦实实在在成为今人观察清代边疆经理、研究台湾垦政及宜兰地方史不可或缺的核心史料。

(五) 实地调查与实证史料

姚莹一生履历与边疆关联密切,三次渡海赴台、两次奉使入藏,加之对边疆史地的独特情怀,为他提供了在文献之外切身体验边疆、开展实地考察的良机。实地考察形成的调查资料也成为其史地著作的重要文献来源。这在《东槎纪略》与《康輶纪行》两书中表现最为明显。

姚莹在台期间,既对台湾作为东南屏障、"海外要区"的重要战略地位有着深刻而独到的宏观认识,也对台湾岛内的民族民情、地方社会、兵防要隘、地形地貌及交通线路等作了细致入微的考察。其《噶玛兰原始》、《噶玛兰入籍》,重点梳理了台湾东北之宜兰县的早期开发进程,特别是关于原住民与汉人在生存空间争夺中引发的汉番冲突、漳泉粤三籍械斗等历史场景的回顾与分析,成为地方官吏及清廷决策的重要依归;《西势社番》、《东势社番》记录了噶玛兰西势二十社、东势十六社原住民的开化历史及番社名称、方位、人口、首领及有关制度情形;《沿边各隘》、《施八坑》则记沿山设隘及隘地之制;《噶玛兰台异记》论及姚莹在台组织台风救灾活动并引申出姚氏对历史进程的思考;《噶玛兰厉坛祭文》则体现了姚莹在推动噶玛兰地方各族群和解和睦方面所做的努力,其中对台湾当时四大族群漳、泉、粤及生熟番社历史渊源的观察有着重要的人类学与社会史研究价值。同时,姚莹在史地领域的兴趣专长则充分体现在《台北道里记》的"雅洁"叙事中,19世纪上半叶台湾北路的城镇风貌、自然景观、人口分布、道路交通被勾勒串联于一线,浓缩在一编。

如果说《东槎纪略》对台湾史地的观察有着较强地方治理色彩的话,那

---

① 〔清〕姚莹著:《康輶纪行·东槎纪略》,第567页。

么《康輶纪行》则可谓姚莹带着明确考察目的撰著而成的一部川藏及域外风土"考察报告"。鸦片战争的失败令姚莹深感国人"不勤远略……若坐井观天,视四裔如魑魅,暗昧无知,怀柔乏术,坐致其侵凌"①。鉴于此,他以国为民的崇高责任感和使命感主动肩负起考察边务夷情、徐筹制夷之策的重任,一面记录西藏途中的所见所感,一面"就藏人访西事"②,所获极丰。

在《康輶纪行》中姚莹强调自己的考察活动与史地撰述目的非常明确,"非徒广见闻而已"③。例如他虽已参阅多部前人所著西藏文献,仍不厌其烦详载入藏途中所经道路山川、藏俗民情、气候物产等细节,因他认为史书记载内容具有时代性,故"今昔不同,要当随时咨访"④。又如《旧唐书·吐蕃传》记蕃地风俗"其人随畜牧而不常厥居,然颇有城郭。……贵人处于大毡帐……接手饮酒,以毡为盘",对此他指出:"唐时至今千余年,俗亦不尽尔矣"⑤,结合自己的亲身闻历修正了人们的固有认识。对于他素来关注的俄罗斯、英吉利诸外夷之远近,在此次考察途中也获取了全新认识。如"西藏外部落"条中,他得知"廓尔喀在后藏正南聂拉木及济咙界外,其东北为哲孟雄、作木朗、洛敏汤三部,皆为廓尔喀所并。其南即东印度也,今为英吉利所据"⑥。姚莹就此注意到英国早已占据整个印度并有觊觎西藏之野心,这是此前清朝知识界一直未能廓清的迷雾。即便是在姚莹深为叹服的魏源所著《海国图志》中,亦误以为"廓尔喀界西藏及东印度,摄两强敌之间,……近日英夷西与俄罗斯构兵争达达里之地,其地横亘南洋,俄罗斯得之,则可以图并印度,故与英夷血战。雍正五年,俄罗斯攻取西藏西南五千里之务鲁木,以其地尚佛教,遣人至中国学剌麻,当即与廓尔喀相近"⑦,其中的地理认识和诸国方位颇显混乱。姚莹根据自己的调查咨访辨证了魏源记载之误,后来他的考订成果还为魏源修订《海国图志》时所采纳。同时姚莹

---

① 〔清〕姚莹:《康輶纪行·东槎纪略》,第358页。
②③④〔清〕姚莹:《康輶纪行·东槎纪略》,第1页。
⑤ 〔清〕姚莹:《康輶纪行·东槎纪略》,第244页。
⑥ 〔清〕姚莹:《康輶纪行·东槎纪略》,第103页。
⑦ 〔清〕魏源:《海国图志》卷二十一,光绪二年魏光焘平庆泾固道署刻本。

认为对于外夷形势,在参酌文献记载及实地调查的同时还应重视海外舆图的使用,故其《康輶纪行》末卷专载各类域外地图并附以图说,真可谓"于外夷之事,不敢惮烦"①。

三、姚莹边疆史地著作的史料运用特点

前揭姚莹边疆史地著作史料来源数种,可谓纷繁复杂、类型多样。从姚氏著作的字里行间可以进一步发掘,姚莹之所以能够有效驾驭来源如此广泛、体裁异常芜杂的众多材料,在于他处理史料时坚持了以下几条基本原则。

(一)综合运用各种文献以达"详考博证"、"言皆征实"的著述效果

乾嘉时期是传统地理考据的全盛时期,姚莹的史地撰述也吸纳了乾嘉考据学上述研究方法的有益成分,善用多种文献学手段开展地理考证。这主要表现在他对地志舆图类文献和典章制度类文献的取舍运用上,例如他在《康輶纪行》一书中对西藏地理的考述。

在该书中姚莹征引前人及当时志书数十种。对这些文献,姚莹不轻言尽信,也无随意征引有利史料,而是秉持博览详考的原则,综合运用版本、校勘、辨伪等手段,"辨其真中之伪,而得其伪中之真"②,通过悉心考订再加驳正或采用。细览全书会发现姚莹奉使西藏其实是一段崎岖备至、辛苦遍尝的旅程,不过为求深入了解西藏情形和沿途风物,做到言必有征,尽管姚莹自谓"顾行笥少书,惟携图说数种,未能博证"③,但从其所著征引来看,姚莹前往西藏的行箧中至少携有《四川通志》、《西藏赋》等多部川藏地志及关涉藏俗藏制之官书文献。这其中乾隆五十七年(1792)由马少云、盛梅溪所

---

① 〔清〕姚莹:《康輶纪行·东槎纪略》,第358页。
② 〔清〕姚莹:《康輶纪行·东槎纪略》,第248页。
③ 〔清〕姚莹:《康輶纪行·东槎纪略》,第1页。

纂《卫藏图识》颇为姚氏所重，全书引述达70余次之多。该书原是为进藏平定廓尔喀入侵西藏的清军而编的一部藏地指南读物，其最大特点是以图为主，随图记程，详录山川、风土、民情、轶事等西藏社会各个方面，史料价值及记载可信度颇高。①但对其中讹误，姚莹则根据自己的博识与见闻毫不迟疑加以考辨。此外对域外地理的辨讹也同样极为用心。正是因为姚氏史地著作坚守了"言皆征实"②的基本原则，故"其所记风土人情、山川形势，实有以证海国诸书之虚实，而救其罅漏者"③。

（二）不拘旧俗、不存成见，尽力保存"于斯世有益"之文，以裨"文献之徵"

姚莹身处时代大变革之际，在传统沿革地理注重对政区沿革、水道变迁的考证及地名、山川、名胜的记载等内容框架之外，他也进行了可贵的学术探索。特别表现在史料选择上的不拘旧制、大胆创新，例如他以较长篇幅辑录保存"松筠西北史地九篇"等口述史料和"筹议噶玛兰定制"等档案资料，为他的史地著作注入了鲜活材料。这也是姚氏边疆史地研究在历史编纂学层面所作的尝试和突破。

姚氏《识小录》八卷，泛论学术源流，旁及经史子集四部，皆求于时事有用。"西北史地"九篇在全书体例中稍显突兀却不害经世致用、御辱图强的主旨，且见姚氏保存文献之功。首先，其对松筠本人边疆著作《绥服纪略图诗》、《新疆识略》的整理而言，有补苴史料缺失、比勘史实讹误的参考价值；其次，就西北史地学而言，姚莹虽无专研西北边疆之作，但所录诸篇概论新疆、蒙古、西藏的民族、地理、宗教、风俗，详述中俄边界沿革与走向、边防哨卡设置与驻军以及俄罗斯、廓尔喀域情，称得上是一卷近代中俄关系研究的先导性文献。从学术史角度来看，姚莹的大胆之举做到了"博而不

---

① 〔清〕马少云、盛梅溪纂：《卫藏图识》，《近代中国史料丛刊（561）》，文海出版社1970年版。
② 〔清〕姚莹：《康輶纪行·东槎纪略》，第521页。
③ 〔清〕姚莹：《康輶纪行·东槎纪略》，第522页。

杂"。吴孟复先生即认为:"其中言旗制,言形势,言通商,言兵额,言财赋,言漕运,皆兵农之要务,其详于西北地理及宗教关系,亦由当时事势使然;其论述历史人物与记载时人行事,亦皆有关时政,意取借鉴……惟其博洽多闻,详审得失,然后心胸开阔,识见高远。"① 姚氏《识小录》出,即引起当时专研西北史地的学人群体的关注,何秋涛在纂辑《朔方备乘》时就曾将姚著涉及中俄关系的内容部分辑入其书。②

(三) 提倡"以所亲历考证所闻"③,通过"亲履其地"、"勤求访问",以实地调查纠史书之谬,以亲身见闻补史乘之缺

清代考据学的鼻祖顾炎武倡导经世致用、重视实证博学的学术思想,引领推动了乾嘉考据学派的形成。其考据成果不仅坚持考辨文字音韵以通经学、归纳古书通例的研究方法④和"以经证经"、"去古未远"的用证原则⑤,还高度重视验诸实证,将所见所闻与文献记载相印证的治学理念。然延至乾嘉学人并及道咸诸家,反而多遁入典籍,暗于搜讨群书,遍考诸籍,实证精神渐失。尤其治边疆史地者,既具博学宏识又能亲历其地者少之又少。

史地文献是文史诸学科中最具应用价值的一类史料,这是近代经世思潮在边疆史地领域最先取得突破的一个重要原因。史地文献撰著价值与水平的高低同撰者的见识及实地调查考察的效果息息相关。张承宗曾指出:"姚莹治学的最大特点是注重调查研究"⑥。相比于同时期一些缺乏实践经历的边疆史地研究名家来说,姚莹算得上是当时最具田野调查精神、重视实证研究的一位学者。前述《东槎纪略》、《康輶纪行》诸篇多为姚莹在东南孤屿、西南岩疆的土地上深入史料记载的现场"访诸耆老"、"考诸案牍,咨

---

① 〔清〕姚莹著:《识小录·寸阴丛录》,第3—4页。
② 〔清〕何秋涛撰:《朔方备乘》卷四十,光绪七年畿辅通志局刊本。
③ 〔清〕姚莹撰:《东溟文后集》卷八,同治六年安福县署刻本。
④ 王俊义:《顾炎武与清代考据学》,《贵州社会科学》1997年第2期。
⑤ 郭康松:《论清代考据学的学术规范》,《清史研究》1999年第3期。
⑥ 张承宗:《〈康輶纪行〉与姚莹的治学特点》,《苏州大学学报》1984年第2期。

询旧吏"再核诸文献的产物。

正是在遵循上述原则的基础上,各类史料在姚莹笔下化繁为简、剔粗取精,最终融为一编,从而实现了其边疆史地著作史料价值、学术价值与经世价值三者皆备的著述效果。

(本文原载《图书馆理论与实践》2019年第6期)

试论姚鼐的史学思想

郑素燕

姚鼐（1731—1815），字姬传，一字梦谷，室名惜抱轩，世称惜抱先生、姚惜抱，安徽桐城人。姚鼐著有《惜抱轩文集》、《惜抱轩文后集》、《惜抱轩诗集》、《惜抱轩九经说》、《春秋三传补注》、《惜抱轩笔记》等著作，被誉为桐城派集大成者。他虽以诗文名天下，却在所作笔记、传记以及文集中，蕴含了丰富的史学思想。姚鼐对自己在史学上的造诣是很自信的，"近时史学，无过钱莘楣，然吾有所辨论，殆足俪之"①。学术界对姚鼐的学术思想和文学方面的研究比较深，而对其史学思想的研究比较少。② 综观姚鼐的史学思想，他既讲天命，又重人事，具有二重性特征；追求史学之真，信以传信，疑以传疑；人物立传"当以贤能"，以正人心为目的；提倡义理、考据、辞章三者合一的史学方法论。姚鼐的史学思想，对后世桐城派史学与史学思想产生了重要影响。

一、讲天命、更重人事的天人观

中国古代史学具有二重性特征，"天命与人事往往交织在一起，成为史学二重性特征的一个重要方面"③。从先秦《周易》的天人合一思维，到董仲舒的"天人感应"论，到司马迁的"究天人之际"，再到宋明强调天理与人欲

---

① 〔清〕姚鼐：《与陈硕士》，卢坡校：《惜抱轩尺牍》，安徽大学出版社2014年版，第110页。
② 目前仅见俞樟华、郭玲玉的《论姚鼐的传记理论》（《荆楚理工学院学报》2010年第10期）这篇文章涉及姚鼐的史学思想。
③ 白云著：《中国史学思想通论·历史编纂学思想卷》，福建人民出版社2011年版，第41页。

之分，都体现了传统史学的这一二重性特征。姚鼐即讲天命，又重人事，具有二重性特征。

姚鼐在一定程度上宣扬天命王权说，他认为商汤、周武讨伐夏桀、商纣，乃是奉天命，"汤武奉天命而诛其王"①。周王天下，亦是天命，"天以道予文武，文武没，斯道在周公"。也正是因为天道在周公，周公才能平武庚叛乱，"维天予公斯道，岂忍不使以有为。天既使公殳子相继，治安斯民，岂中道而舍之，而滋殷之乱略？天必不然，周公东征知其足以必胜武庚也"②。

姚鼐认为人的命运也由天来支配，"夫生而富贵及死而声名，其得失大小，皆天所与也。纪载者，人名声所由得之所托也。故天欲其成乃成，天欲其传乃传，不然则废"③。在姚鼐看来，人的荣华富贵、寿命、成就都是由天来决定的。如袁枚的长寿及成就是天所予；"独先生放志泉石三四十年，以文章诏后学于此，夫岂非得天之至厚"④。而严冬友57岁去世，不能长寿的原因亦是天命，"得年非夭，而不为寿。天命若是，夫孰可多有？"⑤在写给陈用光的信中，姚鼐提到方东树因病不能全力做学问，也是天所限之，"植之颇苦善病，不能极力于学问，此天限之也"⑥。

姚鼐重视灾祥报应说，认为君王要顺应天命，行仁政，不然会招天罚，"失者疏则天灾亦疏，失者密则天灾亦密"⑦。如秦始皇"销锋铸篪而揭竿者兴"，周厉王"禁诽监谤而恶言起"，原因就在于"不知听于天，而谓小民可以人力智术驭之"⑧。姚鼐认为人之为善，就会得到好报，为恶就会有祸报。在《邹母包太夫人家传》中，他写包太夫人"自三十二岁守节至年八十二，以五世同堂之庆，蒙天书降匾于其家。自封太恭人晋三品，又加赠至二品

---

① 〔清〕姚鼐：《惜抱轩九经说》卷十六，《弗扰佛肸召子欲往说》，光绪三十三年校经山房刻本。
② 〔清〕姚鼐：《惜抱轩九经说》卷五，《大诰说》。
③ 〔清〕姚鼐：《复姚春木书》，刘季高校注：《惜抱轩诗文集》，上海古籍出版社1992年版，第292页。
④ 〔清〕姚鼐：《随园雅集图后记》，《惜抱轩诗文集》，第226页。
⑤ 〔清〕姚鼐：《严冬友墓志铭并序》，《惜抱轩诗文集》，第190页。
⑥ 〔清〕姚鼐：《与陈硕士》，《惜抱轩尺牍》，第102页。
⑦ 〔清〕姚鼐：《惜抱轩九经说》卷五，《王省惟岁卿士惟月师尹惟日说》。
⑧ 〔清〕姚鼐：《惜抱轩九经说》卷一，《姤九五爻辞说》。

夫人,虽其始终未及旌,而终乃有逾于常旌之荣者,岂非天之所以葆行义哉?"①在姚鼐看来,天之所以如此庇佑包太夫人,是因为夫人存心制行之善。在《吴伯知八十寿序》中,姚鼐写吴伯知得天之厚而长寿,是因为他"存心慈仁而持躬戒敬",做了很多善事,"君于乡党有急无不应。于高淳公事:修学宫、治道路、拯灾患、恤孤寡,无不尽其力,乡人皆戴而德之"②。在《李斯论》中,姚鼐论述了李斯舍去他老师荀卿的学说,而行商鞅之学,"扫去三代先王仁政,而一切取自恣肆以为治,焚《诗》、《书》,禁学士,灭三代法而尚督责。"姚鼐认为李斯助纣为虐,最终没有好的结果,"嗟乎! 秦未亡而斯先被五刑、夷三族也,其天之诛恶人,亦有时而信也邪?"③

姚鼐虽讲天命,但他也重视人事,在论朝代更替时他说:

> 继世以有天下,前王之德犹存,后王虽失德,天下臣民,犹当奉之,此事理之常,固天命也。至其失道之极,为天人所恶,天乃更求贤圣以为民主,此又天命之大者。④

这段话包含了两层意思:一是君命天授,姚鼐以天命来说明天下臣民侍奉一个君王是合理的,又以天命来说明一个失德的君王被更换也是合理的;二是朝代更替最重要的因素是君王的德行,君王失德到了一定的程度,被天人所恶,天就会收回对他的授命,重新换一个君王。由此可见,姚鼐在宣扬天命的同时,也强调人事的作用。

首先姚鼐重视人在历史发展中的作用。他认为夏朝灭亡的原因在于夏桀暴虐,引起民怨沸腾,"汤必割正夏者,迫于夏民怨桀之甚,而欲丧之,丧之非商以自为也"⑤。殷国灭亡的原因在于殷民随武庚叛乱,"妹土当天下既定

---

① 〔清〕姚鼐:《邹母包太夫人家传》,《惜抱轩诗文集》,第314页。
② 〔清〕姚鼐:《吴伯知八十寿序》,《惜抱轩诗文集》,第127页。
③ 〔清〕姚鼐:《李斯论》,《惜抱轩诗文集》,第5—6页。
④ 〔清〕姚鼐:《笔记》卷一,《书》,姚鼐著:《惜抱轩全集》,中国书店1991年版,第521页。
⑤ 〔清〕姚鼐:《惜抱轩九经说》卷四,《汤誓说》。

之后，不惟自息，乃逸助武庚为乱，以取灭亡之祸，岂不痛哉"①。明朝"佚君乱政屡作"，却"久而后亡"的原因，在于"士大夫维持纲纪，明守节义"②。

其次姚鼐重视德政，这是其重人事思想最突出的表现，具体来讲，有以下两点。

一是要行仁政。"得国容有之，天下必以仁。"③姚鼐认为君王要仁民、爱民，才是治国之道，"必王先自能仁民而时忧，其曷以养恬之，而后邦君御事效焉。自古王皆若兹，能若兹矣，则监国者不必刑辟人，而固已治矣"④。姚鼐以周公怀柔商故民的例子来说明仁政的重要性。周朝灭商之后，怎么统治商朝的遗民成了周初的一件大事，召公主张"有罪者杀之，无罪者活之"，而周公则主张"惟仁是亲"的怀柔政策，周武王采纳了周公的意见，对此，姚鼐评价道："固周之至仁，而其所以动天下而久无患之道，正在此也。"⑤周朝统治时间比较长的原因是行仁政，而秦朝二世而亡的原因，则是舍弃仁政，用商鞅之法，"秦之甘于刻薄而便于严法久矣！"⑥不管是行仁政，还是行苛政，都是人为而非天意。

二是知人专任。姚鼐在考证《尚书周书立政》时说："立政之要，知人也，专任也。"周公作立政篇，目的是告诫子孙要知人专任，且要用常人，姚鼐对常人是这样解释的："夫小人亦有为善之时，其为善以要名希宠而已，得所欲，则其人变矣。惟君子有常，惟克知灼见其心，乃能用常人。"常人即是君子，只要君王能用常人，"人君之道尽矣。"⑦人君要知人善任，而为官者则要尽忠职守，顺应天道，"夫君子乘天王德意，以屏万邦，惕惕焉唯恐不尽其任"⑧。姚鼐最欣赏的是明朝的翰林，"明之翰林，皆知其职也，谏争之人接

---

① 〔清〕姚鼐：《笔记》卷一，《书》，《惜抱轩全集》，第519页。
② 〔清〕姚鼐：《赠钱献之序》，《惜抱轩文集》，第110—111页。
③ 〔清〕姚鼐：《漫咏三首》，《惜抱轩诗文集》，第419页。
④ 〔清〕姚鼐：《惜抱轩九经说》卷五，《梓材说》。
⑤ 〔清〕姚鼐：《笔记》卷一，《书》，《惜抱轩全集》，第522页。
⑥ 〔清〕姚鼐：《李斯论》，《惜抱轩诗文集》，第5页。
⑦ 〔清〕姚鼐：《笔记》卷一，《书》，《惜抱轩全集》，第522—523页。
⑧ 〔清〕姚鼐：《江上攀辕图记》，《惜抱轩诗文集》，第230页。

踵,谏争之辞运笔而时书"①。人君用人是否得当,直接影响到天下治乱。

姚鼐讲天命、重人事,强调天与人之间的和谐关系,他在《礼运说》中说:"故人君达天道顺人情以为礼,而天下治矣。然而天道固不出乎人情之外者也。人者,天地之德,阴阳之交,鬼神之秀气也。故圣人以人情为田,天道达而人情顺,则天地位焉万物育焉。"②姚鼐认为,天道与人情是相统一的,天道不出人情之外,只有达天道顺人情,天人合一,才能建立和谐有序的社会。

二、信以传信、疑以传疑的直书观

秉笔直书,追求史实之真是中国古代史学的优良传统。孔子《春秋》之义,即为"信以传信,疑以传疑"③。汉朝司马迁继承了这一撰史原则,在《史记·三代世表》中说:"故疑则传疑,盖其慎也。"④这不仅是司马迁对孔子修《春秋》治史原则的认识,也正是因为秉行这一撰史原则,使《史记》成为一本实录。班固著《汉书》,同样追求实录精神,敢于秉笔直书。唐朝的刘知幾认为史书应当具有"实录"的精神,他说:"善恶必书,斯为实录。"⑤"良史以实录直书为贵"⑥

姚鼐继承了中国史学秉笔直书的传统,他推崇孔子的《春秋》,"夫史之为道,莫贵乎信。君子于疑事不敢质。春秋之法,信以传信,疑以传疑。后世史氏所宗,惟春秋为正"⑦。姚鼐认为史学之道即是求真,信以传信,疑以传疑。

姚鼐认为很多经书、史书都有错误。一是有些典籍在流传过程中被后

---

① 〔清〕姚鼐:《翰林论》,《惜抱轩诗文集》,第5页。
② 〔清〕姚鼐:《惜抱轩九经说》卷十二,《礼运说》。
③ 〔战国〕穀梁赤:《春秋穀梁传》,北京大学出版社1990年版,第40页。
④ 《史记》卷十三,《三代世表第一》,中华书局2011年版。
⑤ 〔唐〕刘知幾著,浦起龙通释:《史通》卷十四,《惑经》,上海古籍出版社2015年版。
⑥ 〔唐〕刘知幾著,浦起龙通释:《史通》卷十四,《惑经》。
⑦ 〔清〕姚鼐:《新修宿迁县志序》,载《惜抱轩诗文集》,第273页。

人加了不少自己的见解，如《左传》，"左氏之书，非出于一人所成，自左氏丘明作传，以授曾申，申传吴起，起传其子期，期传楚人铎椒，椒传赵人虞卿，虞卿传荀卿，盖后人屡有附益"。正是因为后人屡有附言，导致《左传》之言不能尽信，"余考其书，于魏氏事，造饰尤甚，窃以为吴起为之者盖尤多"①。所以，姚鼐断言"太史公曰：'左丘失明，厥有《国语》。'吾谓不然。今《左氏传》非尽丘明所录，吾固论之矣。"②其余如《庄子》、《列子》等书都有后人所附益。二是有些典籍已经失传，流传在世的乃是伪书。如《贾谊新书》，姚鼐认为贾生书已经失传很久了，现世流传的贾谊新书，是别人伪造的。"班氏所载贾生之文，条理通贯，其辞甚伟，及为伪作者分晰，不复成文，而以陋辞联厕其间，是诚由妄人所谬，非传写之误也。"③三是有些地志、方志编撰者不去实地考察，而妄引古书，导致书中所载与事实不符。姚鼐在《泰山道里记序》中说："余尝病天下地志谬误，非特妄引古记，至纪今时山川道里远近方向，率与实舛，令人愤叹。设每邑有笃学好古能游览者，各考纪其地土之实迹，以参相校订，则天下地志，何患不善。"④四是史学家有"爱奇"的嗜好，"爱奇，史氏通病，岂独子长哉？故审理论世，覈实去伪，而不为古人所愚，善读史者也"⑤。

正是因为很多书有错误，所以姚鼐认为要重视考证，去伪存真，讲求信史。对于姚鼐的考据成就，刘季高在《惜抱轩诗文集前言》中说："《惜抱轩文前后集》，共三百十篇，属于考证性质者，有四十一篇。另有《笔记》八卷，《法帖题跋》三卷，《九经说》十七卷，几乎全部是考证。其考据文之佳者，如《笔记四史部一史记》，证据确凿，断语下得干净利落，并未繁征博引，却解决了历史上的疑团，堪称考据文典范之作。"⑥在《九经说》、《笔记》中，姚鼐

---

① 〔清〕姚鼐：《左传补注序》，《惜抱轩诗文集》，第34页。
② 〔清〕姚鼐：《辨郑语》，《惜抱轩诗文集》，第73页。
③ 〔清〕姚鼐：《辩贾谊新书》，《惜抱轩诗文集》，第71页。
④ 〔清〕姚鼐：《泰山道里记序》，《惜抱轩诗文集》，第253页。
⑤ 〔清〕姚鼐：《乾隆戊子科山东乡试策问五首》，《惜抱轩诗文集》，第131页。
⑥ 刘季高：《前言》，《惜抱轩诗文集》，第3页。

对《尚书》、《春秋》、《国语》、《史记》、《汉书》、《后汉书》、《三国志》、《晋书》《隋书》《五代史》《宋史》《辽金元史》等史书进行了考证。姚鼐融经史于一体,擅于用文字、训诂等方面的知识去考证历史,考证范围涉及地理、典章、制度、经济等,指出了这些史书中存在的错误。

第一,考订文句。姚鼐对史书上文字、语句有误或有疑惑之处进行考证解释,这在《笔记》中俯首皆是。如裴骃注秦本纪里的"欲为官者五千石",姚鼐认为应该是"五十石","今汉书百官表中,脱欲为官句,又按韩非子,斩一首者爵一级,欲为官者为五十石之官,斩二首者爵二级,欲为官者为百石之官。然则裴注千字,十之误也"①。除了文字的考证,姚鼐还对一些后世解释不够清晰的地方重新做了解释,如对《史记·平准书》中"缗"的解释,姚鼐认为"按此处为史汉解者,皆不甚明晰"。姚鼐指出缗不是指钱,而是指物,"然则缗者,犹今商贾之言货本,以钱准之耳。而手力所作者无本钱,则以其手作直四千乃一算。其匿不自占,占不悉者,没入缗钱,其实物而非钱。故后言得民财物以亿计,奴仆以千万数,及田宅,此皆非钱,特以钱计耳"②。

第二,考证史实。姚鼐对史书中一些历史事件进行考证,如《史记·卫世家》中记载卫厘公死后传位于太子共伯余,余的弟弟和用钱收买武士袭击余,余自杀,和继位为武公。姚鼐以《国风·墉风·柏舟》中"髧彼两髦",说明余死于卫厘公之前,他并没有继承过王位,姚鼐指出:"武公卫之贤君,而太史公平杂家之说,诬以篡弑,可谓考之至疏矣。"③《后汉书·张王种陈列传第四十六》中记载的张皓、张纲父子的事迹,姚鼐认为不符合史实。汉安帝时赵腾因上言灾变获重罪,牵连八十余人,《后汉书》记载是张皓上书汉安帝,安帝悟,给赵腾等人减刑,姚鼐则认为当时汉安帝年龄小,是大臣主政,张皓上书劝谏一事乃是"附会造此虚言耳"。《后汉书》中记载的张纲降张婴事,在姚鼐看来,尤为谬妄,"盖伪造此说者,不知永嘉元年,有张婴攻杀

---

① 〔清〕姚鼐:《笔记》卷四,《史记》,《惜抱轩全集》,第559—560页。
② 〔清〕姚鼐:《笔记》卷四,《史记》,《惜抱轩全集》,第561页。
③ 〔清〕姚鼐:《笔记》卷四,《史记》,《惜抱轩全集》,第562页。

堂邑江都长事。在纲死后,而妄云南州晏然,蔚宗依旧纪书汉安二年,扬徐盗贼攻烧城守,杀掠吏民。及永嘉元年,张婴明有攻城杀吏之事矣。"姚鼐感叹道:"大抵东汉多乡曲伪饰之事,华阳为甚,如张楷等传,皆多谬诞。蔚宗不能裁削,以诬后世,为可叹也"①。

第三,明晰官制。姚鼐很重视官制的考证,四卷《笔记·史部》中考证的每一部史书,都涉及官制的考证,如《笔记卷四·史部一·汉书》中对郎中、外郎、中大夫、大中大夫等的考证,《笔记卷五·史部二·晋书》对前军将军、后军将军、左军将军、右军将军、三部司马等的考证。姚鼐尤其重视官制的变化,在考证西汉官制的时候,姚鼐指出:"西汉二百年,官制前后不同,孟坚不能尽纪其改变也。读史者,当以推考其时事,而知其制之变。"②在考证"左右前后将军"时,姚鼐说:"官制名同而前后事势不同,读史者不可不辩。"③对"左右前后将军"自汉朝至晋朝的变化作了细致考证。在对官制进行考证的同时,姚鼐指出史书记载中的错误,如"王羲之桓尹皆是右将军,而本传乃误作右军将军"④。

第四,考辨地理。姚鼐很关注舆地之学,除了在《笔记》中对一些朝代的地理志进行考订以外,还专门写了《郡县考》、《汉庐江九江二郡沿革考》、《项羽王九郡考》及《地舆附》,纠正了史书及方志中的一些记载舛误。如《汉书·地理志》载:"金城郡,昭帝始元六年置。莽曰西海。"姚鼐认为,王莽所置的西海郡不是改金城郡之名,"何义门云,平帝元始四年冬,置西海郡,乃王莽遣中郎平宪等,持金帛诱羌豪献地为之,非改金城旧名也"⑤。他认为:"自汉以后,江北淮南,遭六朝兵争之祸,城郭空虚者数矣,而侨置州郡在其间,更移故名,废兴迁徙,稽之尤为难详。"⑥在《五岳说》一文中,姚鼐对

---

① 〔清〕姚鼐:《笔记》卷五,《后汉书》,《惜抱轩全集》,第578—579页。
② 〔清〕姚鼐:《笔记》卷四,《汉书》,《惜抱轩全集》,第566页。
③ 〔清〕姚鼐:《笔记》卷五,《晋书》,《惜抱轩全集》,第585页。
④ 〔清〕姚鼐:《笔记》卷五,《晋书》,《惜抱轩全集》,第584页。
⑤ 〔清〕姚鼐:《笔记》卷四,《汉书》,《惜抱轩全集》,第569页。
⑥ 〔清〕姚鼐:《汉庐江九江二郡沿革考》,《惜抱轩诗文集》,第25页。

"前儒异说"的五岳论进行了系统的考辨,他认为:"夫岳者,以会诸侯,使望走其山下者也。""昔皇帝尝合符釜山,釜山为北岳,而非必恒山也。及禹合诸侯于涂山,涂山近霍,则霍山为南岳矣。"① 霍山即今天柱山。

姚鼐的信史观除了表现在对史事和史书的考证外,他在为人物作传记时,同样认为要依据传主真实的生平事迹加以记录,不可以夸大其词。姚鼐在《左传补注序》中说道:"魏献子合诸侯,干位之人,而述其为政之美,词不恤其夸。此岂信史所为'论本事而为之传'者耶?"② "论本事而为之传"就是就要按照传主真实的生平事迹去记录。姚鼐自己在为人物作传记时,就秉持着这一宗旨,如实的反映传主的功过是非,力求真实可信,无愧于信史。姚鼐在为周梅圃作传时说:"其为人明晓事理,敢任烦剧,耐勤苦","君卒后,家贫甚","梅圃,乾隆间循吏也。夫《循吏传》,史臣之职,其法当严。不居史职,为相知之家作家传,容有泛滥辞焉。余嘉梅圃之治,为之传,取事简,以为后有良史,取吾文以登之列传,当无愧云"③。

三、为人物立传,当以贤能的史传原则

人物传记是中国历史研究的重要组成部分,关于传记史学的起源,王成军在《中西传记史学的产生及趋向之比较》一文中认为,由于祖先崇拜和自然崇拜的交互作用,形成了传记史学。而司马迁的《史记》最早用"列传"这一类型来记述历史人物,故而人们把《史记》视为中国史传著述的滥觞。④人物传记自《史记》之后开始繁荣,除正史外,碑志、家传、传状等也大量涌现。桐城派继承了这一史学传统,撰写了大量的人物传记。"方苞的传记文有218篇,约占其文集的一半以上。"⑤ 刘大櫆"一生创作了大量的传记作

---

① 〔清〕姚鼐:《五岳说》,《惜抱轩诗文集》,第248—249页。
② 〔清〕姚鼐:《左传补注序》,《惜抱轩诗文集》,第34页。
③ 〔清〕姚鼐:《周梅圃君家传》,《惜抱轩诗文集》,第317页。
④ 王成军:《中西传记史学的产生及趋向之比较》,《史学理论研究》2009年第3期。
⑤ 陈兰村主编:《中国传记文学发展史》,语文出版社2012年版,第348页。

品,占其文集的一半以上。"①

马其昶的《桐城耆旧传》"是清末重要的史学著作。全书12卷,记叙上起明初、下迄清末桐城地方人物900余"②。作为桐城派的集大成者,姚鼐撰写了不少传记、寿序、墓表及墓志铭,约占其文集的三分之一。

史传以人物传记为中心,哪些人物才能立传,这是史书撰写的一个重要问题。唐朝的刘知幾认为人物立传的标准是"其恶可以诫世,其善可以示后。"而那些罪不以诫世的群小和那些仅有片善微功之人,即使具有较高的官职,都不值得收录。"至如不才之子,群小之徒,或阴情丑行,或素餐尸禄,其恶不足以曝扬,其罪不足以惩戒,莫不搜其鄙事,聚而为录,不其秽乎?抑又闻之,十室之邑,必有忠信,而斗筲之才,何足算也。若《汉传》之有傅宽、靳歙,《蜀志》之有许慈,《宋书》之虞丘进,《魏史》之王睆,若斯数子者,或才非拔萃,或行不逸群,徒以片善取知,微功见识,阙之不足为少,书之唯益其累。而史臣皆责其谱状,征其爵里,课虚成有,裁为列传,不亦烦乎?"③而姚鼐为人物立传的标准则是贤能,"按史之立传,当以贤能,岂论名位"④。

桐城派重视道德,"作为清代理学的坚定拥护者,伦理道德自然也就成为其学派学说的一个核心。"⑤姚鼐将程朱视为道德的楷模,"其生平修己立德,又足以践行其所言,而为后世所之所向慕"⑥。他认为程朱所倡导的伦理道德是永恒的,"天地无终穷也,人生其间,视之犹须臾耳。虽国家存亡,始终数百年,其逾于须臾无几也,而道德仁义忠孝名节,凡人所以为人者,则贯天地而无终敝,故不得以彼暂夺此之常"⑦。因此,姚鼐所说的贤能之人,就是有道德之人,即恪守程朱所宣扬的仁义、忠孝、名节之人,也只有这样的

---

① 陈兰村主编:《中国传记文学发展史》,第353页。
② 徐希军:《马其昶〈桐城耆旧传〉的史学价值》,《史学史研究》2010年第2期。
③ 〔唐〕刘知幾著,浦起龙通释:《史通》卷八,《人物》。
④ 〔清〕姚鼐:《笔记》卷五,《三国志》,《惜抱轩全集》,第582页。
⑤ 曾光光著:《桐城派与清代学术流变》,中国社会科学出版社2016年版,第109页。
⑥ 〔清〕姚鼐:《复蒋松如书》,《惜抱轩诗文集》,第95页。
⑦ 〔清〕姚鼐:《方正学祠重修建记》,《惜抱轩诗文集》,第234—235页。

人，才可以立传。他对陈寿的《三国志》为周鲂、马超立传表示不满，认为他们一个是市井小人，一个是乱臣贼子，不应该为之立传，"吴志载周鲂谲曹休之辞，并市井小人之行，而为之立传，以为美谈，则史家之无识矣。至马超乃乱臣贼子，在蜀又无纤毫功绩，而为立传，列关张之次，尤为谬甚"①。

在姚鼐笔下，贤能有多种。有以身殉国之贤。如北宋不肯投降、以死守城的江都城制置使李公、副都统姜公，姚鼐赞他们"立身甚伟"②。另外，还有明朝为伐元遗孽而身死沙漠的孙忠愍公、清朝为破锡箔而战死的何道深。

有为官恪尽职守之贤。如写中宪大夫开归陈许兵备道彭如幹，"公皆在工所，相视形势之便，筹思导塞之宜，指麾畚挶之事，不避风雨昏夜，故功每易成。卒以督办衡工引河，劳瘁致疾，犹勤不辍，以至于没。"姚鼐赞"其功在民，其道可循，子孙振振"③。写江南河督任徐端，"公于是每遇要工，必以身先众。次年冬，以治砀山李家楼决口，旁开引河，公任其事，严寒积劳，遂至病甚"④。姚鼐称其为国之劳臣。另外，还有"治官事勤甚，累日夜废寝食不疲"⑤的通奉大夫广东布政使许祖京、积劳成疾不可愈的浮梁知县黄绳先等。

有安贫有守之贤，如写歙人吴殿麟，"家本贫，至老贫甚，然廉正有守"⑥。写昌平陈伯思，"其行不羁，绝去矫饰，远荣利，安贫素，有君子之介"⑦。写泸溪县教谕杨芳，"故其处家尽孝弟之诚，虽贫不较于财，虽劳不表于众。其持身能极俭约，故能介然无求，而室家安之"⑧。

有慈善仁义之贤，如好施予的高淳邢复诚，姚鼐写他在高淳大水时，"多

---

① 〔清〕姚鼐：《笔记》卷五，《三国志》，《惜抱轩全集》，第582页。
② 〔清〕姚鼐：《宋双忠祠碑文并序》，《惜抱轩诗文集》，第157页。
③ 〔清〕姚鼐：《中宪大夫开归陈许兵备道加按察使衔彭公墓志铭并序》，《惜抱轩诗文集》，第373页。
④ 〔清〕姚鼐：《太子少保兵部尚书总督江南河道提督军务兼右副都御史徐公墓》，《惜抱轩诗文集》，第382页。
⑤ 〔清〕姚鼐：《通奉大夫广东布政使许公墓志铭并序》，《惜抱轩诗文集》，第340页。
⑥ 〔清〕姚鼐：《吴殿麟传》，《惜抱轩诗文集》，第309页。
⑦ 〔清〕姚鼐：《陈伯思序》，《惜抱轩诗文集》，第113页。
⑧ 〔清〕姚鼐：《诰赠中宪大夫刑部员外郎加三级泸溪县教谕杨府君墓志铭并序》，《惜抱轩诗文集》，第362页。

所赈施，以济民困。又为设医药葬埋。"五十五年大旱时，"君尽出藏谷千余石以食众，又假贷数百金以佐施。"①大善人陈谨齐"自奉甚简陋，而济人则无所惜"，姚鼐感叹道："夫使乡里多善人，则天下之治无可忧矣。如谨齐者，曷可少哉！曷可少哉！"②另外，还有乐善好施的中宪大夫陈守诒、出千金赈乡里岁饥的孔信夫等。

有廉孝之贤，如写石屏维，"君，乾隆戊子科举人也，吏部选为安宁州学正，君不忍离母，竟不就官。其两执丧，皆能如礼。"③另外，还有割肝为母治病而死的萧孝子、割臂和药治父病的蒋知廉及割股以愈母疾的潘孝子等。

有女子守贞节之贤，如写《张贞女传》、《记江宁李氏五节妇事》等，对妇女守贞节之事进行赞美。

刘知幾在《史通》曲笔篇中提到史学具有彰善瘅恶的作用，"盖史之为用也，记功司过，彰善瘅恶，得失一朝，荣辱千载"④。姚鼐为时人立传，其目的就是褒善贬恶，以正世道人心。他在《复汪进士辉祖书》中说："夫古人之文，岂第文焉而已，明道义、维风俗以诏世者，君子之志。"⑤姚鼐在传记中不止一次提到他的这一用意，如为郑大纯做墓表，就是因为"大纯学行皆卓然，虽生不遇，表其墓宜可以劝后人"⑥。毛岳生也认为姚鼐的文章可以正人心、学术，"先生之学，不务表襮，根极性命，穷于道奥。昔儒研究明德业，末流舛歧，乃益烦妄暗鄙。学者厌薄窥隙，掊击援据浩博，日哗众追诟。先生怒然引以为忧，综贯奥颐，隐推角距，体履诚笃，守危导微。为文章深醇精洁，达于古今通变，用舍务黜，险诐釱乱，正人心、学术"⑦。

---

① 〔清〕姚鼐：《高淳邢君墓志铭》，《惜抱轩诗文集》，第211页。
② 〔清〕姚鼐：《陈谨齐家传》，《惜抱轩诗文集》，第153页。
③ 〔清〕姚鼐：《石屏维君墓表》，《惜抱轩诗文集》，第326页。
④ 刘知幾著，浦起龙通释：《史通》卷七，《曲笔》。
⑤ 〔清〕姚鼐：《复汪进士辉祖书》，《惜抱轩诗文集》，第89页。
⑥ 〔清〕姚鼐：《郑大纯墓表》，《惜抱轩诗文集》，第162页。
⑦ 〔清〕毛岳生撰：《休复居诗文集》卷五，《姚先生墓志铭》，民国二十五年宝山滕氏据嘉定黄氏道光本景印。

四、义理、考据、辞章三者合一的史学方法论

义理、考据和辞章三者之间的关系是清代中叶学坛的焦点问题。王达敏指出:"汉学诸家立足考据,强调考据的明道功能,将其与义理合一,以自占地步;除了一如既往轻蔑宋学外,竭力贬斥辞章。袁枚立足辞章,尊辞章而贬考据,对义理则存而不论,章学诚立足史学,斥辞章、贬考据、重义理,主张在义理统率下三者合一。"① 在辞章与考据之辩的背景下,姚鼐尊崇宋学,提出义理、考据、辞章三者合一的思想。

最早提出义理、考据、辞章三者之说的是戴震,"在乾隆时代,正式提出义理、考据、词章之三分法,东原似为最早,其后姚姬传与章实斋皆各有发挥。"② 戴震说:"古今学问之途,其大致有三:或事于理义,或事于制数,或事于文章。事于文章者,等而末者也。然自子长、孟坚、退之、子厚诸君子之为之,曰'是道也,非艺也。'以云道,道固有存焉者矣,如诸君子之文,亦恶睹其非艺欤?夫以艺为末,以道为本。"③ 戴震一生是以义理为首,考证次之,辞章排在最末。戴震所说的义理,在他的早年,指程朱理学,在中晚年,则指属于他自己的有别于程朱的义理。戴震的义理之学,是在对程朱理学的批判过程中建立起来的,他一方面指出程朱理学不合六经、孔孟的原意,"自宋儒杂荀子及老、庄、释氏以入六经、孔、孟、之书,学者莫知其非,而六经、孔、孟之道亡矣"④。另一方面,"他则重据经传古训,赋予'理'字以新的涵义,建立自己的义理系统。他的最终目的是要用他自得之义理来取代程、朱理学在儒学中的正统地位"⑤。

---

① 王达敏著:《姚鼐与乾嘉学派》,学苑出版社2007年版,第163页。
② 余英时著:《论戴震与章学诚——清代中期学术思想史研究》,生活·读书·新知三联书店2012年版,第128页。
③ 〔清〕戴震:《与方希原书》,张岱年主编:《戴震全书》第六册,黄山书社1995年版,第375页。
④ 〔清〕戴震:《孟子字义疏证卷上》,《戴震全书》第六册,第172页。
⑤ 余英时著:《论戴震与章学诚——清代中期学术思想史研究》,第123页。

而姚鼐和戴震的观点不同,他认为要三者合一才能做好学问。他在《述菴文钞序》中说:"鼐尝论学问之事有三端焉,曰义理也,考证也,文章也。是三者苟善用之,则皆足以相济;苟不善用之,则或至于相害。"① 在《复秦小岘书》中又说:"鼐尝谓天下学问之事,有义理、文章、考证三者之分,异趋而同为不可废。一途之中,歧分而为众家,遂至于百十家。同一家矣,而人之才性偏胜,所取之径域,又有能有不能焉。凡执其所能为,而呲其所不为者,皆陋也,必兼收之乃足为善。"②

姚鼐所说的义理,指的是程朱理学。这是他与戴震在义理、考据、辞章三者之说上最本质的区别,他对戴震欲以自己的义理取代程朱理学很是不满,"戴东原言考证岂不佳?而欲言义理,以夺洛、闽之席,可谓愚妄不自量之甚矣"③。戴震将辞章列入艺,将其排在最末,而姚鼐则将辞章的地位提高,认为文可以载道,"自圣有道,道存乎文"④。义理之学只有通过辞章才能更好地进行阐发,"明于理,当于义矣,不能以辞文之,一人之善也,能以辞文之,天下之善也"⑤。

关于考据与辞章,姚鼐认为二者是相辅相成的。他对于当时一些汉学家专考据而贬抑辞章、古文家只重视文辞而忽视考据均表示不满,"世之士能文章者,略于考证;讲经疏者,拙于为文"⑥。"矜考据者每窒于文词,美才藻者或疏于稽古,士之病是久矣。"⑦ 他认为只有兼具考据和辞章,才能阐发义理,做到文以载道。

姚鼐的义理、考据、辞章三者合一说是其治学的基本方法,也是其史学研究的重要方法论。他在《尚书辨伪序》中说:"学问之事有三:义理、考证、文章是也。夫以考证论断者,利以应敌,使护之者不能出一辞。然使学

---

① 〔清〕姚鼐:《述菴文钞序》,《惜抱轩诗文集》,第61页。
② 〔清〕姚鼐:《复秦小岘书》,《惜抱轩诗文集》,第104—105页。
③ 〔清〕姚鼐:《与陈硕士》,《惜抱轩尺牍》,第104页。
④ 〔清〕姚鼐:《祭刘海峰先生文》,《惜抱轩诗文集》,第246页。
⑤ 〔清〕姚鼐:《郑太孺人六十寿序》,《惜抱轩诗文集》,第121页。
⑥ 〔清〕姚鼐:《疏生墓碣》,《惜抱轩诗文集》,第167页。
⑦ 〔清〕姚鼐:《谢蕴山诗集序》,《惜抱轩诗文集》,第55页。

者有意会神得,觉犁然当乎人心者,反更在义理、文章之事也。昔阎百诗之斥伪古文,专在考证,其言良为明切;而长沙唐石岭先生,作尚书辨伪,其辨多以义理、文章断之。先生生远,不得见阎氏之书,而能自断于此,可谓真有识矣。"① 他认为对于史学而言,考据固然重要,义理和辞章也很重要。

义理、考据、辞章三者合一的史学方法论,贯彻于他的史学著作之中,最显著的体现在《九经说》中,姚莹在为姚鼐撰写的《行状》中写道:"先生以为:国家方盛,时书籍之富,远轶前代,而先儒洛、闽以来,义理之学,尤为维持世道人心之大,不可诬也。顾学不博不可以述古,言无文不足以行远。世之孤生,徒抱俗儒讲说,举汉唐以来传注屏弃不观,斯固可厌。漏而矫之者,乃专以考据、训诂、制度为实学,于身心性命之说,则斥为空疏无据。其文章之士,又喜逞才气,放蔑礼法,以讲学为迂拙。是皆不免于偏蔽。思所以正之,则必破门户,敦实践,昌明道义,维持雅正。乃著《九经说》,以通义理、考订之邮。"② 从这段文字我们可以看出,姚鼐写《九经说》采用的正是义理、考据、辞章合一的方法论,他的目的是要维持洛闽以来的义理之学,并通义理考订之邮,以维持世道人心。梅曾亮在《九经说书后》中也说:"昔侍坐于姚姬传先生,言及于颜息斋、李刚主之非薄宋儒,先生曰'息斋犹能镌刻自处者也。若近世之士,乃以所得之训诂文字讪笑宋儒。夫程朱之称为儒者,岂以训诂文字哉?今无其躬行之难,而执其末以讥之,视息斋又何如也?'因出九经说相授,曰'吾固不敢背宋儒,亦未尝薄汉儒。吾之经说,如是而已。'"③ 这段文字说明姚鼐的《九经说》是以汉儒文字训诂的方法,去阐述宋儒之义理。

《九经说》既是经学著作,亦是史学著作,非常重视文献的考证。如《尚书说一》对古文尚书的考证,姚鼐认为其为伪古文,"世或谓今所传之古文

---

① 〔清〕姚鼐:《尚书辨伪序》,《惜抱诗文集》,第251页。
② 〔清〕姚莹:《朝议大夫刑部郎中加四品衔从祖惜抱先生行状》,《东溟文外集》,文海出版社1974年版,第261页。
③ 〔清〕梅曾亮:《九经说书后》,载严云绶、施立业、江小角主编:《桐城派名家文集第十三卷·刘大櫆选集 姚鼐选集 梅曾亮选集》,安徽教育出版社2014年版,第483—484页。

尚书虽非真本,而所言理当,则亦何恶?吾谓不然。伪古文所采其具有精理者数语而已,其余义虽无谬,然不免廓落而不切,碎细而无统,安得谓之当理哉?且非圣贤而为圣贤之言,苟深求之终有大背理。"①他从义理着手,指出古文尚书有七处背理,如"大禹谟言益赞于禹,以舜事父母之道比之格苗顽,可谓不伦之甚,此背理一也。"②《左丘明耻之说》对《左传》的考证,姚鼐认为《左传》是左丘明所著,但后世所传之《左传》,不当之处十有三四,"非丘明之过也。"他指出,"左传之文非一人所能备也,自曾申而降,盖累增焉。以吴起之伦,而附会私意以说春秋,何怪其与圣人谬哉"③。《周礼说一》对《周礼》的考证,姚鼐认为《周礼》非周公之书,"吾谓撰周礼者,第以存一代之制,杂收东西周所记载,不计其事之前后本,未尝云是尽周公之法也,以为皆出于周公者,后儒欲过尊其书,强为之说而不免失之诬矣"④。

细读《九经说》,我们可以看到姚鼐对《尚书》《春秋》《论语》等九经中的文化礼仪、典章制度、地理沿革、历史事件等进行综合性概括,体现了其对历史盛衰兴亡的看法。如在《汤誓说》中,姚鼐指出"桀罪之浮于纣也"。他认为武王伐纣不灭殷国而封禄,而汤取桀邑的主要原因在于"夏民怨桀深于殷民之怨纣,虽欲复存于夏而不可得焉"⑤。姚鼐认为历史盛衰的关键在于民心,"人君能择民所利,与民政修而治成"⑥。

除了《九经说》,义理、考据、辞章三者合一的方法论也贯穿于《惜抱轩笔记》《春秋三传补注》等著作中。《惜抱轩笔记》为考据性质的著作,分经史子集四部,其中史部共有三卷。在义理方面,姚鼐发扬儒家义理,传达了君要爱民、个人要重视道德修养的理念。他批评汉朝统治者让百姓买武功爵之事,使老百姓深受其害,为"欺诈其民之术,为国若此,良可悲哉。"⑦从

---

① 〔清〕姚鼐:《惜抱轩九经说》卷三,《尚书说一》。
② 〔清〕姚鼐:《惜抱轩九经说》卷三,《尚书说一》。
③ 〔清〕姚鼐:《惜抱轩九经说》卷十六,《左丘明耻之说》。
④ 〔清〕姚鼐:《惜抱轩九经说》卷八,《周礼说一》。
⑤ 〔清〕姚鼐:《惜抱轩九经说》卷四,《汤誓说》。
⑥ 〔清〕姚鼐:《惜抱轩九经说》卷四,《盘庚迁殷说》。
⑦ 〔清〕姚鼐:《笔记》卷四,《史记》,载《惜抱轩全集》,第561页。

伦理道德出发，他认为《晋书·郗超传》中所记载王献之兄弟在郗超死后怠慢郗愔一事不符合史实，"子敬佳士，岂慢舅若此"①。在辞章方面，姚鼐的文字简洁干练，逻辑清晰，正如刘季高所说："又如笔记六史部三地舆考证金陵地名建置，如抽茧丝，牵引而出；如剥蕉卷，层出不穷，而语言温雅，笔带感情，几使人忘其为考据文。"②

姚鼐的义理、考据、辞章三者合一说被后世桐城派学人继承、发展。陈用光在《与鲁宾之书》中说："是姬传先生尝谓义理、考据、辞章三者不可缺一。义理、考据，其实也；辞章，其声也。用光比致力于三者，而愧未有以聚之也。足下专志锐力，其于义理得其正矣，宜求其精焉者；于考据得其要矣，宜求其确焉者；于辞章得其清矣，宜求其恢奇而典则焉者。"③方东树也认为"夫义理考证文章，本是一事，合之则一贯，离之则偏蔽"④。龚敏在《论方东树的学术渊源》一文中指出，方东树的《汉学商兑》一书，"力破汉学之门户，倡导程朱理学，致力于恢复通经致用之风气，而所运用之理论，实即姚鼐之'义理、考据、辞章合一'之教"⑤。曾国藩进一步发展创新，提出学问有四端，"曰义理，曰考据，曰辞章，曰经济。义理者，在孔门为德行之科，今世目为宋学者也；考据者，在孔门为文学之科，今世目为汉学者也；辞章者，在孔门为言语之科，从古艺文及今世制义诗赋皆是也；经济者，在孔门为政事之科，前代典礼、政书，及当世掌故皆是也"⑥。

义理、考据、辞章三者合一说对后世桐城派史学的发展也产生了重要影响，"像马其昶、姚永概、姚永朴等人修史，就持守这一家法，非常重视将'辞章、考据、义理'与'才、学、识'相结合"⑦。从马其昶的《庄子故》一书，"我

---

① 姚鼐：《笔记》卷五，《晋书》，《惜抱轩全集》，第587页。
② 刘季高：《前言》，《惜抱轩诗文集》，第3页。
③ 〔清〕陈用光：《与鲁宾之书》，载严云绶、施立业、江小角主编：《桐城派名家文集（第3卷）·陈用光集》，安徽教育出版社2014年版，第64页。
④ 〔清〕方东树撰：《汉学商兑》，商务印书馆1937年版，第121页。
⑤ 龚敏：《论方东树的学术渊源》，《江淮论坛》2007年第5期。
⑥ 〔清〕曾国藩：《劝学篇示直隶士子》，载《曾国藩全集》卷十四，岳麓书社2011年版，第486页。
⑦ 汪高鑫、尚晨蕊：《近年来桐城派史学研究述论》，《史学理论与史学史学刊》2018年第2期。

们可以看到,马其昶为学始终坚持桐城派家法和汉宋兼采的治学思路,以义理为主,考据、辞章为辅,力求三者的有机结合"①。而姚永朴治学亦是如此,"'义理、考据、词章'之学可以说是姚永朴史学研究方面的主导理论,这在他的史学著作中多有体现,最显著地体现在《尚书谊略》中。"②因此,姚鼐不仅是桐城派文学领域的集大成者,对桐城派学人的史学研究也有深远的影响。

(本文原载《史学史研究》2020年第3期)

---

① 李波:《马其昶稀见稿本〈庄子故〉考述及其价值》,《历史文献研究》2015年第2期。
② 王林博:《论姚永朴的史学成就》,淮北师范大学2011年硕士学位论文。

论桐城派的史学成就

董根明

就清前期史学而言,由黄宗羲开山的浙东史学,可谓名家辈出,万斯同、全祖望、章学诚等史学大家,灿若群星。梁启超认为:"浙东学风,从梨洲、季野、谢山起以至于章实斋,厘然自成一系统,而其贡献最大者实在史学。"[1]浙东学派的史学理论与实践成果,如章学诚的《文史通义》、万斯同撰写的《明史》底稿,时人无能望其项背。其实,桐城派与浙东学派在史学上是互有影响的。万斯同曾托付撰修《明史》之大业于方苞,与方苞是惺惺相惜的忘年交。[2]戴名世与万斯同一样,反对官修史书,其终生宏愿即在于能够独撰一部传之千秋万代的《明史》,他"常与季野及刘继庄、蔡瞻岷约偕隐旧京共泐一史"[3]。章学诚《文史通义》中的很多史学思想与戴名世在其《史论》中的观点高度契合。[4]鸦片战争以降,姚莹的《识小录》《东槎纪略》和《康輶纪行》等著作将传统史学的研究视域拓展到边疆和异域,曾国藩更是将史学经世与洋务中兴结合起来,吴汝纶和严复对进化论思想的传播,成为近代中国民族觉醒的号角,其进化史观对中国新史学的诞生产生了直接的思想影响。民国初年,桐城派殿军马其昶、姚永朴和姚永概均受聘清史馆,参与《清史稿》的撰修,姚永朴的《史学研究法》不仅是对传统史学的总结,也是对当时西方史学在中国传播所做出的回应。晚清民国时期,桐城派名

---

[1] 梁启超著:《中国近三百年学术史》,商务印书馆2011年版,第117页。
[2] 参见〔清〕方苞:《万季野墓表》,刘季高校点:《方苞集》(上),上海古籍出版社2008年版,第332—333页。
[3] 梁启超著:《中国近三百年学术史》,第329页。
[4] 梁启超在论及清代史学成绩时,说戴名世"其遗集中《史论》、《左氏辨》等篇,持论往往与章实斋暗合"(见《中国近三百年学术史》,商务印书馆2011年版,第329页)。康熙五十二年(1713)戴名世因《南山集》案被处死,乾隆三年(1738)章学诚才出生。章学诚对戴名世之史论有无借鉴或继承,在尚无确证的情况下,言之难,故梁氏云前人持论暗合后人,语意甚妙。

家①在史学领域的努力及其所取得的成就,又是浙东学派所不可企及的。可以说,桐城派与浙东学派在史学上是各有建树的。近代以来,学界对浙东学派的史学成就给予了充分的肯定,其研究成果也比较丰硕,而桐城派由于文名鼎盛,学界缺乏对其史学成就的系统总结。笔者不揣浅陋,尝试作简要论述,以期抛砖引玉。

一、校勘和评点了大量史学典籍

桐城派崇尚孔子、司马迁、班固和韩愈之文,因而对《春秋》、《左传》和《史记》多有校勘和评点,笔墨所及包括《尚书》、《汉书》、《三国志》、《魏书》、《晋书》、《宋书》、《齐书》、《梁书》、《陈书》、《隋书》、《新唐书》、《新五代史》、《资治通鉴》和《文献通考》等。

《左传》即《春秋左氏传》,儒家经典中的编年史著,"其言简而要,其事详而博"②,是我国古代文学与史学完美结合的典范。对《左传》的研究,桐城派名家倾注了大量的精力。方以智曾对《左传》作者及相关史实予以考证,他指出:"盖战国时,扬才立说之士,或更有左丘氏,而出于汉儒之手,又托之丘明。观歆移书让博士争立,岂不欲多方求胜乎?'左丘失之诬',一语定论。太史公曰:'左丘失明,厥有国语'。然《史记》多采《国策》,而少《左传》语,岂直未见耶?必出本有汉人增加,明矣。"③方以智认为《史记》少引《左传》,证明《左传》夹杂了不少汉儒伪托左氏的文字。方苞著《左氏评点》,对《左传》中的相关史事详加考证,譬如,他认为:"僖五年:'泰伯不从,是以不嗣。'先儒或以泰伯不从,证太王有剪商之志,非也。""僖十五

---

① 本文所言"桐城派名家"是指对该学派的萌生、传承、拓展和演化产生比较重要影响的,且被学界所公认的桐城派作家。具体包括对桐城派的萌生发挥重要影响的桐城乡贤方以智和钱澄之,《明史》总裁张廷玉,桐城派四祖戴名世、方苞、刘大櫆和姚鼐,姚门弟子梅曾亮、方东树、管同、刘开和姚莹,曾国藩及其弟子吴汝纶、张裕钊、黎庶昌和薛福成,侯官派之严复,桐城派殿军马其昶、姚永朴和姚永概等。
② 〔唐〕刘知幾撰:《史通》卷一,钦定四库全书本,第19页。
③ 〔清〕方以智撰:《史论》二,《浮山文集前编》卷五,康熙此藏轩刻本,第184页。

年：'晋侯使郤乞告瑕吕饴甥。'注：'瑕吕，姓。'非也。瑕，河上邑，盖饴甥采地，而吕则其姓，故下称吕甥。既举瑕，复举阴者，并食二邑，犹季子称延州来也。"①足见方苞研究之深入。姚鼐考证认为："左氏之书，非出于一人所成，自左氏丘明作传，以授曾申，申传吴起，起传其子期，期传楚人铎椒，椒传赵人虞卿，虞卿传荀卿，盖后人屡有附益"，正是因为后人屡有附言，导致《左传》之言不能尽信，"余考其书，于魏氏事，造饰尤甚，窃以为吴起为之者盖尤多"②。所以，姚鼐断言："太史公曰：'左丘失明，厥有《国语》。'吾谓不然。今《左氏传》非尽丘明所录，吾固论之矣。"③此外，方苞的《左传义法举要》还对其文学笔法予以阐发，刘大櫆、曾国藩和吴汝纶等均著有《评点左传》。

《史记》是中国第一部纪传体通史，其"文直"、"事核"的实录风格备受桐城派的推崇。桐城派学者对《史记》的研究正可谓不遗余力。方苞对《史记》补充训诂、释正旧注、分析史料、辨正文字、分析叙事，著有《史记注补正》和《史记评点》等，被誉为清代学者中致力于《史记》研究而用功最深者。④姚鼐授业弟子梅曾亮尝"取《史记》，点定二三次；继以《汉书》及先秦子书，渐及诸史"⑤。曾国藩认为《史记》、前后《汉书》、《三国志》和《资治通鉴》等，"自诸经外，此数书尤为不刊之典"⑥。他明确表示："自汉以来，为文者，莫善于司马迁。迁之文，其积句也皆奇，而义必相辅，气不孤伸，彼有偶焉者存焉。其他善者，班固则毗于用偶，韩愈毗于用奇。"⑦而"文气迈远，独子长有此"⑧。但他对司马迁所载史实多有质疑，认为史不足据。《史记》是吴汝纶据以研究《尚书》的主要著作，他撰写了《太史公所录左氏义》

---

① 〔清〕方苞：《读书笔记·左传》，《方苞集》（下），第841页。
② 〔清〕姚鼐：《左传补注序》，刘季高校注：《惜抱轩诗文集》，上海古籍出版社1992年版，第34页。
③ 〔清〕姚鼐：《辨郑语》，《惜抱轩诗文集》，第73页。
④ 王振红：《方苞〈史记〉学成就述论》，《淮北师范大学学报》2012年第5期。
⑤ 〔清〕梅曾亮：《与容澜止书》，彭国忠、胡晓明校点：《柏枧山房诗文集》，上海古籍出版社2012年版，第27页。
⑥ 〔清〕曾国藩：《复莫友芝》，《曾国藩全集·书信之十》（三一），岳麓书社2012年版，第19页。
⑦ 〔清〕曾国藩：《送周荇农南归序》，《曾国藩全集·诗文》（一四），第236页。
⑧ 〔清〕曾国藩：《曾国藩全集·读书录》（一五），第131页。

三卷、《点勘史记读本》一百三十卷，对司马迁的史文倍加推崇，但对《史记》所载史实之误，他却毫不留情地加以勘校或存疑。如《史记·赵世家》篇，言及归熙父云："《赵世家》文字周详，是赵有史，其他想无全书。"吴汝纶考证曰："史公明言有《秦纪》，则六国无史可知。《赵世家》所载，多小说家言，史公好奇，网罗放失而得之者，非赵史也。"① 吴汝纶认为现代人可以征诸古籍，汲取历史经验，但对具体的史实要慎思明辨，不可简单效仿。张裕钊亦著有《史记读本》。

张宗瑛说吴汝纶"藏书数万卷，皆手勘而躬校之，考证评骘，丹黄灿列"②。"自群经子史、周秦故籍以下，逮近世方、姚、曾、张诸文集，无不穷奇源而究其委。"李景濂认为吴汝纶"于史则《史记》、《汉书》、《三国志》、《新五代史》、《资治通鉴》、《国语》、《国策》皆有点勘，《晋书》以下至《陈书》，皆尝选集传目。而尤邃于《史记》，尽发太史公立言微旨，所评骘校勘者数本，晚年欲整齐各本厘定成书，著录至《孟尝君传》而止"③。吴汝纶对史籍的校勘、评点在桐城派作家中是颇具代表性的。其他，如方苞的《春秋通论》、《春秋直解》，姚鼐的《春秋三传补注》，姚莹的《评点五代史》，曾国藩的《经史百家杂钞》，马其昶的《尚书谊诂》、姚永朴的《春秋左传通论》等，不一而足，部分地反映了桐城派在史籍考证和评点方面所取得的成就。

二、参与《明史》《清史稿》和方志的编撰

桐城派擅长将儒家主流思想和价值观通过盛行于百姓日常生活中的乡贤行状、节烈传、谱牒、寿序、墓志等表现出来，将社会大传统融入乡里和家族的小传统，继而发挥其风俗教化的作用。不仅如此，桐城派作家还广泛参与了官修《明史》、《清史稿》和诸府志、县志的编撰。

---

① 〔清〕吴汝纶：《赵世家》，施培毅等校点：《吴汝纶全集》（四），黄山书社2002年版，第241页。
② 〔清〕张宗瑛：《吴先生墓志铭》，《吴汝纶全集》（四），第1151页。
③ 李景濂：《吴挚甫先生传》，《吴汝纶全集》（四），第1131—1134页。

作为最后定稿之《明史》的总裁官，张廷玉为《明史》的纂修可谓殚精竭虑。《明史》出于官修，参与者不可胜数，文风与笔力之差异可想而知，用张廷玉的话表达即："聚官私之记载，核新旧之见闻，签帙虽多，抵牾互见。"①然一部《明史》总体的语言风格却能如此简洁精练，与总裁官张廷玉主张"有物之言"的史文风格是不无关系的。张廷玉以唐代刘知幾的"史家三长"为标杆严格要求自己，"衷之正史，汰臣僚饰美之词；证以群编，削野稗存疑之说"②。他认为："碑记论断，率根柢六经，有典有则，与论文之旨适合。有物之言，其必传于后无疑。"③在《恭进敕修明史表》一文中，张廷玉仅用短短百余言，即叙尽明朝历十六帝的宏运大势、职官典章之特征、后期的文衰武弊和倾覆的原因，并以"天眷既有所归"④，隐喻清廷的正统地位，含而不露，符合官修史书的用意。

张廷玉认为《明史》虽仍沿用以前官修史书之体裁，"或详，或略，或合，或分，务核当时之心迹。文期共喻，扫艰深鄙秽之言；事必可稽，黜荒诞奇衺之说。"他在这里所说的"事必可稽"即言之有据，是史学研究的基本要求，也是对史家素养和心术的基本考量。张廷玉认为明代史料"稗官野录，大都荒诞无稽，家传碑铭，亦复浮夸失实，欲以信今而传后，允资博考而旁参"⑤。即以"博考"、"旁参"等史学考证方法成就一代信史。清代文学史以及论述桐城派的专著一般不将张廷玉纳入桐城派作家的范畴，然其在史学领域的造诣及对桐城派朋辈与后学的影响是不言而喻的。张廷玉与方苞有交谊，且同朝为官⑥，其诗学成就斐然，主张"文以载道"⑦，其"有物之言"的

---

① 〔清〕张廷玉：《恭进敕修明史表》，江小角等点校：《张廷玉全集》，安徽大学出版社2015年版，第34页。
② 〔清〕张廷玉：《恭进御撰资治通鉴纲目三编表》，《张廷玉全集》，第36—37页。
③ 〔清〕张廷玉：《编修储中子文集序》，《张廷玉全集》，第184页。
④ 〔清〕张廷玉：《恭进敕修明史表》，《张廷玉全集》，第34页。
⑤ 〔清〕张廷玉：《恭进敕修明史表》，《张廷玉全集》，第33—35页。
⑥ 雍正十三年正月（1735），清廷修《皇清文颖》，命大学生张廷玉等为文颖馆总裁官，命方苞等为副总裁官。参见《清实录》第八册，中华书局1985年版，第868页。
⑦ 在《御制乐善堂全集序》一文中，张廷玉曰："臣闻文以载道，而道本于身，故必实能明道，而文治始可贵；必实能身体，而道始能明。"参见《张廷玉全集》，第144页。

史文主张，与方苞史学"义法"说中的"言有物"、"言有序"不谋而合，故笔者将其纳入桐城派的范畴。①

《清史稿》是由民国北京政府组织编修的一部正史，当时能够选聘入清史馆者多为名儒硕望。民国初年，马其昶、姚永朴、姚永概等桐城派学者相继入馆，或为总纂，或为纂修，或为协修。据朱师辙《清史述闻》记载，马其昶为总纂，"任光、宣列传，又修正'儒林'、'文苑传'，史稿印时用其'文苑传'，'儒林'仍用缪稿"②。所谓"缪稿"即缪荃孙纂辑的《儒学传》，初稿成于光绪年间。马其昶为《儒林传》第七稿总纂，负责对缪荃孙初辑拟稿的覆辑。在《清史儒林传序》一文中，马其昶表达了"不区分汉、宋界域，要以重躬修"③的编辑思路，经其增删改订的《儒林传》大致与缪稿无大异，略有增入之人，仍名儒林。在清史馆中，马其昶以文著名，经他润色的文章，如"曾国藩、左宗棠、李鸿章几篇大传，由总纂王树枏撰写，再经过马通伯的润色，馆中同人对马的润色之处，都一致赞扬"④。

姚永朴被聘入清史馆编修清史，始为协修、后升为纂修。姚永朴"于史例，能具卓见"⑤。入馆时曾撰《与清史馆论修清史体例》一文，对清史的纪、志、传的体例等提出意见，他认为"宣统三年不可不立纪也"⑥，不能因为是末代皇帝而不立，姚永朴的这一观点被采用，《清史稿》立了《宣统皇帝本纪》。据其弟子李诚记载，史馆开会时，梁启超在座，说"姚先生之论是也"⑦。姚永朴主修了《食货志》，兼修列传，"佐马通老任光、宣列传，第一期亦撰列传，又'食货志'之盐法、户口、仓库诸篇"⑧。姚永朴主修的食货志史稿，在其离

---

① 方宗诚所编《桐城文录》亦收有张英、张廷玉文章，视张氏父子为桐城派。
② 朱师辙著：《清史述闻》，上海书店出版社2009年版，第40页。
③ 〔清〕马其昶：《清史儒林传序》，严云绶、施立业、江小角主编：《桐城派名家文集》（第8卷），安徽教育出版社2014年版，第91页。
④⑤ 李诚：《桐城派文人在清史馆》，《江淮文史》2008年第6期。
⑥ 姚永朴：《与清史馆论修史书》，严云绶、施立业、江小角主编：《桐城派名家文集》（第11卷），安徽教育出版社2014年版，第49页。
⑦ 李诚：《桐城派文人在清史馆》，《江淮文史》2008年第6期。
⑧ 朱师辙著：《清史述闻》，第40页。

开后只是经过同修食货志"征榷"篇的吴怀清稍作整理,刊印时金梁并没有做删改,因此现今《清史稿》食货志中的《盐法》、《户口》、《仓库》基本上与姚永朴原稿无异。

姚永概于1916年被聘为协修,至1922年离开,前后达六年之久。当时,姚永概在北京大学任文科学长,文名甚高,"兼充清史馆协修,分任诸名臣传,每脱稿,同馆叹服"①,其子姚安国称:"民国肇建,与修《清史》,于海内贤士大夫罕有不识。"②闻姚永概病卒,赵尔巽唏叹:"今海内学人,求如二姚者,岂易得乎?"③姚永概在日记中记载所作列传有三十二篇,其中有传主姓名者十九篇。有学者根据现藏于安徽省图书馆姚永概底稿之誊清本《清史拟稿》研究认为:"对照中华书局标点版《清史稿》,可以发现除少数传稿之外,大多姚永概的传稿皆未采用。"④由于馆务管理混乱,致使部分成稿未用,这在《清史稿》撰修过程中是常见的现象,但这并不能否定其对《清史稿》撰修所做的贡献。

桐城派不仅参与了《明史》和《清史稿》两部正史的编撰,还广泛参与各府志、县志的纂修。刘大櫆在任黟县训导、主讲歙县问政书院期间,撰修《歙县志》二十卷、《黄山志》二卷;姚鼐撰《六安州志》、《江宁府志》五十六卷和《庐州府志》"沿革"篇;刘开撰《安阳县志》、《亳州志》四十三卷;张裕钊撰《钟祥县志》、《高淳县志》二十八卷。⑤值得一提的是,吴汝纶积数十年之功纂修的《深州风土记》二十二卷,广征博引,考证精到、博古详今,堪称方志中的典范。吴汝纶认为"方志之作尚矣,网罗散佚,襍集旧闻,为史者资焉"⑥。他认为"《永清志》虽系续撰,其旧志义例,尚可寻求。独章实斋以文史擅名,而文字芜陋,其体裁在近代志书中为粗善,实亦不能佳也"⑦。而"拙

---

① 〔清〕姚永朴:《叔弟行略》,《桐城派名家文集》(第11卷),第470页。
② 〔清〕姚安国:《慎宜轩诗集续钞说明》,《桐城派名家文集》(第11卷),第468页。
③ 〔清〕马其昶:《姚叔节墓志铭》,《桐城派名家文集》(第11卷),第475页。
④ 张秀玉:《姚永概〈清史拟稿〉考论》,《湖南人文科技学院学报》2015年第3期。
⑤ 刘声木撰,徐天祥点校:《桐城文学渊源·撰述考》,黄山书社1989年版,第445—566页。
⑥ 〔清〕吴汝纶:《安徽通志序》,《吴汝纶全集》(一),第295—296页。
⑦ 〔清〕吴汝纶:《答孙筱坪》,《吴汝纶全集》(三),第37页。

著一洗故习,令其字字有本,篇篇成文,稍异他人耳。"① 吴汝纶对章学诚的《永清志》颇有微言,而对自己编纂的《深州风土记》却作如此高的评价,应该说是不无道理的。近代著名的语言文字学家、北京大学教授黎锦熙先生在《方志学两种·氏族志》一书称:"方志而志氏族,要在辨其来源、分合、与盛衰之迹,盖一地文化之升降,风俗语言之异同,考其因缘,与此大有关系也。昔者《通志》一'略',仅著本源;章志《永清》,专标'士族';迄吴氏汝纶记《深州风土》,乃创'人谱',始从族姓之迁徙,识文物之重心。"② 吴汝纶广征私家谱牒和地方文献,网罗散佚,考述州里古今望族大姓之演变,而成"人谱",一洗故习,拓展了中国旧有方志的内涵,对研究北方名门望族和社会风俗文化变迁具有较高的史料价值。

三、拓展史学研究的视域,宣传进化史观

中国近代史学的萌生是在中国历史大变动中出现的,这个大变动开始的标志,是1840年爆发的鸦片战争。姚莹既是一位典型的桐城派文人,同时也是近代最早一批"开眼看世界"并从事边疆史地研究的代表人物。在近代第一次边疆危机中,他敏锐地观察到重新发现中国边疆、放眼域外地理的重要性。作为近代初期开风气之先的经世派人物③,姚莹在传统学术框架的边缘地带发扬先贤史地之学以及桐城文人的文献编纂传统,选择以边疆地理作为其治学救亡的突破口。此后其一生主要经历都倾注在边疆事业上,治边、研边、记边合一,留下了多部具有划时代意义的边疆史地佳作,其《识小录》、《东槎纪略》和《康輶纪行》堪称边疆史地研究的三部曲,将中国传统沿革地理的视域范围从内地扩大转移到遥远边疆,并以其一人之识力同时关注了西北与西南陆疆、东南海疆和

---

① 〔清〕吴汝纶:《答藤泽南岳》,《吴汝纶全集》(三),第428页。
② 黎锦熙、甘鹏云著:《方志学两种》,岳麓书社1984年版,第110页。
③ 施立业:《姚莹与桐城经世派的兴起》,《清史研究》2004年第2期。

域外地理。吴怀祺先生在《安徽地区文化变迁与史学》一文中指出，“近代的姚莹与魏源、林则徐，是一代开风气史学大家，他们的学术形成了中国近代第一次边疆史地学高潮”[①]。

来新夏先生称：“清代中期，学界颇多留心边疆史地，但注重西北者较多，其能全面研究西北、西南者，当推姚莹。”[②]而最能直接反映姚莹“全面研究西北、西南”的著作莫过于《识小录》及《康辅纪行》。姚莹本人也认为其《识小录》“仅详西北陆路，其西南海外有未详也”。他“深以为恨，乃更勤求访问”而成《康輶纪行》[③]。《康輶纪行》反映了作者对外国侵略者，尤其是英国侵略者觊觎中国领土极其敏感和忧虑，故书中对外国历史、地理、政治多有研究。“在《康輶纪行》卷五‘西藏外部落’条中，他纠正了魏源关于‘廓尔喀界西藏及俄罗斯’的记载错误，并考明‘俄罗斯攻取之务鲁木在西藏西南五千里外’。这引起了魏源的重视，在修订《海国图志》时作了更正。姚莹对我国西南边疆情况所作的实地调查和研究，在同时代人中可谓首屈一指。”[④]姚莹、张穆、何秋涛等人对边疆历史地理的研究，拓展了中国传统史学研究的视域。

19世纪末20纪初，进化论思想之所以开始在中国萌生，一方面源于中国固有的传统文化资源，如康有为从“公羊三世说”中所提炼的朴素的历史进化观念；另一方面，就是经严复等人所传播的西方进化论思想。进化史观为20世纪初中国新史学的萌生提供了理论依据和哲学基础。康有为对严复在西学传播方面的贡献给予了很高的评价，他称严复“译《天演论》，为中国西学第一者也”[⑤]。严复明确反对“今不古若，世日退也”的历史退化论，提倡西方“古不及今，世日进也”[⑥]的历史进化论。对史学而言，历史观的更

① 吴怀祺：《安徽地区文化变迁与史学》，《安徽史学》2004年第1期。

② 来新夏：《姚莹的边疆史地研究》，《津图学刊》1995年第2期。

③ 〔清〕姚莹著：《康輶纪行·自叙》，中华书局2014年版，第1页。

④ 尹达主编：《中国史学发展史》，中州古籍出版社1985年版，第392页。

⑤ 〔清〕康有为：《与张之洞书》，姜义华等编校：《康有为全集》，中国人民大学出版社2007年版，第314页。

⑥ 严复：《主客平议》，王栻主编：《严复集》第一册，中华书局1986年版，第117页。

新是其获得发展的最直接的推动力。于是,"以史学言进化之理"①,成为20世纪初中国早期资产阶级史学的指导思想。

吴汝纶在与严复交往的过程中逐步接受了西方的进化论思想,信奉进化史观。他认为"天演之学,在中国为初凿鸿蒙"②,"此其资益于自强之治者"③。1895年初,吴汝纶得知严复正在翻译英国博物学家赫胥黎的《进化论与伦理学》,"桐城吴丈汝纶,时为保定莲池书院掌教,过津来访,读而奇之"④。严复服膺桐城派,并用桐城古文风格翻译《天演论》。吴汝纶对严译《天演论》所宣扬的进化论思想,倾心悦服,在致严复的信函中,他表示:"得惠书并大著《天演论》,虽刘先生之得荆州,不足为喻,比经手录副本,秘之枕中。盖自中土翻译西书以来,无此宏制,匪直天演之学,在中国为初凿鸿蒙,亦缘自来译手,无似此高文雄笔也,钦佩何极!"⑤《天演论·吴序》既是吴汝纶对严译《天演论》的推介,也是吴汝纶借以阐发自己进化史观的宣言书。在《天演论》序言中,吴汝纶通过阐发严译的要旨,表达了自己对社会历史发展是不断进化的历史认识。梁启超和夏曾佑在"新史学"方面的建树,都不同程度地受到了吴汝纶和严复进化史观的影响。⑥

四、形成了较为系统的史学研究理论和方法

桐城派擅长文论,于史论亦有专攻。他们或读史评议,或史学批评,或著专论,形成了较为系统的史学研究理论和方法。其中,方苞的"义法"说影响久远,戴名世的《史论》持论深刻,姚永朴的《史学研究法》总结全面。

---

① 梁启超:《康有为传》,团结出版社2004年版,第51页。
② 〔清〕吴汝纶:《答严幼陵》,《吴汝纶全集》(三),第144页。
③ 〔清〕吴汝纶:《答严幼陵》,《吴汝纶全集》(三),第119页。
④ 严璩:《侯官严先生年谱》,王栻主编:《严复集》第五册,中华书局1986年版,第1548页。
⑤ 〔清〕吴汝纶:《答严幼陵》,《吴汝纶全集》(三),第144—145页。
⑥ 董根明:《严复的进化史观及其对新史学的影响》,《中国社会科学院研究生院学报》2014年第6期。

方苞关于古文的"义法"说，强调文章的雅洁精练和行文之法，既是桐城派文章学的理论核心，也是其史学的基本原则。他认为："《春秋》之制义法，自太史公发之，而后之深于文者亦具焉。义即《易》之所谓'言有物'也，法即《易》之所谓'言有序'也。义以为经而法纬之，然后为成体之文。"方苞在文论中所反复强调的"义法"，其主旨也就是《春秋》鲜明的褒贬原则和叙事方法的尚简去繁。所谓"言有物"，"言"指各种体裁的文章，包括编年纪事的史书、说理的议论文以及求取功名的时文等。"有物"是对作品思想内容的要求。方苞的"义法"说，不仅适用于文学作品的"文以载道"或"道以文传"。他认为史学亦应恪守"言有物"之"义"和"言有序"之"法"，即思想内容与艺术形式的并重，义经法纬，相辅相成，此与孔子所说："属辞比事，《春秋》教也。""属辞比事而不乱，则深于《春秋》者也。"①正可谓一脉相承。

　　就史学而言，方苞所说的"言有物"之"义"，类似于"属辞"，就是要注重史学著作内容的选择及其所蕴含的思想内涵，在表述史事时讲求遣词造句，注重文辞的锤炼，正所谓"言之无文，行而不远"②。方苞所说的"言有序"之"法"，即"比事"，原指按年、时、月、日的顺序排比史事，引申为史学著作的表现形式和布局谋篇及其史料取舍的精当，即"约其文辞而指博"③。桐城派名家之所以推崇司马迁，正是源于他们对《史记》"义法"的膜拜。桐城诸贤倡雅洁、反骈体、回归司马迁的文风于钱澄之或戴名世已见端倪，而后世学者却视方苞为桐城派的创始人，此与方苞树立"义法"旗帜不无关系。此后，刘大櫆、姚鼐秉承"义法"说，扩而大之，世代相传，影响久远。

　　《史论》是戴名世关于治史的专论，也是桐城派首次系统论述其史学思想的经验总结。《史论》的理论价值在于阐明史学的性质、属性与功用。戴名世开宗明义地指出："昔者圣人何为而作史乎？夫史者，所以纪政治典章

---

① 王文锦译解：《礼记译解》，中华书局2001年版，第727页。
② 〔清〕魏禧撰：《左传经世钞》，清乾隆刻本，第544页。
③ 司马迁著：《史记·孔子世家》卷四七，中州古籍出版社1994年版，第577页。

因革损益之故，与夫事之成败得失，人之邪正，用以彰善瘅恶，而为法戒于万世。是故圣人之经纶天下而不患其或敝者，惟有史以维之也。"①值得说明的是，他把作史定性为圣人之事，圣人是有德之人，有德之人方可为史，实质上是在强调"德"与作史的关系。章学诚在刘知幾"史家三长"说的基础上反复论述"史德"，并指出"能具史识者，必知史德。德者何？谓著书者之心术也"②。章学诚的"史德"论虽然不能说是直接承续了戴名世《史论》的观点，但受到了他的影响则是可能的。

《史论》的实践价值在于提供史料甄别与治史的基本方法。关于博征正史与野史问题。桐城派先贤钱澄之认为："庶几野史犹有直道存焉。"但野史往往出于"草茅孤愤之士，见闻鲜浅，又不能深达事体，察其情伪，有闻悉纪，往往至于失实。集数家之言，大有径庭，则野史亦多不足信者"③。与钱澄之这一认识相同的是，戴名世认为史著所凭借的资料大体上不出国史与野史二种，而各有其缺陷："国史者，出于载笔之臣，或铺张之太过，或隐讳而不详，其于群臣之功罪贤否，始终本末，颇多有所不尽，势不得不博征之于野史。而野史者，或多徇其好恶，逞其私见，即或其中无他，而往往有伤于辞之不达，听之不聪，传之不审，一事而纪载不同，一人而褒贬各别。"④两者都有失实之弊，故而要相互博征与补正。关于知人论世问题。戴名世认为，应该从身正者，"综其终始，核其本末，旁参互证"，"设其身以处其地，揣其情以度其变，此论世之说也"⑤。在清初史学界，"论世"思想几成共识，万斯同认为"非论其世，知其人而具见其表里，则吾以为信而人受其枉者多矣"⑥。章学诚继承这一思想进而提出史家心术修养的两个标准，即"气平"，"情正"。章学诚分析说："史之文，不能不籍人力以成之"，"夫文非气不立，而

---

① 〔清〕戴名世：《史论》，王树民编校：《戴名世集》，中华书局1986年版，第403页。
② 〔清〕章学诚：《文史通义·史德》，叶瑛校注：《文史通义校注》（上），中华书局1985年版，第219页。
③ 〔清〕钱澄之：《明末忠烈纪实序》，《田间文集》，黄山书社1998年版，第213页。
④ 〔清〕戴名世：《史论》，《戴名世集》，第403—404页。
⑤ 〔清〕戴名世：《史论》，《戴名世集》，第404页。
⑥ 〔清〕方苞：《万季野墓表》，《方苞集》（上），第333页。

气贵于平","文非情不深,而情贵于正"。因此史家尽当尽量避逸"因事生感","以致气失则宕,气失则激,气失则骄"或"情失则流,情失则溺,情失则偏",史家要尽量排除客观环境对主观意识的影响。① 显然,章学诚是直接或间接受到戴名世的影响,并把相关认识推进到学理的层面。

梁启超称戴名世"史识史才皆绝伦"②。杜维运认为:"自史才言之,清初史家罕有能望及戴氏者","自史识言之,戴氏为有孤怀宏识之史家",说戴氏"富有近代史家之科学精神"③。戴名世关于史学研究"旁参互证"和"知人论世"的方法,对桐城派以至清代史学产生一定影响。譬如,姚鼐于史学考证就有类似的描述:"夫史之为道,莫贵乎信。君子于疑事不敢质。《春秋》之法,信以传信,疑以传疑。后世史氏所宗,惟《春秋》为正。"④"质疑"、"征实"而成"信史",不仅成为桐城派治史的方法,也是桐城派对史学的价值追求。

《史学研究法》是桐城派晚期学者姚永朴系统阐述其治史理论与方法的力作。姚永朴结合时代需要将史学意义与功能总结为"追远"、"合群"、"资治"、"征实"、"阐幽"和"尚通"六个方面。他认为:"大抵追远合群二义,史因之而发轫者也;资治、征实、阐幽、尚通四义,史循之为正轨也。"⑤ 姚永朴认为:"史之为法大端有二:一曰体,一曰例。必明乎体,乃能辩类;必审乎例,乃能属辞。"⑥ 如果说"体"是史书结构模式总体设计的话,那么,"例"则是具体材料的组织、断限和编次等问题,应该说,作为轴心文明之一的华夏文化,其史书编纂形式上的"二体"、"六家"和"十流"等体例在人类史学研究的历史上仍不失为一种创造,在此,姚永朴给予了系统的梳理与介绍。从姚永朴所论史学的意义与功能、史著的体例、史文的古今奇偶繁简

---

① 〔清〕章学诚:《文史通义·史德》,《文史通义校注》(上),第220页。
② 梁启超:《近代学风之地理的分布》,《清华学报》1924年第1卷第1期,第23页。
③ 杜维运著:《清代史学与史家》,中华书局1988年版,第208—213页。
④ 〔清〕姚鼐:《新修宿迁县志序》,《惜抱轩诗文集》,第273页。
⑤ 姚永朴:《历史研究法》,京华印书局1914年版,第4—8页。
⑥ 姚永朴:《历史研究法》,第9页。

曲直之分，以及使用比较浅显的文言文形式等方面来看，其《史学研究法》不仅是对中国传统史学的一种总结，也是对当时西方史学在中国传播所做出的回应，反映了桐城派末期代表人物在史学理论与方法上的探索。①

五、余　论

明清易代，对于汉族士大夫而言无异于天崩地解，桐城派先贤方以智和钱澄之以明遗民心态自居而终生不仕清廷。戴名世虽生于大清，却感念旧朝，终以文字狱罹难。方苞从《南山集》案中汲取教训，谨小慎微地侍奉清皇室。张廷玉则学而优则仕，成为康雍乾三朝的重臣，其总裁《明史》高度认同清廷的正统地位。继之，则有坚定维护程朱理学的姚鼐及其弟子方东树、梅曾亮，有英勇抗击西方列强侵略的爱国志士姚莹，有捍卫孔孟之道而扶清廷于既倒的曾国藩，有主张洋务维新的张裕钊、吴汝纶，有近代中国第一批驻外大使薛福成、黎庶昌，有译介西学传播进化论思想的严复，有恪守文言文之不可废而遭五四新青年批判的马其昶、姚永朴和姚永概等。从明遗民心理到认同清朝统治，从信奉程朱理学到维护宋学地位，从调和汉宋到主张理学经世、中体西用和洋务维新，桐城派的政治取向无不与时代热点问题相呼应，这是其绵延二百多年而保持生命力并汇聚学界诸多精英的重要原因。桐城派史学成就的取得，与其义理、考据、词章兼修，史学经世思想和因势而变的历史观不无关系。

其一，义理、考据、词章兼修。姚鼐是桐城派承上启下的关键性人物。他认为："学问之事，有三端焉：曰义理也，考证也，文章也。是三者苟善用之，则皆足以相济；苟不善用之，则或至于相害。"② 姚鼐曾主讲安徽敬敷、南京钟山、扬州梅花诸书院凡四十年，启迪后进，孜孜不倦，他关于义理、考据、词章兼修的为学之道，对桐城派影响深远。姚鼐为学崇宋而不废汉，其《郡

---

① 董根明：《关于姚永朴〈史学研究法〉的认识》，《史学史研究》2006年第1期。
② 〔清〕姚鼐：《述菴文钞序》，《惜抱轩诗文集》，第61页。

县考》《汉庐江九江二郡沿革考》和《项羽王九郡考》于考证学深有所得。对程朱之学,姚鼐不避其短,认为"朱子说诚亦有误者"[1]。他认为史学是儒学的重要组成:"儒者之学非一端,而欲观古人之迹,辨得失之林,必求诸史。"[2] 姚鼐无门户之见的治学风格对桐城派影响颇大。梅曾亮顺应清代由盛转衰的时代变化,提出"文章之事,莫大乎因时"[3],使桐城文风为之一变。他认为"文生于心,器成于手"[4],学者为文立言应该"通时合变、不随俗为陈言者是己"[5],即创作要有时代性,能反映时代的风云际会、人情物态。曾国藩为晚清的理学大师,精于义理之学。他私淑姚鼐,自称"国藩之粗解文章,由姚先生启之也"[6]。他将程朱理学说宣扬的人伦道德和纲纪视为"性"与"命":"其必以仁、敬、孝、慈为则者,性也;其所纲乎五伦者,命也。"[7] 其弟子张裕钊则认为宋学是道、汉学乃器,反对"学者常以其所能相角,而遗其所不能者",只有"道与器相备,而后天下之理得"[8]。他推崇清初学风,对为学不设汉宋壁垒的顾炎武、王夫之至为服膺:"二人初无此等门户之见,所以高出以后诸儒。大抵亭林、船山出于许、郑、杜、马、程、朱之书,无所不究切,兼综考据、义理之长,精深宏博邈焉。"[9] 桐城派之所以在史学研究领域有所创获,直接受益于其义理、考据、词章兼修的为学之道。

其二,史学经世思想。桐城派的史学经世思想大体上经历了这样一个复杂而曲折的演化过程。从钱澄之"彰往"、"察来"的史学经世思想[10]到方苞史学侧重于有资于治世,惟期分国之忧和除民之患,反映了清初桐城派史学关注社会现实的务实作风。姚鼐及其弟子与汉学阵营的所谓学术之争,

---

[1] 〔清〕姚鼐:《复蒋松如书》,《惜抱轩诗文集》,第95—96页。
[2] 〔清〕姚鼐:《乾隆戊子科山东乡试策问五首》,《惜抱轩诗文集》,第130页。
[3] 〔清〕梅曾亮:《答朱丹木书》,《柏枧山房诗文集》,上海古籍出版社2012年版,第38页。
[4] 〔清〕梅曾亮:《书示仲卿弟学印说》,《柏枧山房诗文集》,第11页。
[5] 〔清〕梅曾亮:《复汪尚书书》,《柏枧山房诗文集》,第30页。
[6] 〔清〕曾国藩:《圣哲画像记》,《曾国藩全集》(十四),第152—153页。
[7] 〔清〕曾国藩:《顺性命之理论》,《曾国藩全集·诗文》(一四),第134—135页。
[8] 〔清〕张裕钊:《与钟子勤书》,《张裕钊诗文集》,上海古籍出版社2012年版,第86页。
[9] 〔清〕张裕钊:《张裕钊科卷批语》,《张裕钊诗文集》,第589页。
[10] 董根明:《钱澄之史学思想初探》,《安徽史学》2017年第4期。

皆是"因避触时忌,聊以自藏"①的不同表现而已。直至道光年间,英夷输入鸦片为害甚重,方东树在粤抚幕中著《化民正俗对》和《劝戒食鸦片文》,主张厉禁鸦片,特别是姚莹边疆史地学研究视域的拓展,重新唤醒了桐城派沉寂已久的史学经世思想。曾国藩及其弟子拓而大之,于姚鼐"义理、考据、辞章"之外,潜心"经济",即经邦济世之学,使得魏源和林则徐所倡导的"师夷长技以制夷"的思想付诸实践。吴汝纶和严复以进化史观看待和分析近代社会发展的大势,并积极宣传西方进化论思想。当"物竞天择、适者生存"成为中华民族思想觉醒的号角时,桐城派的史学经世思想便在传统旧学与近代新学之间发挥着中介和桥梁的作用,成为人们追求和实现近代化的内在动力。在中学与西学、旧学与新学之间抉择时,桐城派殿军恪守其道统和文统不能变的执着,为曾经辉煌的桐城派史学经世思想画上了未能跟上时代步伐的休止符。

其三,因势而变的历史观。从秉承桐城派先贤方以智实证精神的史学传统,到钱澄之和戴名世感念旧朝钟而情于南明史研究的遗民史学,此一时期以《南山集》案为标志,桐城派的史学观念面临政治困局。于是,桐城派创始人方苞创立史学"义法"说,继之者刘大櫆积极践行史学的通俗化和平民化②,这种因势而变的历史观激活了桐城派囿于华夷之辨的史学思维。经历了康雍乾盛世,天下承平日久,姚鼐及其弟子恪守程朱理学、坚定维护宋学正统地位的义理史学,与只重考据不问政治的乾嘉史学殊途同归,均有矫枉过正、流于空疏之弊。面对边疆危机和西方列强的入侵,姚莹将史学研究的触角由传统的朝廷史拓展到关注边疆与异域,对桐城派史学发挥了振衰起敝的作用。诚如瞿林东先生所言,晚清史学的分化,"一方面表现为传统的史学以其深厚的根基,还在延续着自己的生命;另一方面表现为在民族危机的震撼下,人们对于历史和现实的重新思考从而萌生了新的历史观念

---

① 梁启超:《清代学术概论》,第71页。
② 董根明:《刘大櫆史学初探》,《史学史研究》2013年第4期。

和历史研究"①。就桐城派史学而言,这种新的历史观念和历史研究就是以吴汝纶和严复等为代表的桐城派在西学东渐的背景下所接受和宣扬的进化论思想,可以说,没有进化史观的传播就没有中国新史学的诞生。当然,桐城派名家历史观的"因势而变"也不是没有底线的,在以姚永概、姚永朴和马其昶为代表的桐城派殿军看来,西学可以为用,甚至帝制可以被君主立宪或民主共和所取代,但是中国文化的精髓不能变,即孔孟所倡导的伦理观不能变,程朱所宣扬的道德观不能变,桐城派的古文风格与表现形式不能变。始于1915年9月《新青年》创刊的新文化运动,提倡白话文,反对文言文;提倡新伦理,反对旧伦理;提倡新道德,反对旧道德,桐城派遂成为阻碍新文化运动发展的一股守旧力量。在五四新青年横扫一切的情势面前,桐城派被斥之为"谬种"、"妖魔"是不难理解的。大众文化时代的到来,为曲高和寡的桐城派敲响了丧钟。这意味着一个时代的结束和另一个时代的开启,其功过是非似不可一概而论。

(本文原载《安徽史学》2019年第3期)

---

① 瞿林东著:《中国古代史学批评纵横》,中华书局1994年版,第259页。

吴汝纶史学思想探析

董根明

吴汝纶（1840—1903）字挚甫，安徽桐城高甸（今枞阳县）人，自幼从父读书，师宗方、姚，"为学，由训诂以通文辞，无古今，无中外，惟是之求"①，于经史子集均有造诣，"晚清著名的学者、文人和杰出的教育家"②，与武昌张裕钊、遵义黎庶昌、无锡薛福成并称"曾门四弟子"，被誉为桐城派的末代宗师。学界对吴汝纶在西学、洋务维新及中国近代教育转型中所发挥的作用多有关注，研究成果亦颇丰硕③，而对其史学成就、进化史观和史学经世思想则鲜有论及④。

一、吴汝纶的史学成就

吴汝纶"藏书数万卷，皆手勘而躬校之，考证评骘，丹黄灿列。"⑤他校勘了大量史部典籍，考订史实，"自群经子史、周秦故籍以下，逮近世方、姚、曾、

---

① 〔清〕赵尔巽等撰：《清史稿·吴汝纶传》（第44册），中华书局1977年版，第13443—13444页。
② 施培毅：《吴汝纶全集·前言》，《吴汝纶全集》（一），黄山书社2002年版，第1页。
③ 比较有代表性的研究如：施培毅《我国近代教育先驱吴汝纶》，《江淮论坛》1995年第1期；翁飞《吴汝纶与京师大学堂》，《安徽大学学报》2000年第2期；曾光光《变法维新思潮中的吴汝纶与桐城派》，《江淮论坛》2001年第3期；吴洪成等《试论近代教育家吴汝纶的事业与思想——以主持保定莲池书院为中心的考察》，《华东师范大学学报（教育科学版）》2010年第2期；朱秀梅《力倡西学育人才 坚守古文存"道统"——吴汝纶西学思想与古文观念平论》，《中州学刊》2011年第2期；任向阳等《论庚子和议中吴汝纶的外交思想》，《湖南城市学院学报》2012年第6期；江小角《桐城派：清代书院教育的典范》，《光明日报》，2018年3月22日。
④ 与此相关的研究，仅见拙文《进化史观与古文道统的同一——吴汝纶与严复思想考索》（《中国社会科学院研究生院学报》2008年第1期。）和郑清坡、关昕《〈深州风土记〉史料价值初探》（《中国地方志》2003年第6期。）
⑤ 〔清〕张宗瑛：《吴先生墓志铭》，施培毅等校点：《吴汝纶全集》（四），第1151页。

张诸文集,无不穷奇源而究其委。"李景濂认为吴汝纶"于史则《史记》、《汉书》、《三国志》、《新五代史》、《资治通鉴》、《国语》、《国策》皆有点勘,《晋书》以下至《陈书》,皆尝选集传目。而尤邃于《史记》,尽发太史公立言微旨,所评骘校勘者数本,晚年欲整齐各本厘定成书,著录至《孟尝君传》而止。而大端固已尽具各本中,世所传《史记平点》是也。又尝汇录《史记》与《左氏》异同,以为太史公变异《左氏》最可观省,且证明刘向所校《战国策》亡已久,今之《国策》,反取《太史公书》充入之,非其旧也"①。吴汝纶秉承方苞史学中的"义法",以严谨的学风校勘桐城派推崇的《史记》和《资治通鉴》等史学著作,厘清史实,正本清源,撰写了大量的读史札记,于史学颇有建树。他在考证史实的基础上,认为"史多不足据"②。譬如,他认为"《梁书·沈约传》,梁武篡齐,约劝成之。范云与约同策,约期云同入,而己先独对。此诬也"。又如"郭景纯文学,在晋为有数人物,风烈尤著,而《晋书》多载卜筮、小数不经之事,使后世以为方术之士,此史氏之失。史才之高下,洵关学识哉!"③言之有据,是吴汝纶考订史实的基本准则。他认为:"《国史·高堂隆传》隆疏引贾生册'可为长叹息者三',今作'六',殆误。此传又载景初中魏明帝诏云'闵子识原伯之不学,荀卿丑秦世之坑儒',秦坑儒时,荀卿尚存,亦异闻也。"《史记》是吴汝纶据以研究《尚书》的主要著作,司马迁的史文亦倍受其推崇,但对《史记》所载史实之误,吴汝纶也毫不留情地加以勘校或存疑。如《史记·赵世家》篇,言及归熙父云:"《赵世家》文字周详,是赵有史,其他想无全书。"吴汝纶考证曰:"史公明言有《秦纪》,则六国无史可知。《赵世家》所载,多小说家言,史公好奇,网罗放失而得之者,非赵史也。"④就史学研究而言,吴汝纶的成就主要表现在以下几个方面。

---

① 〔清〕李景濂:《吴挚甫先生传》,《吴汝纶全集》(四),第1131—1134页。
② 〔清〕吴汝纶:《日记·史学下》,《吴汝纶全集》(四),第184页。
③ 〔清〕吴汝纶:《日记·史学下》,《吴汝纶全集》(四),第183—185页。
④ 〔清〕吴汝纶:《赵世家》,《吴汝纶全集》(四),第241页。

其一，精心选编《李文忠公全集》，撰写《李文忠公事略》，为后人研究和评价李鸿章提供了第一手资料。如何甄别、遴选、辑录像李鸿章这样具有争议性的当代朝臣所存文稿，直接关乎后人对其评价，对此，吴汝纶持非常慎重的态度。1897年6月3日，在致周玉山的信函中，吴汝纶言及"近来国史猥杂，中兴诸公事业，皆当仗所著文集以传远。合肥在诸公间，于洋务独擅专长，其办理中外交涉最专且久。近为编辑奏疏，分为详简二本，皆以洋务为主。详本则兼及直隶河工赈务。以此二事皆合肥定力所注，他人有办不到者。至平吴、平捻，大要已见于《钦定方略》书中，即所奏捷书皆可从略，私见如此，未识尊见以为然否？"他坦言："某区区欲删定合肥文集，不欲使贤相身后令名淹没于悠悠之口，以为功名本末具在此书也。"① 在《与刘芗林》的信函中，吴汝纶表示自己之所以重视编纂李鸿章文集，"并不颛颛为一时解谤，当与后之知人论世者考求心迹，使是非昭然具见本集，无所容其阿附也"②。现存吴汝纶日记、尺牍、《李文忠公事略》以及由其选编的《李文忠公（鸿章）全集》等文献，是今人研究李鸿章最权威的史料来源之一。吴汝纶所编《李文忠公（鸿章）全集》包括奏稿八十卷、朋僚函稿二十卷、译署函稿二十卷，海军函稿四卷，电稿四十卷，使后人对李鸿章的事功有一个全面的了解。有学者研究认为，吴汝纶所编《李文忠公全集》"虽然过于简略，且因急于为集主辩诬止谤，删削之中，不免失之真实和公允，但由于编者系集主学生和亲信幕僚，于集主的许多事迹，大多亲见亲闻，因此于文稿内容和时间的考订十分精详，于文稿的拟题亦十分精当"③。一方面，吴汝纶精心辑录"卷首"之文献，包括《上谕》四道、《谕赐祭文》四首、《御制碑文》二首和《国史本传》，由和硕庆亲王、顺天府尹、直隶总督袁世凯、两江总督刘坤一、工部左侍郎盛宣怀、安徽巡抚诚勋和山东巡抚周馥等大臣倡议在京师、天津、江南、上海和合肥等处建专祠奏疏十一道，以及吴汝纶亲笔撰写

---

① 〔清〕吴汝纶：《与周玉山》，《吴汝纶全集》（三），第151—152页。
② 〔清〕吴汝纶：《与刘芗林》，《吴汝纶全集》（三），第152页。
③ 童本道：《〈李鸿章全集〉的史料价值》，《社会科学战线》2008年第3期，第140页。

的《神道碑铭》和《墓志铭》。①首篇文稿即《上谕》:"大学士一等肃毅伯直隶总督李鸿章器识渊深,才猷宏远,由翰林倡率淮军,勘平发捻诸匪,厥功甚伟。""复命总督直隶兼充北洋大臣,匡济艰难,辑和中外,老成谋国,具有深衷。去年京师之变,特派该大学士为全权大臣,与各国使臣妥立和约,悉合机宜,方冀大局全定,荣膺懋赏,遽闻溘逝,震悼良深。"②吴汝纶之所以将"上谕"置于《李文忠公全集》卷首,既符合刊刻规制,又甚合其心愿,显然有"盖棺论定"或"先入为主"的考量。另一方面,对李鸿章使俄签订密约的史料,吴汝纶所撰《李文忠公事略》,或只云奉命使俄,或语焉不详,确有隐讳之处。诚如唐代著名的史学家刘知幾所言:"肇有人伦,是称家国。父父子子,君君臣臣,亲疏既辨,等差有别。盖'子为父隐,直在其中',《论语》之顺也;略外别内,掩恶扬善,《春秋》之义也。自兹已降,率由旧章,史氏有事涉君亲,必言多隐讳,虽直道不足,而名教存焉。"③由此可见,吴汝纶对"有事涉君亲"者,亦"必言多隐讳",显然,这是吴汝纶选编《李文忠公全集》的不足之处。

其二,吴汝纶认为方志可"为史者资焉",其纂修的《深州风土记》首创"人谱",一洗故习,拓展了中国旧有方志的内涵。他积数十年之功纂修的《深州风土记》,广征博引,考证精到、博古详今,具有很高的史学价值。全书22卷,分疆域、河渠、赋役、学校、兵事、官制、职官、名宦、艺文、古迹、金石、人谱、荐绅、名臣、文学、武节、史绩、孝义、流寓、烈女、物产和后序;附表5卷;共39万余字。吴汝纶在《深州风土记》中引证的文献既包括大量的旧志,如明、清一统志、《禹贡》、《水经注》、《太平寰宇记》、《郡国县道记》和《永清志》等,参考了《左传》、《史记》和《汉书》等正史,还旁及《通典》、《文献通考》、《资治通鉴》、《大清会典》和《钦定平定粤匪方略》等政

---

① 〔清〕吴汝纶编:《李文忠公(鸿章)全集》,沈云龙主编:《近代中国史料丛刊续辑》(第691—698卷),台湾文海出版社1974年版。
② 光绪二十七年九月二十七日《上谕》,《近代中国史料丛刊续辑》(第691卷),第2页。
③ 〔清〕刘知幾:《史通·曲笔》,中州古籍出版社2012年版,第145页。

治历史著作。吴汝纶认为：中国方志，陈陈相因，"《永清志》虽系续撰，其旧志义例，尚可寻求。独章实斋以文史擅名，而文字芜陋，其体裁在近代志书中为粗善，实亦不能佳也。"①而"拙著一洗故习，令其字字有本，篇篇成文，稍异他人耳"②。吴汝纶对章学诚的《永清志》颇有微言，而对自己编纂的《深州风土记》却作如此高的评价，应该说是不无道理的。近代著名的语言文字学家、北京大学教授黎锦熙先生在《方志学两种·氏族志》一书称："方志而志氏族，要在辨其来源、分合、与盛衰之迹，盖一地文化之升降，风俗语言之异同，考其因缘，与此大有关系也。昔者《通志》一'略'，仅著本源；章志《永清》，专标'士族'；迄吴氏汝纶记《深州风土》，乃创'人谱'，始从族姓之迁徙，识文物之重心。"③吴汝纶在方志中首创"人谱"，拓展了中国旧有方志的内涵，对此，他在《深州风土记》中写到："太史公作《史记》诸表，其法本于《周谱》，后世谱牒之学发宋之君子，乃复为之，而北人不讲也，乡曲之士罕能自言其世。"④吴汝纶广征私家谱牒和地方文献，网罗散佚，考述州里古今望族大姓之演变，而成"人谱"，对研究北方名门望族和社会风俗文化变迁具有较高的史料价值。吴汝纶曾为《安徽通志》作序，认为"方志之作尚矣，网罗散佚，襍集旧闻，为史者资焉。"对光绪三年编修的这部《安徽通志》，吴汝纶认为，其"增损旧文，附益新事，义例至为精审，信乎其具史才可传以久者也"⑤。

其三，吴汝纶撰写的《欧洲百年以来大事记》和《东游丛录》具有很高的史料价值。吴氏兼采中学和西学，是中国近代具有"史才"和"史识"的大家。他撰写《欧洲百年以来大事记》，用大清皇帝年号纪年，考叙近代西方国家政治权力和国际关系变化，谴责西方列强的开疆拓土和殖民扩张，

---

① 〔清〕吴汝纶：《答孙筱坪》，《吴汝纶全集》（三），第37页。
② 〔清〕吴汝纶：《答藤泽南岳》，《吴汝纶全集》（三），第428页。
③ 黎锦熙、甘鹏云著：《方志学两种》，岳麓书社1984年版，第110页。
④ 〔清〕吴汝纶：《深州风土记·人谱》，《中国地方志集成·河北府县志辑》，上海书店出版社2006年版，第246页。
⑤ 〔清〕吴汝纶：《安徽通志序》，《吴汝纶全集》（一），第295—296页。

"盖吞并之策，始于非洲，终于亚洲，其事多费兵力，故近乃借为口实以避其名，有曰'永代租借'，有曰'保护'，曰'权力所及之域'，曰'承筑铁路之地'，曰'不许让于他国'，种种名目，皆所以行其吞并之谋也"①。吴汝纶运用历史分析和国际比较的眼光，敏锐地洞察到西方殖民侵略的新特点。1902年5月，吴汝纶访问日本，调查日本学制，写成《东游丛录》四卷，此书成为中国最高教育当局派员访询日本明治维新以后教育制度的第一份调查报告，对研究晚清学制改革亦具有很强的文献价值。

此外，吴汝纶对版本目录学亦有深入研究。譬如，他对《随书》和《唐书》版本的考证："近得旧本《隋书》，嘉靖、正德时补板，殆元时刻本，惜无刻书年月序，然甚爱之。世知《唐书》欧阳与宋分著姓名，以为欧公恐宋文为己作，其实非也。《隋书》纪、传，著明'魏徵上'，诸志，著明'长孙无忌等上'，《唐书》盖本此。""《隋书》诸志，皆题'长孙无忌等奉敕撰'，独《地理志》无'等'字，盖成于一手。"②史书的版本直接关乎史实的可信度，吴汝纶以慎选史料的态度对史书的版本来源详加考证，表现出史家严谨的治学作风。

二、吴汝纶的历史进化论思想

就历史观而言，与晚清传统士大夫阶层不同的是，吴汝纶信奉历史进化论思想，认为"天演之学，在中国为初凿鸿蒙"③，"此其资益于自强之治者"④。

甲午战争失败后，西方列强迅速掀起了瓜分中国的狂潮，亡国灭种的情势强烈刺激着中国的思想界。伴随着民族危机的加剧和民族意识的觉醒，

---

① 〔清〕吴汝纶：《欧洲百年以来大事记》，《吴汝纶全集》（四），第507页。
② 〔清〕吴汝纶：《日记·史学下》，《吴汝纶全集》（四），第188—189页。
③ 〔清〕吴汝纶：《答严幼陵》，《吴汝纶全集》（三），第144页。
④ 〔清〕吴汝纶：《答严幼陵》，《吴汝纶全集》（三），第119页。

晚清学术界也经历了一场思想剧变。就19世纪末至20世纪初的中国史学界而言，这种剧变主要表现为从历史变易观到历史进化论的重大转折。戊戌维新时期，进化论思想之所以开始在中国萌生，一方面源于中国固有的传统文化资源，如康有为从"公羊三世说"中所提炼的朴素的历史进化观念；另一方面，就是经严复等人所传播的西方进化论思想。与曾门弟子黎庶昌、张裕钊和薛福成等人普遍具有史学经世思想不同的是，吴汝纶不仅秉承了以姚莹和曾国藩等为代表的晚清桐城派史学经世的传统，而且在与严复交往的过程中逐步接受了西方的进化论思想，信奉进化史观。

摈弃夷夏之大防的观念，接受西学，是吴汝纶信奉进化论的思想基础。针对"西学中源"说，以及"以夷为师"、"礼失求野"的清议，吴汝纶指出："西学乃西人所独擅，中国自古圣人所未言，非中国旧法流传彼土，何谓礼失求野！周时所谓东夷、北狄、西戎、南蛮，皆中国近边朝贡之藩，且有杂处中土者，蛮夷僭窃，故《春秋》内中国，外夷狄。……今之欧美二洲，与中国自古不通，初无君臣之分，又无僭窃之失，此但如《春秋》列国相交，安有所谓夷夏大防者！此等皆中儒谬论，以此边见，讲求西学，是所谓适燕而南辕者也。"①吴汝纶认为夷夏之防的观念乃"谬论"，欲救世变，必先讲求西学。

吴汝纶信奉进化论思想，认为"天演之学，在中国为初凿鸿蒙"。1895年初，吴汝纶得知严复正在翻译英国博物学家赫胥黎的《进化论与伦理学》，"桐城吴丈汝纶，时为保定莲池书院掌教，过津来访，读而奇之"②。严复服膺桐城派，并用桐城古文风格翻译《天演论》。吴汝纶对严译《天演论》所宣扬的进化论思想，倾心悦服，在致严复的信函中，他表示："得惠书并大著《天演论》，虽刘先生之得荆州，不足为喻，比经手录副本，秘之枕中。盖自中土翻译西书以来，无此宏制，匪直天演之学，在中国为初凿鸿蒙，亦缘

---

① 〔清〕吴汝纶：《答牛蔼如》，《吴汝纶全集》（三），第130页。
② 严璩：《侯官严先生年谱》，王栻主编：《严复集》第五册，中华书局1986年版，第1548页。

自译手,无似此高文雄笔也,钦佩何极!"①《天演论·吴序》既是吴汝纶对严译《天演论》的推介,也是吴汝纶借以阐发自己进化史观的宣言书。吴汝纶认为西方的进化论"以天择、物竞二义,综万汇之本源,考动植之蕃耗。言治者取焉。因物变递嬗,深研乎质力聚散之义,推极乎古今万国盛衰兴坏之由,而大归以任天为治。赫胥黎氏起而尽变故说,认为天不可独任,要贵以人持天。"吴汝纶称赞赫胥黎的学说"博涉"、"信美","吾国之所创闻也"。他强调必须发挥人的"天赋之能,使人治日即乎新,而后其国永存,而种族赖以不坠,是之谓与天争胜。"如此,便达到了"天行人治,同归天演"的境界。②由此可见,吴汝纶显然已经突破了中国传统的"天命史观"和历史变易思想,认为"人治"与"天行"不仅同等重要,甚至可以"与天争胜"。在《天演论》序言中,吴汝纶通过阐发严译的要旨,表达了自己对社会历史发展是不断进化的历史认识。从科举到出仕,从曾、李幕府到执掌莲池书院,从参与洋务到倡导维新,吴汝纶以中国传统教育思想之胸怀欣然接纳来自西方的进化论思想,这种价值观的转变应该说是难能可贵的。《天演论》以及根据严译《天演论》删节著成的《吴京卿节本天演论》在20世纪的中国知识界产生了广泛而深远的社会影响,其所宣传的进化论思想不仅敲响了中华民族亡国灭种的警钟,也唤起了国人的民族觉悟,引发了近代中国一系列的社会变革。

当然,与严复"合叙并观"的世界史眼光以及中西比较的学术视野略显不同的是,吴汝纶的进化史观主要局限于"此其资益于自强之治者"。严复认为进化是人类社会的普遍现象,任何事物的发展都不是单一的,孤立的,研究者应该"合叙并观",综合地研究和分析社会问题,应该具备世界史眼光看待人类社会的历史。他用"世变"和"运会"等概念来解释历史,认为人类社会是不断发展变化的。这种变化是不以人们的主观意志为转移的自

---

① 〔清〕吴汝纶:《答严幼陵》,《吴汝纶全集》(三),第144—145页。
② 〔清〕吴汝纶:《天演论·吴序》,王栻主编:《严复集》第五册,中华书局1986年版,第1317—1318页。

然演进过程。① 他认为"运会既成,虽圣人无所为力,盖圣人亦运会中之一物"②。受严复等人传播西学的影响,吴汝纶信奉进化史观,但其所言主要立足于"资治"的功用。在致严复的信函中,吴汝纶感叹:"时局日益坏烂,官于朝者,以趋跄应对、善伺候、能进取、软媚适时为贤。"而"执事之微旨何其深远而沉郁也。……所示外国格致家谓:顺乎天演,则郅治终成。赫胥黎又谓:不讲治功,则人道不立。此其资益于自强之治者,诚深诚邃。"③ 在答日本友人中岛生的信函中,吴汝纶认为日本的强大就是学习西方而人才大兴的结果,"方今欧美格致之学大行,国之兴衰强弱,必此之由"④。因此,吴汝纶认为"为学之患,在好为高论而实行不敦。听其言皆程朱复生,措之事则毫无实用"⑤。吴汝纶从经世致用的角度,将西方的格致之学、进化论思想与近代国家的兴衰强弱联系起来,显示了近代中国变易史观到进化史观过渡时期的思想特征。

三、吴汝纶的史学经世思想

桐城派名家史学思想的共同特点在于因时而变和史学经世。吴汝纶师宗方、姚,认为"学有三要:学为立身,学为世用,学为文词。三者不能兼养,则非通才。"⑥ 时人亦认为吴氏"道高学博而有文章,尤以经世济变为亟"⑦。吴汝纶的史学经世思想主要表现为以进化论为思想基础支持曾国藩和李鸿章等人所倡导的洋务运动,主张废科举,兴西学,希望通过"智民"和"强国"来维护清廷统治,并以此为标准,评判当代历史事件和历史

---

① 参见拙文《严复的进化史观及其对新史学的影响》,《中国社会科学院研究生院学报》2014年第4期,第99页。
② 严复:《论世变之亟》,《严复集》第一册,第1页。
③ 〔清〕吴汝纶:《答严幼陵》,《吴汝纶全集》(三),第119页。
④ 〔清〕吴汝纶:《答日本中岛生》,《吴汝纶全集》(三),第153页。
⑤ 〔清〕吴汝纶:《对制科策》,《吴汝纶全集》(一),第369—370页。
⑥ 〔清〕吴汝纶:《答王子翔》,《吴汝纶全集》(三),第107页。
⑦ 〔清〕李景濂:《吴挚甫先生传》,《吴汝纶全集》(四),第1128页。

人物。

吴汝纶认为朝廷欲救民于水火,"必振民之穷而使之富焉,必开民之愚而使之智焉。今之内治者,无所谓富民之道也,能不害其生斯贤矣;无所谓智民之道也,能成就之使去科弟于有司斯才矣。……循是不变,穷益穷,愚益愚。今外国之强大者,专以富智为事,吾日率吾穷且愚之民以与富智者角,其势之不敌,不烦言而决矣。而所以富智民者,其道必资乎外国之新学"①。他认为"国之强弱,视乎人才"②,要改变重农抑商和讳言利益的观念才能国富民强,"不痛改讳言利之习,不破除重农抑商之故见,则财且遗弃于不知"③。吴汝纶秉承姚莹等桐城派先贤们御敌救国的经世思想,将"强国"与"富民"、"智民"结合起来,即通过富民之有,开民之智来拯救民族的危亡。吴汝纶任深州和冀州知州期间,广开河渠、大兴书院、提倡西学。1888年他辞官就任保定莲池书院主讲,1902年被吏部尚书兼学部大臣张百熙保荐为京师大学堂总教习,后专程访问日本,考察近代教育体制。1903年在安庆创办桐城中学堂。吴汝纶试图以"外国之新学",即通过经济发展和教育振兴而使晚清社会赶上西方国家发展水平的观点,显然是对以曾国藩和李鸿章等为代表的洋务思想的继承和超越,其认识之深刻,立意之高远,在晚清士大夫阶层中可堪称开风气之先,被日本人早川新次誉为"方今东方儒林中最有开化之思想者"④。

在评价当代历史事件和历史人物方面,他以进化论为思想基础,站在维护清廷统治的立场上,认为太平天国运动、捻军起义和义和团运动破坏了社会的发展与进步,而对兴办洋务的曾国藩和李鸿章等恩师多溢美之词。

鸦片战争以来,清廷对外不能维护国家主权和领土完整,对内不能顺应历史发展的潮流因势而革,就历史发展的大势而言,太平天国运动、捻

---

① 〔清〕吴汝纶:《送季方伯序》,《吴汝纶全集》(一),第145—146页。
② 〔清〕吴汝纶:《遵旨筹议折》,《吴汝纶全集》(一),第309页。
③ 〔清〕吴汝纶:《原富序》,《吴汝纶全集》(一),第197页。
④ 施培毅:《吴汝纶全集·前言》,《吴汝纶全集》(一),第7页。

军起义和义和团运动在打击和动摇清王朝腐朽的专制统治方面,具有一定的积极意义。作为朝廷的命官和臣子,吴汝纶虽倡言洋务和维新,但其宗旨依然是维护清廷的既存统治,因此,吴汝纶对对太平天国运动、捻军起义和义和团采取了全盘否定的态度。吴汝纶称太平天国运动为"洪杨之乱",称太平军为"贼"①,称洪秀全为"粤匪"②,他认为太平天国破坏中国传统文化,"洪秀全反,盗据安庆者九年,官私文籍,扫地尽矣"③。吴汝纶称捻军等农民起义为"捻逆"、"贼"④、"念患"⑤,认为义和团运动导致了八国联军的侵犯,"庚子乱民肇衅,八国连兵内犯"⑥。这种原因分析或史实的逻辑排列,显然是有失偏颇的,反映了吴汝纶历史观的阶级立场和时代局限。

　　1865年,吴汝纶中进士,同年入曾国藩幕府,后入李鸿章幕府,参与机要,颇受曾、李器重,"时中外大政常决于国藩、鸿章二人,其奏疏多出汝纶手"⑦。曾国藩和李鸿章是吴汝纶江南会试的"座师",本有师生名分,而吴汝纶亦视曾、李为授业恩师,"生平知遇,前惟曾文正,后惟李相"⑧。吴汝纶推崇曾国藩的桐城文风,被誉为"曾门四弟子"之一。他评价曾国藩的战功,乃"再造土壤,还之太平,与民更始,功亦伟矣。"而筹办洋务,则"旷然大变,扫因循之习,开维新之化"⑨。吴汝纶对"李师"的尊崇有甚"曾师","向来将兵大臣,不明外交,明外交者,不明河事。李鸿章究通西法,于外交尤有专长,其用兵创习西国枪炮,其治河亦多采西说,用能随用收效,所至用

---

① 〔清〕吴汝纶:《张靖达公神道碑》,《吴汝纶全集》(一),第81页。
② 〔清〕吴汝纶:《李文忠公神道碑铭》,《吴汝纶全集》(一),第214页。
③ 〔清〕吴汝纶:《安徽通志序》,《吴汝纶全集》(一),第295页。
④ 〔清〕吴汝纶:《河南专祠事略》,《吴汝纶全集》(一),第329页。
⑤ 〔清〕吴汝纶:《吴汝纶日记·时政》,《吴汝纶全集》(四),第374页。
⑥ 〔清〕吴汝纶:《李文忠公神道碑铭》,《吴汝纶全集》(一),第216页。
⑦ 〔清〕赵尔巽等撰:《清史稿·吴汝纶传》(第44册),第13443页。
⑧ 〔清〕吴汝纶:《与陈右铭方伯》,《吴汝纶全集》(三),第103页。
⑨ 〔清〕吴汝纶:《保定曾文正公祠堂碑记》,《吴汝纶全集》(一),第92页。

功"①,"以为合肥在中国决为不朽之人"②。曾国藩称李鸿章之功所云:"'儒生事业,近古未有。'非溢美也。"③并借美国人之口,称:"天下贤相三人,其一德国毕士马克(俾斯麦),其一英国格兰斯登(格拉斯顿),其一则中国李鸿章也。"④

其实,吴汝纶对李鸿章的评价是颇为复杂的。一方面,他为李鸿章遭时人讥评而鸣不平。另一方面,吴汝纶为李鸿章受俄国人的欺蒙而遗憾。甲午海战,北洋水师全军覆没,李鸿章赴日签订丧权辱国的《马关条约》,于是,清议者无不呼吁杀李鸿章以雪国耻。吴汝纶以为"国势积弱不振,殆非一人之咎"⑤。李鸿章"移督直隶二十余年,办理外交最久,而忍辱负重"⑥。"吾师所处,凡一身毁誉是非,皆可置之度外,但视于国家轻重何如耳。"⑦吴汝纶断言,"中国不变法,士大夫自守其虚骄之论以为清议,虽有力十倍李相,未必能转弱为强。忠于谋国者,将何以自处!李相之欲变法自强,持之数十年,大声疾呼,无人应和,历年奏牍可复按也"⑧。吴汝纶的上述分析在当时可谓远见卓识,但亦失之偏颇,甲午之役,李鸿章是难辞其咎的。吴汝纶认为:"自尼布楚立约至是,凡立三约,俄侵削满洲地凡三次,而版图扩张,遂成伟业。"对于李鸿章所签订的《中俄密约》,他感到十分的痛惜:"近年俄人夺取旅大,强建满洲铁路,事势积渐,理固然也。今日五洲所惊异者,莫如喀希尼之密约。李鸿章既定《马关条约》,遂失权,喀氏乘机市德于李,俄主加冕,请李往贺,遂携此约草以行。呜呼!此约实中国灭亡之左券也。"⑨在《答陈右铭》的信函中,吴汝纶就意识到"俄人代争辽东,此自别有深意,

---

① 〔清〕吴汝纶:《山东请建专祠事略》,《吴汝纶全集》(一),第313页。
② 〔清〕吴汝纶:《与刘芗林》,《吴汝纶全集》(三),第152页。
③ 〔清〕吴汝纶:《浙江专祠事略》,《吴汝纶全集》(一),第317页。
④ 〔清〕吴汝纶:《直督胪陈事迹疏》,《吴汝纶全集》(一),第320页。
⑤ 〔清〕吴汝纶:《答陈静潭》,《吴汝纶全集》(三),第93页。
⑥ 〔清〕吴汝纶:《天津专祠节略》,《吴汝纶全集》(一),第334页。
⑦ 〔清〕吴汝纶:《答李季皋》,《吴汝纶全集》(三),第119页。
⑧ 〔清〕吴汝纶:《答陈右铭》,《吴汝纶全集》(三),第105页。
⑨ 〔清〕吴汝纶:《删节日本法学士佐藤弘俄侵中国记》,《吴汝纶全集》(四),第448页。

岂吾国之福！"①吴汝纶所编《李文忠公全集》对李鸿章的事功虽有所删节，却不曾杜撰或增饰，而从《吴汝纶全集》所收录的与李鸿章相关的书信、事略、碑传等文献资料分析，吴汝纶不仅表现了其作为李鸿章门生幕僚对恩师名节的敬重，也体现了一个学者尊重历史真实的史学素养。吴汝纶的进化史观和史学经世思想有利于唤醒民族救亡的意识，对晚清思想界的影响应该说是积极的。

（本文原载《史学史研究》2018年第2期）

---

① 〔清〕吴汝纶：《答陈右铭》，《吴汝纶全集》（三），第105页。

后　记

每次路过敬敷书院，到红楼上班，就想到姚鼐、姚永朴；流连敬敷书院内的校史馆，驻足红楼深邃走廊墙壁上的人物简介，就想起了桐城派。桐城派因桐城而得名，但流派文人的地理分布与行迹遍及全国，桐城派的文学空间丰富多彩。安庆作为桐城派故里，桐城派记忆更是不胜枚举。

《道光桐城续修县志》"舆地志·疆域"明确桐城地界："桐城疆域东南广而西北狭，东至庐州府无为州界二百里，南至怀宁县界七十里，西至潜山县界六十里，北至庐州府舒城县界五十里。东南至池州府贵池县界一百六十里，西南至潜山县界六十里，西北至舒城县界三十里，东北至庐州府庐江县界五十里。自县治至府治安庆省会一百二十里。"清代桐城疆域很大，包括今天的桐城市、枞阳县、铜陵市郊区部分、安庆市宜秀区部分等区域。宋代安庆设府，桐城隶属安庆；后代虽屡有变革，但桐城作为安庆府属县，相对稳定。安庆作为桐城派的一个城市空间，桐城派文学活动时间线索清晰；安庆作为清代乃至民国安徽省省会，政治中心地位亦决定此地是桐城派文学史上不可绕过的地理存在。方苞弟子陈大受乾隆初巡抚安徽，阅课文艺，大振安庆文风。姚鼐弟子康绍镛嘉庆年间出任安徽布政使，擢巡抚，约李兆洛坐馆，在安庆形成小规模的桐城派文人圈，为二位桐城派古文家日后刊刻《古文辞类纂》等文学活动打下了基础。邓廷桢道光年间任安徽巡抚十年，安庆幕府聚集梅曾亮、管同、方东树、陆继辂等桐城派中坚力量，安庆一时成为桐城派文人的地理中心。曾国藩于咸丰、同治之交驻守安庆，皖江幕府成为桐城派文人交游唱酬的物理空间，张裕钊、黎庶昌、郭嵩焘、汪宗沂、曾纪泽等二十多位桐城派古文家先后到此，在战火中凸显桐城派中兴气象。孙衣言于咸丰、同治、光绪三朝断续任官安庆，既与曾国藩幕府有交集，又在安庆振兴文教，为晚期桐城派文人往来安庆提供了一定支持。谭献在安徽省多地任知县，光绪年间居安庆，与桐城派文人管乐、方宗诚、方昌翰等数次雅集，结成《池上题襟小集》，为桐城派文人在安庆的文学活动留下文学记忆。桐城本土古文家来往安庆，或执教书院，或短期逗留，或置业安家，桑梓之情、栖居之兴，桐城派文学建构起来的皖江空间生动活泼，有血有肉。

安庆师范大学坐落在安庆，人文学院办公室安排在红楼，无处不与桐城派发生千丝万缕的联系。学校着眼于桐城派开展科学研究与学科建设，自然是情理之中的事。纵观学校的桐城派研究学科发展史，大抵经历了两个阶段。第一个阶段是自发的研究，老一辈学者参与国家清史纂修工程，整理点校桐城派文献，产出一批专题研究的学术成果。第二阶段是有组织的科研，在硕士点学科建设、省级高校人文社科重点研究基地建设过程中，学校有意识凝练桐城派研究方向，打造团结协作、结构合理的科研团队，培养高素质学术人才，在科研项目、学术著作、学术论文、成果获奖、教学转化等方面收获丰富，成效显著。目前，学校正处在博士点建设学科、高峰培育学科、国家级一流本科专业建设的攻坚时期，如何守正创新，发挥特色优势，推动高水平发展，是摆在事业发展面前的一个时代命题。

人文学院审时度势，在全面推进学科建设的基础上，聚焦特色优势，编纂桐城派研究论文集，总结过去，面向未来，为桐城派研究的持续高水平发展注入活力。

本集共遴选17篇专题论文，是人文学院教师2005年以来发表论文的精选集，研究范围涉及桐城派古文、文学理论、史学、美学、文献学、学术思想等领域，文章俱在，自可鉴阅。倒是人文学院桐城派研究队伍的组成，可略作介绍。

人文学院桐城派研究团队比较强，有一批长期持续从事桐城派研究的科研人员。如汪孔丰的博士论文为《桐城麻溪姚氏家族与桐城派兴衰嬗变研究》，又主持国家社科基金项目"文化家族视域下的桐城派研究(13CZW051)"，出版《麻溪姚氏与桐城派的演进》专著，在桐城派家族研究上用力最深。董根明立足桐城派史学，主持国家社科基金项目"桐城派名家史学思想研究(13BZS005)"，出版《桐城派名家史学思想研究》，对桐城派史学思想的研究全面而深入。宋豪飞的博士论文为《明清桐城桂林方氏家族及其诗歌研究》，并以同名著作付梓出版，又出版《江南名门 望族典范——明清桐城桂林方氏家族文化》，孜孜矻矻从事桐城派研究，不遗余力。郭青林的博士学位论文为《方东树诗歌史论研究》，并出版同名专著，致力于桐城派专人专书研究，挖掘很深。汪长林专心从事桐城派名家年谱的整理与点校，为桐城派研究提供释读标校颇为精确的文献资料。此外，汪祚民的桐城派《诗经》学、叶当前的桐城派《文选》学、童岳敏的桐城派杜诗学、谢模楷的桐城派楚辞学等研究互补相生，已成为一个体系。卢娇的桐城派诗歌研究、徐文翔的桐城派山水诗文研究、熊言安的桐城派书画艺术研究，也能够相互借鉴，为桐城派文学艺术研究提供参考。

　　文章千古事，我独爱桐城。桐城派文人以其雅洁的古文辞章而闻名于世，以其融通的文学思想而与时俱进。一百多年前上溯至清代前期，桐城文章甲天下；今天，桐城派研究又因学术科研、学科建设而复兴，桐城之学的崛起，其不远乎？

编　者
2023 年 7 月

图书在版编目(CIP)数据

栖居桐城:桐城派卷/叶当前,宋豪飞编. —上海:复旦大学出版社,2023.11
(敬敷求是集:安庆师范大学人文学院高峰培育学科建设丛书/汪孔丰,金松林主编;6)
ISBN 978-7-309-17064-1

Ⅰ.①栖… Ⅱ.①叶…②宋… Ⅲ.①桐城派-文学流派研究-文集 Ⅳ.①I207.62-53

中国国家版本馆 CIP 数据核字(2023)第 215670 号